从零起步

民事纠纷胜诉攻略

FROM SCRATCH

STRATEGIES FOR WINNING CIVIL DISPUTES

香建永——著

法律出版社 | LAW PRESS

出版说明

2020 年 5 月 28 日，第十三届全国人大第三次会议表决通过了《民法典》，自 2021 年 1 月 1 日起施行，《婚姻法》《继承法》《民法通则》《收养法》《担保法》《合同法》《物权法》《侵权责任法》《民法总则》同时废止。

鉴于本书中大部分案例发生于 2020 年 12 月之前，本书保留了《婚姻法》《继承法》《民法通则》《担保法》《合同法》《物权法》《侵权责任法》《民法总则》部分条文，但均标注了《民法典》相应规定，特此说明。

自 序

——用一把钥匙打开千把锁

我从1985年开始学法律，当时20多岁，后专业从事法律服务。几十年的时光过去了，如今我已是年逾花甲。正像一名老医生见过无数病人，我也亲历了无数的当事人。我深切地感受到诉讼给一些当事人内心带来痛苦、辛酸、压抑、恐惧、愤怒甚至怨恨的情绪。此外，当然也有胜诉后的欢愉和畅快。

有的人一辈子就经历了一场诉讼，但因为走了弯路，导致不利的结果，在内心留下的伤痕久久不能抹去，乃至成了永远的痛……

对律师来讲，承办离婚、债务、宅基地纠纷等普通的民事案件再平常不过。可是，对当事人而言，他们所经历的这场诉讼是大事，是一生都刻骨铭心的记忆。

当事人遇到诉讼，大约有三种态度：第一种态度是盲目乐观，盲目自信。当事人认为自己有理，对方纯粹是无理取闹，故此，对法院传票置之不理，听之任之，也不参加开庭。法院判决后如对自己不利，才恍然大悟，但悔之晚矣。第二种态度是盲目悲观，四处求人。面对诉讼如临大敌、惊恐万状，全家动员，他们只相信人际关系，认为只要找到人，官司就能打赢。这类当事人往往不去关注法律关系、客观事实、证据、诉讼程序，结果花不少冤枉钱，但效果不佳。第三种态度是积极应对，寻求良方。找法律专业人士指点迷津，按照诉讼规律，制定正确的诉讼战略，诉讼输赢能弄个清楚明白，往往能取得较好效果。

总之，由于大多数公众并不懂诉讼，如果找到法律明白人指路，诉讼之路就顺利；遇见只知诉讼皮毛的人或重点放在人际关系上，把路走偏了，就会使诉讼之路越走越难，陷入困境。

诉讼中确实充满了玄机。这里的所谓“玄机”并不是带有神秘色彩的，而是充满了诸多不确定因素。就如一副中药，里面的各种药性都通过矛盾、阴阳、辩证、物理、化学深度融合再发生作用。老子在《道德经》中所说的“道可道，非常道”，实际上就是规律，世界上的任何事情都有规律，诉讼也不例外。

一个诉讼有时看起来十分复杂，实际最终不过是一两个争议焦点。而这一两个争议点决定整个案件的成败，这就是主要矛盾，这一矛盾解决了其他矛盾也会迎刃而解。而这一两个争议点是靠大量事实和证据铺垫的，同时也要靠律师和法官对客观事实的认知、对法律的深刻理解和领会。

诉讼中的真理只有一个，但这个真理并不是浮在表面谁都能看出来的，并不是黑白分明的。很多人认为这个真理一眼就能看穿（除个别情况外），其实不然。它就像矿藏埋在深处，只有通过深入挖掘才能得到；真理也必须经过反复深入思考，从感性到理性的不断认识和飞跃才能发现。认识诉讼真理的过程，是不断追求的过程，也就是由此及彼、由表及里、去粗取精、去伪存真的认识过程。

此外，因为诉讼是处在强烈对抗中，双方各自认为真理在自己手中，里面充满了真相和假象、真理和谬误的较量。只有真本领，真正下了功夫的人才能发现诉讼中的真理。就像西游记中，只有孙悟空的火眼金睛能辨出是人是妖，而唐僧却屡屡上当，总是吃亏。

我研读过很多判例，有些案件经过一审、二审、再审。同样的事实，同样的法律，却出现了迥然不同的结果。一般来说，最终的结论是正确的。这是为什么呢？这说明人的认识总是受这样和那样的限制，对客观事实的了解、社会的阅历、对法律掌握和理解的程度、对立法原意的理解等因素均对案件真理的认知起作用。人们对案件的认识是一个由浅入深、由现象到本质、由形式到内容和事物因果关系的认知过程，经过了否定之否定，最终寻找出了真理。

“不识庐山真面目，只缘身在此山中”说得就是这个道理。只有跳出圈外，站得更高才能看得更远。为什么有些当事人一直在为一场诉讼耿耿于怀？他们往往固守自己的理，认为他的理就是真理，而碰到顺他意的代理人，按照他的意思去表达，在庭上唇枪舌剑、高谈阔论，十分符合他的心意，但结果诉讼败了，他怨天尤人，认为判决不公，甚至走上上访之路。这是很可悲的。实践中此种情况也不少见。

诉讼无非有三种结果：胜诉、败诉、和解。如细分还有：部分胜诉、部分败诉。几乎所有的当事人在聘请我时要问一个问题：案子能不能胜？胜的概率是多少？这个问题是最难回答的。因为当事人找律师是奔着胜诉来的，如果律师说没有把握，当事人可能就会立刻另找律师。我常常回答：“一是律师法不允许律师对案件做出承诺；二是目前不了解双方情况，仅听一面之词，难以做出判断；三是案件中有很多不确定因素。就像医生，越是好医生，越不能夸口说自己开的药能够药到病除。”

为此，我常常反问当事人，“你能不能保证今年小麦肯定丰收？”当事人说不敢肯定。但是当事人听了我的上述解释，仍然感到像是在云雾中。

律师为当事人进行法律服务，是为当事人指引方向的人，不亚于三国中诸葛亮辅佐刘备。律师肩负重托，踽踽独行，在崎岖的诉讼道路上披荆斩棘、步履艰难。但当事人还是看结果，胜诉了皆大欢喜，败诉了垂头丧气，认为指路人还是不行，这是很令人难堪的事情。其实，律师谁不想把官司打得漂漂亮亮的，案件胜诉后，心中那份成就感不言自明。

然而，《黄帝内经》有这样一段话：“是故圣人不治已病治未病；不治已乱治未乱，此之谓也。夫病已成而后药之，乱已成而后治之，譬犹渴而穿井，斗而铸锥，不亦晚乎？”这意思是说预防为主，真正的高人不是事后诸葛亮，而是在事前已打好预防针了。

现实中，诉讼中双方针锋相对，各不相让，而最终是敌伤一千我伤八百，诉讼给当事人带来的精神伤痛，往往难以抚平。

怎么才能“治未病”？这些年，我一直在思考，如何让普通老百姓更多地了解法律知识、了解诉讼知识，预防争议和风险的产生，让当事人不发生诉讼，毫无疑问，这有重大的社会意义。比如，借条打好了、合同签好了、证据保存了、劳动合同签订了、有纠纷及时化解了等，就可能不会发生诉讼。我在书中写的律师办案札记的当事人就是随意在空白单据上签了名字，惹来一场官司。再就是一旦诉讼来临时，当事人不至于慌乱，不至于走冤枉路、花冤枉钱。

由此，我决心要写一本真正让老百姓看得懂、用得上的书——一本预防法律风险和如何面对诉讼的书。

那么，一把钥匙能打开千把锁吗？答案是有可能的。因为哲学的方法论告诉了我们解决问题的方法，世界万物道理是相通的，我们通过理论实践掌握了诉讼的规律，掌握了解决的方法，就是掌握了破解诉讼的难题，就能一把钥匙打开千把锁。

对于如何打赢官司？我认为诉讼是一场没有硝烟的战争，为了破解诉讼中的难题，我尝试把古代军事知识运用进去，如机动灵活的战略战术、积极防御、集中优势兵力打歼灭战、伤其十指不如断其一指的军事思想等；古代兵法中围魏救赵、打草惊蛇、擒贼擒王等三十六计。为此，我把自己的这些体会写进了书中，如果将此运用得好，将会给一场诉讼注入更高的智慧。

在司法实践中，由于具体案情变数太多，当事人往往难以把握。我在书中写了诉讼谋略、最基本的诉讼知识以及民事案件中涉及的基本法律知识，以期保障当事人的合法权益得以实现。

多年来，当事人的种种表现，在我脑海中挥之不去。“知我者问我何忧，不知者问我何愁！”我想把我积累的诉讼知识写出来告诉大家，给身处诉讼旋涡之人指点迷津。为此，在繁忙的工作中，我将从业30年来的经验沉淀成书。

此书能给诉讼的当事人或正准备诉讼的读者指一指路，是我最大的愿望；也是我尽绵薄之力引领广大民众用法律手段解决纠纷，为老百姓普及法律知识做了一件有意义的事情。

此书从成稿到出版，历时两年多的时间，其间历经多次修改。2020年5月28日，《民法典》通过后，我又对文中涉及的法条内容进行了增减。在此，我要感谢我所年轻的律师们和我的女儿香凝，他们为这本书稿的修订作出了贡献。

正是：满纸皆真言，一颗济世心；

莫云作者痴，自解其中味。

是为序。

香建永

2020 年 8 月

目 录

㊀ 第一篇 诉讼谋略

第三篇 被告防守与反攻

第四篇 民间借贷

第五篇　婚　姻

第八篇 房屋买卖

1　本书机动车交通事故责任强制保险简称交强险。

第一篇

诉讼谋略

把一场诉讼视为一场战争，站在高位看待一场诉讼。把稻草绳绑在螃蟹上，就是螃蟹价；绑在菠菜上，就是菠菜价，这是战略问题。用战略思想来指导诉讼，纯熟地运用证据以及调动证据的各种方法，既要有战略家的全盘考虑，又要注重每一个战术的细节，才能把控这场诉讼，发挥最大的能动性，使诉讼朝着对己方有利的方向发展。

本篇题记

一场诉讼就是一场没有硝烟的战争，而在诉讼中借鉴军事战略战术思想，对一场诉讼的胜败是不可或缺的。

不是每个人都会遇到诉讼，但一个诉讼可能影响一个人的一生。应该打赢的诉讼却输了，有的人将此归咎于法律不公平。实际上，许多案件的败诉结果往往是当事人自身的因素造成的。因为，诉讼涉及各方面因素，当事人自己却全然不知。

《孙子兵法》中谈到，夫未战而庙算胜者，得算多也；未战而庙算不胜者，得算少也。多算胜，少算不胜，而况于无算乎。吾以此观之，胜负见矣。

这段话是说在战争未发动以前，先召开战前军事会议，研究预测估算比较敌方和我方优势和劣势，估算的结果，如我方优势条件居多，夺取胜利的机会便大；如我方所占优势较少，则得胜的机会亦较少。多做比较计算，对敌我方面的形势就越有把握，少做比较计算就越没有把握。

因此，在诉讼中，当事人要掌控全局，否则“一招不慎，满盘皆输”。

一、军事谋略与诉讼谋略

1. 一场诉讼犹如一场没有硝烟的战争

我将诉讼比喻为战争，并不是人为把诉讼夸大化。战争和诉讼都是人类发展史上的一种现象，尽管战争和诉讼从形式上说还是有很大区别：战争是真刀真枪的厮杀，乃至付出生命的代价；而诉讼是双方在诉讼中的事实、证据、情理、法理上的博弈。诉讼是没有硝烟的战争，这已经成为人们的共识。

究其实质，诉讼和战争有着相似点，即核心为利。从本质上和规律上看，战争和诉讼均为双方对垒，战争有进攻退却、有和解；诉讼也有进攻退却、有和解；战争有诸多因素，如民意、国家实力、天气、地理等诸多因素，而诉讼亦有情理、道理、法理、证据、事实、法官、律师、当事人等诸多因素。

战争和诉讼的胜负涉及很多不确定性。一场战争，指挥员驾驭全局的谋略和智慧在战争中起着重要作用。诉讼也是人在其中的指挥中是否得当，往往会得到不同的结果。战争的结局会改变一方的格局，诉讼也会改变当事人的状况，比如，离婚诉讼、房屋买卖合同纠纷等。诉讼中，律师作为代理人在诉讼中所发挥的作用，也充分施展智慧和谋略。

总之，我们只有把一场诉讼视为一场战争，站在更高的位置看待一场诉讼，用战略思想来指导诉讼，纯熟地运用证据以及调动证据的各种方法，既要有战略家的全盘考虑，又要注重每一个战术的细节，我们才能把握这场诉讼，发挥最大的能动性，使诉讼朝着当事人对有利的方向发展。

在多年的司法实践中，我看到很多人在诉讼中或在诉讼终结后，在心灵深处结了一处处不可治愈的“伤疤”。这些不堪回首的经历，甚至能够改变一个人的人生态度。然而，这其中的众多诉讼是应胜算在握的，却由于各种原因尽失有利局面，导致最终失败的结局，令当事人长期处于诉讼带来的痛苦之中难以自拔。

在这场没有硝烟的“战争”中，有些当事人在诉讼开始阶段盲目地乐观，思想没有足够重视，认为有理的事情怎么能打不赢呢？结果，事与愿违。当事人经过一审、二审，有些发回重审甚至再审，受尽了苦头，本来的“速决战”打成了“持久战”。盲目轻敌导致了多年诉累，耗时耗力耗财不说，自己的生活也因此被打乱。可悲的是，这些当事人全然不知诉讼失败的原因，由此给当事人带来心理压力乃至积忧成疾的情形数不胜数。

当然，除了盲目乐观之外，导致当事人败诉的重要原因是举证不足。

如果我们学会用军事理论来指导诉讼，就会少走甚至不走弯路，使诉讼朝着正确的方向发展，达到心理预期的结果。

2. 中国历史积累了博大精深的军事理论和谋略

中国历代的纷争造就了无数天赋资质俱佳的将帅之才，创造了无数个战争奇迹和有名战役，诞生了多部军事谋略著作。军事谋略从战争现象揭示本质，历经几千年的实践和总结，它是解决矛盾、化解纠纷取之不尽、用之不竭的理论和思想武器。

《三国演义》中的历次战役，均引自《三十六计》，曹操、诸葛亮、周瑜、司马懿、庞统、陆逊熟读兵法，他们创造了历史上一个又一个的战争传奇。

3. 百战不殆：借鉴军事谋略指导诉讼

随着市场经济的日趋激烈，全面依法治国步伐迅速迈进。在不断改革开放的进程中，社会矛盾层出不穷。而诉讼对抗的激烈程度，不亚于一场战争。

在诉讼双方当事人的抗衡中，不仅是当面的唇枪舌剑、相互对垒，在诉讼的各个阶段更是各用智谋。而兵法是取之不尽、用之不竭的谋略，如耳熟能详的“知己知彼，百战不殆”“不战而屈人之兵”等，放在诉讼中皆可借鉴用于“实战演练”。

在诉讼中，双方都挖空心思地想赢得诉讼，期待像周公瑾一样，“谈笑间，樯橹灰飞烟灭”。总而言之，战争的智慧是人类最高的智慧，军事的谋略是人类最高的谋略，如我们能悟出其博大精深的实质，借鉴军事谋略为诉讼所用，就会做到百战不殆。

4. 用战略思想指导诉讼，掌握诉讼的主动权

什么是战略？把稻草绳绑在螃蟹上，就是螃蟹价；绑在菠菜上，就是菠菜价。这是战略问题，而不是战术问题。

作为律师，帮助当事人赢得诉讼是有成就感的事情。但有很多案件，律师握有制胜砝码却败诉了。这其中，有法官对法律的理解和认识与律师不同或是委托人自身的原因等诸多因素。

我发现很多案件是因举证不足、对法律性质认识不够、与

当事人沟通不畅致使委托人利益蒙受损失，最终导致律师的信誉受到影响。

如何使一个年轻律师进入行业时就具备良好的抗压能力？说到根本，年轻律师应充分认识办理案件是一个复杂的过程，代理案件没有现成的答案。诉讼的解题思路与计算数学题或是学校考试不可相提并论。数学题有标准答案，然而现实当中的案例却没有现成解决的办法。开锁的钥匙不同，用哪把钥匙打开，只能自己去找，现实中没有现成方案，有时候“1+1”不等于 2。

因此，对纷繁复杂的案件，律师如何找出取得成功的方法，使自身立于不败之地，是一门大学问。律师经过学校及自身的学习，通过法律职业资格考试，基本的法律知识已具备，但面对实际案件时只懂战术，没有战略，难以应对复杂局面，往往乘兴上阵，败兴而归；或者盲目自信，未做充分准备，靠一夫之勇，却导致案件失败。

我从多年实践中感到，不断学习军事谋略，深入研究诉讼、掌握方法，从战略角度把握全局，洞悉变化，总会使案件拨开迷雾，在一定程度上使自己立于不败之地。

也许你会反问，为什么学习军事谋略就能使律师立于不败之地？答案不言自明。因为军事谋略可以启发办案思路，引导你就找到诉讼制胜法宝以及破解难题的方法。在研究诉讼规律中，找到解开诉讼之谜的钥匙，才可能从容地对付每一起诉讼，并最终找到解决问题、化解矛盾的最佳途径。

当然，诉讼也不能仅以胜败论英雄。如能把问题矛盾化解掉，做到息诉止争，化干戈为玉帛，也可成就一桩美事。怕就怕，问题解决不好，反而使矛盾激化，甚至愈演愈烈，会适得其反。

作为一名律师，我认为我们所学的法律知识仅具备硬件装备。赢得一场诉讼仅有先进的武器装备，没有好的战略战术，照样打不赢对方。田忌赛马不就是一个生动的例子吗？

故此，学习诉讼规律，掌握运用各种战略思想，才能使精良的装备发挥最大的效能和作用。

5. 诉讼战略：案件的总体战略部署

诉讼中的战略是一个案件总布局，总体战略部署。确定诉讼思路和格局，并不是每个律师或当事人都有战略思想，这和一个律师的社会阅历、文化层次、境界、思想格局以及对法律掌握的深度等有直接关系。

如果不树立战略思想，就不能娴熟地驾驭全局并进行各种战术活动，就没有开阔的眼界和思路，就不能因势利导解决问题，从而不能最大限度地维护当事人的合法权益。

实际上，掌握了诉讼规律和技巧，在非诉讼中照样能发挥重要作用。当我们介入非诉讼之后，一切尽在我们的掌握之中，化干戈为玉帛，满天乌云散掉，双方握手言和，岂不是善之善者也！

综上所述，学习军事谋略，懂得运用诉讼谋略，就能驾轻就熟，尽在掌握之中；才能在处理复杂事务中，游刃有余，运筹帷幄，决胜千里。

二、诉讼中的战略问题

孙子曰：“兵者，诡道也。故能而示之不能；用而示之不用，近而示之远，远而示之近。利而诱之，乱而取之，实而备之，强而避之，怒而挠之，卑而骄之，佚而劳之，亲而离之。攻其无备，出其不意。此兵家之胜，不可先传也。”

译文：用兵之道在于千变万化。明明能征善战，却向敌人装作软弱无能；本来准备用兵，却伪装不准备打仗；要攻打近处的目标，却给敌人造成攻击远处的假象；要攻打远处的目标，相反却伪装要在近处攻击。对付实力雄厚之敌，需严加防备。敌人暴躁易怒，就设法挑逗激怒它。敌人卑怯谨慎，则应设法使其变得骄傲自大，然后伺机击破之。敌人很安逸，要让他疲劳。敌人内部十分和睦，要设法离间他们。攻打他没有防备的地方，从他意想不到的地方出击。这是兵家打胜仗的奥妙，不可能事先完全制定，要见机行事。

我认为，诉讼中有真、善、美，但也充斥了假、恶、丑；有光明正大，也有谎言和阴谋诡计。如何揭露虚假，揭穿谎言，攻克假证，争取胜利，这就要求我们从全局出发，运用好诉讼战略战术，以出其不意、攻其不备，才能做到屈人之兵、不战而胜。

1. 关于诉讼战略

孙子曰："兵者，国之大事，死生之地，存亡之道，不可不察也。"

译文：战争是国家大事，它关系到军民的生死，国家的存亡，不能不慎重考察研究。

我套用《孙子兵法》的话想说明诉讼是当事人之大事，成败之地，不可不细究。这包括：客观事实、诉讼证据、情理道理、案件参与者（当事人、代理律师、法官、证人、鉴定人等）、法律规定和现行政策。

总之，所谓战略，就是带有全局性的东西，诉讼中的战略是一个案件的总布局。比如，《三国演义》中马谡失街亭就导致战争全局的失败。因此，诸葛亮挥泪斩马谡。在一场诉讼中，往往一个证据细节的失误，也会导致案件的败诉。在案件准备诉讼阶段，它有了一整套的思路格局，对于进退、攻防、证据的使用，委托律师等均应具备战略思维。

当然，战略思维的树立，需要专业律师予以支持和制定。而律师的社会能力对诉讼的走向，对案件的成败起着至关重要的作用。

2. 诉讼中战略思维的架构

当我们面临一场诉讼的到来，如果对诉讼没有战略思维，无异于有勇无谋、散兵游勇，有证据也无济于事。因此，对于案件，如果只是就事论事，无异于盲人摸象，只看得到局部，看不到全部。在这种情况下，往往分不清主次轻重，会使案件迷失方向，忽略案件核心重点。

如果诉讼没有战略思想，却只是一味地盲目地机械地追求胜诉，或一味赌气地想在案件表面上占上风，不去考虑实际效果，往往会适得其反。如交通事故中只考虑按法规计算出数字，但在肇事者既未上保险也没有钱的情况下，显然达不到目的，赢得诉讼拿不回钱的情况层出不穷。

据此而言，缺乏战略思维的诉讼，势必是一群乌合之众，只能是乱打乱撞，无法形成具有战略部署的有效行动。

小贴士

作为律师，在启动诉讼之前，我首先要考虑以下细节：

（1）做到知己

①对诉讼大势及走向的估计；

②己方的事实和证据；

③己方当事人的综合素质；

④法律法规和政策是否对自己有利；

⑤对己方有利和不利的情况；

⑥对对方有利和不利的情况；

⑦对胜和败的关键因素的考量；

⑧诉讼的真正目的和欲实现的目标（有时候这个问题很复杂）；

⑨己方律师及代理人的情况。

（2）做到知彼

①对方的综合情况（当事人的人性、经济情况、企业经营状况）、优势和劣势；

②从情理上，是否具有正当和正义性；

③地理位置，原告、被告距离远近；

④法院管辖情况；

⑤对方律师情况；

⑥对案件的证据情况；

⑦学界对同类案件的学术倾向；

⑧当地法院的判例情况（很重要）。

（3）产生纠纷后双方对案件是否进行过调解，情况如何，争议点何在，并究其原因，这是考量案件是否能和解的重要因素

3. 制订诉讼预案

对所有的案件事实深入细致地调查、了解、分析，对所有的证据材料都要深入了解，做到烂熟于心。对需要调取的证据和证人证言、需鉴定的事项等均列出方案，并随着形势变化不断调整，以做到万无一失。

搜尽所有与案件相关的法律、法规；并搜寻与之相关的案例，和理论界的理论倾向。

小贴士

在上述基础上制定案件总的方针和策略

（1）胜负的概率和风险理论测算（提示：《律师法》规定不允许律师对案件做出胜诉的承诺，只能律师内心把握）

（2）胜所达到程度；败所达到程度

（3）如何进攻，如何防御，如何退却

（4）案件中最核心的问题（主要矛盾）和最需解决的问题

（5）制定的上策、中策、下策

（6）案件的走势和走向

（7）可能出现的问题和预防对策

（8）案件每一个阶段的实施措施方案

（9）案件具体的实施步骤

（10）案件具体的主攻方向

（11）案件具体的战略目标

（12）是先打官司后达成和解，还是先调解未果再后打官司

（13）是围而不打促成和解（屈人之兵不战而胜）；还是直接攻城，迅速解决

（14）是围点打援，还是直接攻城

（15）速战速决，还是持久战（原告、被告各有不同的期望值）

（16）诉讼中途的和解、上诉、撤诉、重新起诉、再审程序的把握

（17）调解中做到有理、有利、有节（有节最难把握，当事人往往功亏一篑于此，丧失最佳良机）

（18）将所有与案件相关的法律法规、与之相关的案例和理论界的理论倾向，打印入卷。将以上材料和本案相比较，悟出道理，领会实质（法律具有的功能之一就是指引功能。上述材料是案件的指南针，指引着前进方向）

三、诉讼中的战术问题
——民事诉讼程序的细节

重要提示：准备进行民事诉讼的当事人必读章节

我认为，诉讼中的战术，实际上就是诉讼程序的细节，当事人参加诉讼的过程划分为五个阶段（以原告为例）：

第一阶段：立案前的准备

第二阶段：开庭前的准备

第三阶段：庭审阶段

第四阶段：庭审后需做工作

第五阶段：判决后需做的工作

1. 一审开庭的准备

（1）立案前的准备——知己

①准备起诉书。

小贴士

复杂的案件应聘请律师代理，简单的案件当事人不打算聘请律师，最好向律师咨询，并由律师起草诉状。

诉状是案件的基础。起诉书包含案由、法律关系、诉讼主体、管辖法院、诉讼标的、诉讼请求事项、诉讼事实、理由、相应证据等，非专业人士往往难以把握。

案例：继承起诉书中一字之差误了大事

一家有兄弟两人，原告是弟弟，被告是哥哥，其父母均已去世，父亲写有遗嘱，将他和妻子所有的三间平房和一个小院由小儿子一人继承。但大儿子提出异议，认为父亲的遗嘱无效，不同意小儿子继承家产。小儿子为继承父母遗产，到法院起诉了哥哥。他的诉讼请求应为继承父母的遗产。然而，由于小儿子疏于对法律的了解，他的诉讼请求却写成要求确认父亲的遗嘱效力，并按遗嘱继承父亲的遗产。

开庭中大儿子答辩称："父亲写的遗嘱是代书遗嘱，在形式上不符合《继承法》规定的代书遗嘱的形式，故无法律效力。且遗嘱中，父亲将母亲的财产也进行了处分，不具有法律效力。"

法院认定答辩成立，遗嘱无效。由于小儿子的诉讼请求是按父亲的遗嘱进行遗嘱继承，法院在遗嘱无效的情况下便驳回了小儿子的诉讼请求。

因为，小儿子的诉讼请求存在两个问题：一是只要写请求继承父母遗产，就全包括了，如果遗嘱有效就按遗嘱，遗嘱无效或没有遗嘱就按法定继承；二是没有写继承母亲遗产。即便是遗嘱有效继承了父亲遗产，也只是继承了一部分财产，母亲那份遗产怎么办？另行起诉还要费时费力。

小贴士

即便是简单案件，最好咨询律师后再起诉为宜。因为开弓没有回头箭，当事人一旦起诉，诉讼的“大幕”即已拉开。但这场诉讼如何结尾，当事人有时难以把握。如果原告撤诉或法院驳回当事人的诉讼请求，不仅当事人费时费力，在心理上也就占了下风，甚至有的当事人对案件丧失信心。如关于土地权属纠纷，依法应先由政府处理，在法律上称为前置程序。如当事人直接起诉，法院就会驳回起诉。

②准备立案的证据。尽管立案审查是程序上的审查，但也必须有相应的证据，才能立案。如借贷案件，如果没有借条，但也应有其他证据，如打款记录或其他相关证据等，法院才予以立案。

（2）立案后至开庭前的准备——知彼

①法院给当事人发送的法律文件，当事人需要仔细阅读。在法院立案后，法院要给当事人发传票、诉讼须知和举证通知书，上面对当事人需要做的事情及期间交代得很清楚。在法院指定期间内，当事人须递交证据、递交出庭证人申请、递交现场勘验鉴定申请、递交调取证据申请书、延期举证申请书等。

但一些当事人往往不仔细阅读法院给的上述文件，往往会耽误诉讼的程序，导致败诉。

②搜集所有与案件相关的证据。俗话说，“打官司就是打证据”。没有证据无异于上战场没带枪炮子弹。但是很多当事人自认为道理在自己就够了，他们往往缺乏对证据的理解和采集。

③了解对方证据。根据《民事诉讼法》的规定，当事人有

权到法院复印对方的证据。只有充分地了解对方的证据才能做到知己知彼。了解了对方证据，从宏观上可以看出对方的诉讼策略。

④及时与主审法官沟通。当事人倾听法官对本案的陈述，了解有无和解可能，以便掌握案件全局情况。

⑤及时和代理律师充分沟通。当事人做好开庭的一切准备。预测出开庭可能出现的问题，解决的办法；熟知开庭程序以及证人出庭等情况，以便开庭中做好配合，顺畅表达己方的意思。

（3）开庭当天的准备——天时

①准时参加。当事人最好提前30分钟到达法院门口。当事人如聘请律师，需和律师沟通好开庭事宜。原告庭审迟到，法院将对原告按撤诉处理，被告则按缺席审理。

②带身份证件。

小贴士

如不带身份证，当事人不能顺利通过安检，会导致开庭迟延。

③所有的证据需带原件。开庭，各方需要出示原件。如不带原件，对方会对证据复印件提出异议，或不予质证，意在使证据无效。

④证人到庭（须带身份证）。证人不能参加法庭旁听，在开庭时在庭外等候，法庭举证质证阶段书记员会引导证人进入审判庭举证。

小贴士

如证人在旁听席旁听庭审，将失去作证资格，不能作证。实践中这样的情况时有发生。如果此证人是关键证据，将导致案件败诉。

（4）开庭审理阶段

开庭分四个阶段：法庭调查——法庭辩论——当事人最后陈述——民事案件调解程序[1]。

在开庭审理阶段，先由书记员核实当事人身份，宣布法庭纪律；宣布开庭后，法官会核实当事人身份，告知当事人有关的诉讼权利义务，询问当事人是否提出回避申请。

①法庭调查阶段的内容和任务是“摆事实”。在法官的主持下，双方通过陈述、举证、质证相互辩驳，将事实、证据、理由和法律依据摆出来，让法官充分地了解案件。

注意事项：这一阶段应根据法庭所列的焦点问题，进行陈述并出示证据，要有逻辑地把事实和证据逐一摆出来。做到主要事实和问题讲充分，细枝末节问题不纠缠，不说与诉讼无关紧要的事，集中精力陈述主要问题。

小贴士

如果当事人不在有限的时间内说焦点问题，重复说些细节问题，就会被法官制止。法官制止两次，当事人往往开始紧张，结果把需要说的要紧的话忘记，从而影响当事人的开庭效果。

②法庭辩论的主要内容和任务：这一阶段说白了就是“讲

1　一般民事案件征求当事人意见；离婚案件调解是法定必经程序。

道理”。原告要充分说明诉讼请求的合法、合理、合情，有事实、有证据、有法律依据。被告辩驳，其答辩意见的事实和法律依据。

㊀ **注意事项：**这一阶段五点必备——其一，言简意赅，重点突出；其二，有理有据，逻辑性强；其三，控制语速，表达准确；其四，入情入理，令人信服；其五，细枝末节琐事，不纠缠不赘述。

㊀ **法律提示：**当事人要遵守法庭纪律，听从法官的主持，不要攻击和侮辱对方及其代理人。当事人如有侮辱或大吵大闹行径，在法官制止后仍继续为之，法官会根据《民事诉讼法》的规定采取司法措施，该法第一百一十条规定：“诉讼参与人和其他人应当遵守法庭规则。人民法院对违反法庭规则的人，可以予以训诫，责令退出法庭或者予以罚款、拘留。人民法院对哄闹、冲击法庭，侮辱、诽谤、威胁、殴打审判人员，严重扰乱法庭秩序的人，依法追究刑事责任；情节较轻的，予以罚款、拘留。”

③当事人最后陈述。经过法庭调查、法庭辩论，当事人双方的观点法官已经知晓。当法庭辩论结束后，进入“当事人最后陈述”阶段。实际上就是经过上述程序，当事人对自己的诉求在想法上有无变化，需用简短的话概括讲出来。

实践当中，当事人往往又重复法律辩论时的词句，是没有理解最后陈述的概念。

④开庭后的事项。庭审开完之后，部分案件可能还要继续开，也有一部分案件开一次就完毕了。绝大多数当事人以为所有的案件都要多次开庭，实践当中不是这样。

⑤开庭完毕后还有一道程序，看庭审笔录并在上面签字按手印。

小贴士

很多当事人甚至有的代理律师不认真看庭审笔录，值得注意的是，法院判决是以庭审笔录为依据。如果庭审笔录没能表达当事人的意思，甚至相反的意思，必须改正。否则，可能造成对己方不利的裁判。

（5）开庭之后到判决前，当事人需做的功课

⊝ **法律提示：**一审审理的法定期间：简易程序3个月；普通程序6个月。复杂和特殊的案件经批准可延长。[1]

①如果当事人有调解意向，法院将组织双方当事人调解；当事人也可以自行调解。法院主持调解后，法院出具《民事调解书》，其效力与判决效力相同。

②律师要递交代理词，未聘律师的当事人也可递交书面意见。

③根据《民事诉讼法》的规定，判决前对能证明案件主要事实的证据均可向法院递交。

小贴士

如果发现有新的证据包括新发现的证据，在一审判决前要交到法院，并和法官沟通，说明情况。

④如果法庭通知第二次开庭，应询问开庭事项，以便提前做必要开庭准备。

⑤其他个案具体事项。

1 鉴定期间和当事人双方申请调解期间，以及其他法定中止事项不包括在上述期间。

（6）收到法院判决后需要做的事情

我国《民事诉讼法》规定的是两审终审制度。如果一审是基层人民法院，二审就是中级人民法院；一审是中级人民法院，二审就是高级人民法院，以此类推。但最高人民法院作为一审的案件是一审终审制。

一审判决后要考虑以下问题：

①对判决是否满意。如不满意，当事人应对上诉能否成功的概率进行评估，如上诉不能打赢，就考虑不上诉；但有时考虑为了便于调解，也可上诉。总之上诉是当事人的诉讼权利，可由自己做主。

②如决定上诉，必须在接到判决的次日起 15 天内提起上诉。

③向法院递交上诉状后 7 日内，应交上诉费。超期视为未上诉。

小贴士

如果 15 天的最后一天是法定节假日，可顺延。但不是 15 天内有法定节假日就顺延，很多人对此有误解。

2. 上诉后二审的准备工作

（1）二审主要是围绕上诉人提出的上诉请求进行审理。

（2）准备二审开庭。[1]

（3）考虑二审是否需要提交新的证据；是否有新的证人出庭；是否根据《民事诉讼法》有需要向法院递交的申请材料，如鉴定、调取证据、现场勘验等。

1　根据法律规定，二审可不开庭，但要经过询问，与开庭程序基本相同。

（4）二审中要考虑调解问题，以促使诉讼利益最大化。

（5）律师代理案件，为分阶段（如一审、二审、发回重审）代理。由此，如一审未聘请律师，二审可考虑聘请律师问题。

3. 关于申请再审

需要提示的是：

（1）申请再审的时间已由过去的 2 年改为 6 个月。即收到生效判决之日计算。

（2）当事人递交再审申请书后，经人民法院审查决定是否决定再审，审查期间为 3 个月。

（3）如人民法院决定再审，原审判决停止执行。

4. 人民检察院对生效判决的抗诉

《民事诉讼法》规定了人民检察院对人民法院生效判决，可以提起抗诉。对人民检察院依法提起的抗诉，人民法院应当进行再审；而当事人自己提出的再审，法院不一定决定再审。

小贴士

上述庭前准备、举证、开庭、开庭辩论、调解涉及案件具体程序。虽然是案件的细节问题，若当事人不足够重视，往往会使案件处于被动。因此，要把握好每一个环节，无论是从战略角度还是从战术角度，都能驾轻就熟、披荆斩棘，在诉讼中占得先机。

四、诉讼主体确定的12问

原告在起诉时，如主体写错，可能会被法院驳回起诉；若该列的被告未列，则可能损害自身的实体权益。因此，当事人确定原告及被告应谨慎。起诉状容易出现以下问题：

1. 去世的人能否列为原告或被告？

⊝ **法律解读**：不能。民事权利能力是法律确认的自然人享有民事权利承担民事义务的资格。《民法总则》第十三条规定："自然人从出生时起到死亡时止，具有民事权利能力，依法享有民事权利，承担民事义务。"

⊝ **新法速递**：《民法典》第十三条规定："自然人从出生时起到死亡时止，具有民事权利能力，依法享有民事权利，承担民事义务。"

逝者的民事权利到死亡时已经终止，他已经不再具有自然人的法律意义。故此逝者既不能作为原告也不能成为被告。需要说明的是，任何人的权利在出生前和死亡后都受到法律的保护，只是保护形式也有所不同，如人格权、名誉权等。

2. 胎儿能被列为原告或被告吗？

⊝ **法律解读**：不能。胎儿未出生，不是法律上所指的"自然人”，没有民事权利能力，不是权利义务关系的主体。但是涉及遗产继承、接受赠与等胎儿利益保护的，胎儿视为具有民事权利能力，但是胎儿娩出时为死体的，其民事权利能力自始不存在。

3. 胎儿享有民事权利吗？

法律解读：《民法总则》第十六条规定：“涉及遗产继承、接受赠与等胎儿利益保护的，胎儿视为具有民事权利能力，但是胎儿娩出时为死体的，其民事权利能力自始不存在。”

新法速递：《民法典》第十六条规定：“涉及遗产继承、接受赠与等胎儿利益保护的，胎儿视为具有民事权利能力。但是，胎儿娩出时为死体的，其民事权利能力自始不存在。”

请注意上述法律规定中“视为”一词，所谓“视为”就是法律准许的意思。

4. 未成年人能成为原告或被告吗？

法律解读：未成年人可以作为诉讼中的原告和被告。在法律上，自然人的民事权利能力是平等的，同样具有诉讼权利能力，但未成年人作为限制民事行为能力，其无诉讼行为能力，其诉讼行为由其法定代理人代为行使，但当事人仍然是未成年人本人。

相关法条：《民事诉讼法》第五十七条规定：“无诉讼行为能力人由他的监护人作为法定代理人代为诉讼。法定代理人之间互相推诿代理责任的，由人民法院指定其中一人代为诉讼。”

法律提示：在起诉书中应把未成年人列为原告或被告，

但应列明法定代理人的情况。

5. 土地承包户的原告是一户所有成员吗?

⊖ **法律解读**：不一定，《最高人民法院关于审理涉及农村土地承包纠纷案件适用法律问题的解释》（以下简称《农村土地承包解释》）第三条规定："承包合同纠纷，以发包方和承包方为当事人。前款所称承包方是指以家庭承包方式承包本集体经济组织农村土地的农户，以及以其他方式承包农村土地的单位或者个人。"

《农村土地承包解释》明确规定以农户作为诉讼主体，而农户在我国现有法律法规中尚无具体的规定，司法实践中应该如何表述，这有待于法律工作者逐步完善。以农户作为诉讼主体进行诉讼固然可行，但农户毕竟只是一个法律名词。实践中，由谁来行使诉讼权利和承担义务，一般由土地承包经营权证等证书上记载的人来承担，但登记的人往往较多不便诉讼。因此，有必要设定代表人来行使诉讼权利。

《农村土地承包解释》第四条规定："农户成员为多人的，由其代表人进行诉讼。农户代表人按照下列情形确定：（一）土地承包经营权证等证书上记载的人；（二）未依法登记取得土地承包经营权证等证书的，为在承包合同上签字的人；（三）前两项规定的人死亡、丧失民事行为能力或者因其他原因无法进行诉讼的，为农户成员推选的人。"

从上述司法解释可见，农村土地承包纠纷案件的当事人应以发包人和承包人为当事人，发包人为村民委员会或者村民小组，承包人应为农户，并由土地承包经营权证等证书上记载的人、在承包合同上签字的人或者由农户成员推选的人为代表人进行诉讼。

6. 丈夫或妻子一人打了借条，能否把夫妻二人列为共同被告？

法律解读：《最高人民法院关于适用〈中华人民共和国婚姻法〉若干问题的解释（二）的补充规定》第二十四条规定："债权人就婚姻关系存续期间夫妻一方以个人名义所负债务主张权利的，应当按夫妻共同债务处理。但夫妻一方能够证明债权人与债务人明确约定为个人债务，或者能够证明属于婚姻法第十九条第三款规定情形的除外。夫妻一方与第三人串通，虚构债务，第三人主张权利的，人民法院不予支持。夫妻一方在从事赌博、吸毒等违法犯罪活动中所负债务，第三人主张权利的，人民法院不予支持。"

《婚姻法》第十九条第三款规定："夫妻对婚姻关系存续期间所得的财产约定归各自所有的，夫或妻一方对外所负的债务，第三人知道该约定的，以夫或妻一方所有的财产清偿。"

新法速递：《民法典》第一千零六十五条第三款规定："夫妻对婚姻关系存续期间所得的财产约定归各自所有，夫或者妻一方对外所负的债务，相对人知道该约定的，以夫或者妻一方的个人财产清偿。"

在办理具体案件时，我们首先要理解上述法律规定，然后根据具体事实情况而定。现实生活的情况千差万别，用法律和立法原意去适用案件的具体情况。

法律提示：建议根据借款多少，对方偿付能力等情况，最好把夫妻列为共同被告，在庭审中再查明事实，争取主动。

7. 精神病人在民事诉讼中能否列为原告或被告？

法律解读：应该列为原告或被告。

情况一：如果精神病人为限制民事行为能力人，因其尚未完全丧失辨认能力和控制能力，可以进行与他的精神健康状况相适应的民事活动，其离婚与否由其自行决定。

情况二：如果精神病人为无民事行为能力人，其作为被告应诉或作为原告提起诉讼，应按下列法律规定进行：

《民法总则》第二十条规定："不满八周岁的未成年人为无民事行为能力人，由其法定代理人代理实施民事法律行为。"

《民法总则》第二十八条规定："无民事行为能力或者限制民事行为能力的成年人，由下列有监护能力的人按顺序担任监护人：（一）配偶；（二）父母、子女；（三）其他近亲属；（四）其他愿意担任监护人的个人或者组织，但是须经被监护人住所地的居民委员会、村民委员会或者民政部门同意。"

新法速递：《民法典》第二十条规定："不满八周岁的未成年人为无民事行为能力人，由其法定代理人代理实施民事法律行为。"

《民法典》第二十八条规定："无民事行为能力或者限制民事行为能力的成年人，由下列有监护能力的人按顺序担任监护人：（一）配偶；（二）父母、子女；（三）其他近亲属；（四）其他愿意担任监护人的个人或者组织，但是须经被监护人住所地的居民委员会、村民委员会或者民政部门同意。"

法律提示：若无民事行为能力的精神病人提起离婚诉讼，配偶显然不能作为其法定代理人，因为这种情况造成了无民事行为能力的精神病人起诉的对象与作为其法定代理人的主体资格的重合。因此，应按法律规定重新为精神病人选择其法定代理人。

8. 如何将个体工商户列为原告或被告?

法律解读：《最高人民法院关于适用〈中华人民共和国民事诉讼法〉若干问题的解释》第五十九条规定："在诉讼中，个体工商户以营业执照上登记的经营者为当事人。有字号的，以营业执照上登记的字号为当事人，但应同时注明该字号经营者的基本信息。营业执照上登记的经营者与实际经营者不一致的，以登记的经营者和实际经营者为共同诉讼人。"

案例：某饭馆叫"张妈饺子馆"，营业执照上登记的经营者叫张小荣，应以张小荣为当事人（如果营业执照上登记了"张妈饺子馆"字号，应以张妈饺子馆为当事人，但应注明张小荣的基本信息）。若饺子馆实际经营人是张小荣的儿子刘丰。如该饭馆起诉向他人索要饭费，原告为张小荣、刘丰（若营业执照上登记了"张妈饺子馆"字号，原告应为张妈饺子馆、刘丰）。

9. 被监禁的人能否被列为原告或被告?

法律解读：能列为原告或被告。《民事诉讼法》第二十二条规定："下列民事诉讼，由原告住所地人民法院管辖；原告住所地与经常居住地不一致的，由原告经常居住地人民法院管辖：（一）对不在中华人民共和国领域内居住的人提起的有关身份关系的诉讼；（二）对下落不明或者宣告失踪的人提起的有关身份关系的诉讼；（三）对被采取强制性教育措施的人提起的诉讼；（四）对被监禁的人提起的诉讼。"

《最高人民法院关于适用〈中华人民共和国民事诉讼法〉

的解释》第八条规定："双方当事人都被监禁或者被采取强制性教育措施的，由被告原住所地人民法院管辖。被告被监禁或者被采取强制性教育措施一年以上的，由被告被监禁地或者被采取强制性教育措施地人民法院管辖。"

10. 企业法人解散，以谁为被告？

⊙ **法律解读**：《最高人民法院关于适用〈中华人民共和国民事诉讼法〉的解释》第六十四条规定："企业法人解散的，依法清算并注销前，以该企业法人为当事人；未依法清算即被注销的，以该企业法人的股东、发起人或者出资人为当事人。"

11. 包工头挂靠建筑公司，如何列被告？

⊙ **法律解读**：《最高人民法院关于适用〈中华人民共和国民事诉讼法〉的解释》第五十四条规定："以挂靠形式从事民事活动，当事人请求由挂靠人和被挂靠人依法承担民事责任的，该挂靠人和被挂靠人为共同诉讼人。"

例如，包工头挂靠某建筑公司，以某建筑公司的名义和建设单位签订建设工程合同，实际上由包工头作为实际施工人。如出现诉讼，建设单位可将某建筑公司和包工头列为共同被告。

12. 村民小组（原村生产队）能否成为原告或被告？

⊙ **法律解读**：《最高人民法院关于适用〈中华人民共和国民事诉讼法〉的解释》第六十八条规定："村民委员会或者村民小组与他人发生民事纠纷的，村民委员会或者有独立财产的村民小组为当事人。"

《土地管理法》第十一条规定："农民集体所有的土地依

法属于村农民集体所有的，由村集体经济组织或者村民委员会经营、管理；已经分别属于村内两个以上农村集体经济组织的农民集体所有的，由村内各该农村集体经济组织或者村民小组经营、管理；已经属于乡（镇）农民集体所有的，由乡（镇）农村集体经济组织经营、管理。”

综上所述，村民小组（原村生产队）可以作为原告或被告参与诉讼。

本篇小结 不畏浮云遮望眼

历史上的政治家、军事家，对发生的重大历史事件，都能高瞻远瞩地作出分析、判断并指明前进的方向。

如诸葛亮在初出茅庐分析天下大势后，为刘备制定了三分天下、三国鼎力的总体方略。诸葛亮出山后，面对曹操率百万大军的南征，诸葛亮制定了联吴抗曹的战略方针。为了促使联吴抗曹，形成统一战线，诸葛亮智激孙权、周瑜，舌战群儒，征服了吴国高层。统一战线形成后，诸葛亮又演绎出草船借箭等典故。

当然，一起普通的诉讼案件无法和历史上的战争和重大事件相比。但“万事皆一理”“麻雀虽小五脏俱全”。每一个案件都有其产生的原因，与各方面的联系，需要当事者对未来有一个策划，制订一个方案。当这个方案符合了事物的发展规律，就能取得较好效果，如方案不符合事物发展规律，甚至违背发展规律，就势必失败。

应对诉讼，我们若能借鉴先贤们给我们留下的宝贵经验，悟出其中的道理和奥妙，就能运筹帷幄之中，决胜千里之外。

这是我写此篇的初衷。

第二篇

原告谋攻

在诉讼过程中，原告要制定切实可行的目标，过于理想的目标和过低的目标都是要吃亏的。双方产生纠纷，进入调解环节，原告要把握各种因素，只有采取机动灵活的战略战术，审时度势，抓住最有利的时机，才能使自身利益最大化。同时，原告也要综合考虑利益的得失，不要因小利失去大机会，也不要赌气逞强丧失更大的利益，所谓“拾到篮子才是菜”。

本篇题记

《孙子兵法》："知彼知己，百战不殆。不知彼而知己，一胜一负。不知彼不知己，每战必败。"

译文：对敌方和我方的情况都了解，就是打上一百次仗也不会有危险。只了解己方不了解敌方情况，可能有胜利也有失败。不了解敌人也不了解自己的情况，每战必然要失败。

《孙子兵法》："故善战者，立于不败之地，而不失敌之败也。是故胜兵先胜而后求战，败兵先战而后求胜。善用兵者，修道而保法，故能为胜败之政。"

译文：善于打仗的人，总是使自己立于不败之地，又不放过使敌人失败的任何机会。因此，有了胜利的把握才去寻找敌人交战，才能总是打胜仗；而先交战，抱着侥幸心理祈求胜利，结果总是失败。善于指挥作战的将帅，总是要制定和修改军规，确保军法严明，才能保障胜券在握。

本篇主旨：上述军事理论甚为经典。由于原告是发起诉讼的一方，开弓没有回头箭，务必要做到"胜兵先胜而后求战"，知彼知己才能百战不殆，原告应对案件所涉各方面有充分的了解和足够的认识，方能做出正确的战略部署。

一、原告：未雨绸缪，正确部署

原告应学《曹刿论战》中的曹刿一样，深谋远虑，未雨绸缪，正确部署。从《曹刿论战》一文中曹刿对战争的看法及指导战争中可以悟出，原告具备什么样的条件，应做什么样的准备，和什么样的态度，在什么情况下才可以打赢官司。

《曹刿论战》讲叙的是鲁庄公十年的春天，齐国军队攻打鲁国。鲁庄公将要迎战，曹刿请求拜见鲁庄公。曹刿问鲁庄公："您都凭借什么与齐国交战？"鲁庄公说："衣食（这一类）生活物品，我从来不敢独自专有，一定把它们分给身边的大臣。"曹刿回答说："这种小恩小惠没有惠及老百姓，他们是不会顺从您的。"鲁庄公说："大大小小的官司，即使不能一一明察，但我一定合情合理地裁决。"曹刿回答说："这才尽到了您的职责，凭借这个条件可以打。如果作战，请允许我跟随您一同去参战。"

鲁庄公和曹刿同坐一辆战车，在长勺和齐军作战。鲁庄公将要下令击鼓进军。曹刿说："还不行，先等等。"等到齐军三次击鼓之后。曹刿说："可以追击了。"结果齐军大败。鲁庄公又要下令驾车马追击齐军。曹刿说："等一下。"说完就下了战车，察看齐军车轮碾出的痕迹，又登上战车，扶着车前横木远望齐军的队形，这才说："可以追击了。"于是鲁庄公命军队追击齐军，因而就有了"夫战，勇气也。一鼓作气，再而衰，三而竭。彼竭我盈，故克之”的传奇。

《曹刿论战》描写了一场战争的始末。从策划战争到战争取得胜利。本文以曹刿为主、鲁庄公为宾，通过他们对有关齐、鲁战争问题的对话，阐明弱国在对强国的战争中所采取的战略原则和策略，即在政治上取信于民，军事上后发制人。

本文通过写曹刿对长勺之战的论述，表现了曹刿的政治远见和军事才能，说明了只有取信于民和运用正确的战略战术，把握好作战时机，才能取得战争胜利。

法律提示：原告欲通过诉讼达到自己意图和目的，要着重考虑下列因素：原告的诉讼理由是否合理、合情、合法；是否在诉讼前制定了正确的战略思想和战略部署；是否在诉讼的每一个环节都能根据实际情况，做出正确的判断，并且制定机动灵活的应对措施和战略战术；即根据案件中出现的具体情况拿出具体解决方案。只有具备了上述条件，才能做到“一鼓作气”，争取最后胜利。

二、解惑：原告为什么有理却没打赢官司？

1. 主体错误，导致驳回起诉

原告主体或被告主体不适格，致使诉讼自始失利。

例如，甲将位于某市的三间平房带院落赠与其子乙，但未到房产部门办理过户。后该三间平房被拆迁，因赔偿问题乙以自己的名义起诉。经过法庭审理，法院认为因房屋未过户，乙尚未取得房屋所有权，故无权提起诉讼。因此，原告因无主体资格，无权请求被告赔偿，法院据此裁定驳回了乙的起诉。

⊖ **法律提示**：驳回起诉和驳回诉讼请求是两回事。驳回起诉法院是以裁定方式驳回，是程序上的裁定；驳回诉讼请求是对实体上的驳回，是以判决形式。

上述案例被驳回起诉后，当事人可以更换主体，另行起诉。

2. 诉讼请求错误

（1）当事人提出的诉讼请求应明确、具体、完整，对未提出的诉讼请求人民法院不予审理。当事人提出的诉讼请求要适当，不要随意扩大诉讼请求范围；无根据的诉讼请求，除得不到人民法院支持外，当事人还要承担相应的诉讼费用。

（2）当法院审理案件时，发现诉讼请求和法院认为的法律关系不一致时，原告如不按照法院的通知变更诉讼请求，可能导致被法院驳回诉讼请求。

3. 超过诉讼时效

原告起诉，首先考虑是否超过了法定诉讼时效。如果原告超过诉讼时效要考虑是否存在诉讼中止以及中断等情况。如果超出诉讼时效，原告有诉权，但丧失胜诉权。

例如，甲向乙出借款项，如果欠条没有写还款时间，在司法实践中认为该借条的还款时间为 20 年。但如果在此期间一旦出借人向借款人索要，时效中断，借款人不予还借款，时效就从甲向乙索要时起算，时效为 3 年。

《民法总则》第九章诉讼时效规定如下：

第一百八十八条　向人民法院请求保护民事权利的诉讼时效期间为三年。法律另有规定的，依照其规定。

诉讼时效期间自权利人知道或者应当知道权利受到损害以及义务人之日起计算。法律另有规定的，依照其规定。但是自权利受到损害之日起超过二十年的，人民法院不予保护；有特殊情况的，人民法院可以根据权利人的申请决定延长。

第一百八十九条　当事人约定同一债务分期履行的，诉讼时效期间自最后一期履行期限届满之日起计算。

第一百九十条　无民事行为能力人或者限制民事行为能力人对其法定代理人的请求权的诉讼时效期间，自该法定代理终止之日起计算。

第一百九十一条　未成年人遭受性侵害的损害赔偿请求权的诉讼时效期间，自受害人年满十八周岁之日起计算。

第一百九十二条　诉讼时效期间届满的，义务人可以提出不履行义务的抗辩。

诉讼时效期间届满后，义务人同意履行的，不得以诉讼时效期间届满为由抗辩；义务人已自愿履行的，不得请求返还。

第一百九十三条　人民法院不得主动适用诉讼时效的规定。

第一百九十四条　在诉讼时效期间的最后六个月内，因下列障碍，不能行使请求权的，诉讼时效中止：

（一）不可抗力；

（二）无民事行为能力人或者限制民事行为能力人没有法定代理人，或者法定代理人死亡、丧失民事行为能力、丧失代理权；

（三）继承开始后未确定继承人或者遗产管理人；

（四）权利人被义务人或者其他人控制；

（五）其他导致权利人不能行使请求权的障碍。

自中止时效的原因消除之日起满六个月，诉讼时效期间届满。

第一百九十五条　有下列情形之一的，诉讼时效中断，从中断、有关程序终结时起，诉讼时效期间重新计算：

（一）权利人向义务人提出履行请求；

（二）义务人同意履行义务；

（三）权利人提起诉讼或者申请仲裁；

（四）与提起诉讼或者申请仲裁具有同等效力的其他情形。

第一百九十六条　下列请求权不适用诉讼时效的规定：

（一）请求停止侵害、排除妨碍、消除危险；

（二）不动产物权和登记的动产物权的权利人请求返还财产；

（三）请求支付抚养费、赡养费或者扶养费；

（四）依法不适用诉讼时效的其他请求权。

第一百九十七条　诉讼时效的期间、计算方法以及中止、中断的事由由法律规定，当事人约定无效。

当事人对诉讼时效利益的预先放弃无效。

第一百九十八条　法律对仲裁时效有规定的，依照其规定；没有规定的，适用诉讼时效的规定。

第一百九十九条　法律规定或者当事人约定的撤销权、解除权等权利的存续期间，除法律另有规定外，自权利人知道或者应当知道权利产生之日起计算，不适用有关诉讼时效中止、中断和延长的规定。存续期间届满，撤销权、解除权等权利消灭。

法律提示：《民法总则》已经取消了《民法通则》规定的 1 年短期诉讼时效。理解上述规定的诉讼时效的起算时间以及诉讼时效中止和中断的情形。

新法速递：《民法典》第一编　总则

第一百八十八条　向人民法院请求保护民事权利的诉讼时效期间为三年。法律另有规定的，依照其规定。

诉讼时效期间自权利人知道或者应当知道权利受到损害以及义务人之日起计算。法律另有规定的，依照其规定。但是，自权利受到损害之日起超过二十年的，人民法院不予保护，有特殊情况的，人民法院可以根据权利人的申请决定延长。

第一百八十九条　当事人约定同一债务分期履行的，诉讼时效期间自最后一期履行期限届满之日起计算。

第一百九十条　无民事行为能力人或者限制民事行为能力人对其法定代理人的请求权的诉讼时效期间，自该法定代理终止之日起计算。

第一百九十一条　未成年人遭受性侵害的损害赔偿请求权的诉讼时效期间，自受害人年满十八周岁之日起计算。

第一百九十二条　诉讼时效期间届满的，义务人可以提出不履行义务的抗辩。

诉讼时效期间届满后，义务人同意履行的，不得以诉讼时效期间届满为由抗辩；义务人已经自愿履行的，不得请求返还。

第一百九十三条　人民法院不得主动适用诉讼时效的规定。

第一百九十四条　在诉讼时效期间的最后六个月内，因下列障碍，不能行使请求权的，诉讼时效中止：

（一）不可抗力；

（二）无民事行为能力人或者限制民事行为能力人没有法定代理人，或者法定代理人死亡、丧失民事行为能力、丧失代理权；

（三）继承开始后未确定继承人或者遗产管理人；

（四）权利人被义务人或者其他人控制；

（五）其他导致权利人不能行使请求权的障碍。

自中止时效的原因消除之日起满六个月，诉讼时效期间届满。

第一百九十五条　有下列情形之一的，诉讼时效中断，从中断、有关程序终结时起，诉讼时效期间重新计算：

（一）权利人向义务人提出履行请求；

（二）义务人同意履行义务；

（三）权利人提起诉讼或者申请仲裁；

（四）与提起诉讼或者申请仲裁具有同等效力的其他情形。

第一百九十六条　下列请求权不适用诉讼时效的规定：

（一）请求停止侵害、排除妨碍、消除危险；

（二）不动产物权和登记的动产物权的权利人请求返还财产；

（三）请求支付抚养费、赡养费或者扶养费；

（四）依法不适用诉讼时效的其他请求权。

第一百九十七条　诉讼时效的期间、计算方法以及中止、中断的事由由法律规定，当事人约定无效。

当事人对诉讼时效利益的预先放弃无效。

第一百九十八条　法律对仲裁时效有规定的，依照其规定；没有规定的，适用诉讼时效的规定。

第一百九十九条　法律规定或者当事人约定的撤销权、解除权等权利的存续期间，除法律另有规定外，自权利人知道或者应当知道权利产生之日起计算，不适用有关诉讼时效中止、中断和延长的规定。存续期间届满，撤销权、解除权等权利消灭。

4. 对设置前置程序的诉讼，原告直接向人民法院提起诉讼

在我国的法律制度设计中，有诉讼前置程序。举例如下：

（1）劳动争议

《劳动仲裁法》第五条规定：“发生劳动争议，当事人不愿协商、协商不成或者达成和解协议后不履行的，可以向调解组织申请调解；不愿调解、调解不成或者达成调解协议后不履行的，可以向劳动争议仲裁委员会申请仲裁；对仲裁裁决不服的，除本法另有规定的外，可以向人民法院提起诉讼。”

发生劳动争议，劳动者应先到劳动仲裁委员会申请劳动仲裁。对劳动仲裁裁决不服的，才可向人民法院提起诉讼。如果劳动者直接向人民法院就劳动争议提起诉讼，法院会依据上述法律规定依法裁定驳回劳动者的起诉。

（2）土地权属争议

《土地管理法》第十四条规定："土地所有权和使用权争议，由当事人协商解决；协商不成的，由人民政府处理。单位之间的争议，由县级以上人民政府处理；个人之间、个人与单位之间的争议，由乡级人民政府或者县级以上人民政府处理。当事人对有关人民政府的处理决定不服的，可以自接到处理决定通知之日起三十日内，向人民法院起诉。在土地所有权和使用权争议解决前，任何一方不得改变土地利用现状。"

土地权属争议包括土地所有权和土地使用权争议。如发生争议，当事人协商不成的，首先要由相关政府处理，而不能直接到法院起诉。比如，两家因宅基地使用权发生争议，按照上述法律规定，可到乡级政府或者县级以上政府请求处理，相关政府做出处理决定后，当事人对决定不服，才可向法院起诉。如果没有政府的处理决定，法院将不予立案，或立案后依法驳回起诉。

5. 离婚案件尚不具备起诉条件

原告提起离婚诉讼，应考虑以下法定条件：

我国《婚姻法》第三十四条规定："女方在怀孕期间、分娩后一年内或中止妊娠后六个月内，男方不得提出离婚。女方提出离婚的，或人民法院认为确有必要受理男方离婚请求的，不在此限。"

《婚姻法》第三十三条规定："现役军人的配偶要求离婚，须得军人同意，但军人一方有重大过错的除外。"

新法速递：《民法典》第一千零八十一条规定："现役军人的配偶要求离婚，应当征得军人同意，但是军人一方有重大过错的除外。"

《民法典》第一千零八十二条规定："女方在怀孕期间、分娩后一年内或者终止妊娠后六个月内，男方不得提出离婚；但是，女方提出离婚或者人民法院认为确有必要受理男方离婚请求的除外。"

《民事诉讼法》第一百二十四条第七款规定，判决不准离婚和调解和好的离婚案件，判决、调解维持收养关系的案件，没有新情况、新理由，原告在 6 个月内又起诉的，不予受理。

如果符合上述情况，原告起诉将会被法院裁定不予受理。

6. 证据不足或有证据但在一审判决前未提交

原告提供的证据不足或没有找到充分证据，将导致败诉的结果。证据一般都需要在举证期限届满之前提交，当事人因为故意或重大过失逾期提交的证据，法院一般不予采纳。但以下两种情况除外：一是该证据与案件基本事实有关的；二是当事人非因故意或者重大过失逾期提供的证据。这两种情况下，法院应当采纳逾期举证的证据。

相关法条：《最高人民法院关于适用〈中华人民共和国民事诉讼法〉的解释》

第一百零一条　当事人逾期提供证据的，人民法院应当责令其说明理由，必要时可以要求其提供相应的证据。

当事人因客观原因逾期提供证据，或者对方当事人对逾期提供证据未提出异议的，视为未逾期。

第一百零二条　当事人因故意或者重大过失逾期提供的证据，人民法院不予采纳。但该证据与案件基本事实有关的，人民法院应当采纳，并依照民事诉讼法第六十五条、第一百一十五条第一款的规定予以训诫、罚款。

当事人非因故意或者重大过失逾期提供的证据，人民法院应当采纳，并对当事人予以训诫。

当事人一方要求另一方赔偿因逾期提供证据致使其增加的交通、住宿、就餐、误工、证人出庭作证等必要费用的，人民法院可予支持。

7. 起诉的条件不具备

以民间借贷纠纷为例，如借款期限是 2 年，对尚未到期的债务，不能提起诉讼。但例外的是不安抗辩权。

我国《合同法》第九十四条第二款中规定：“有下列情形之一的，当事人可以解除合同：……（二）在履行期限届满之前，当事人一方明确表示或者以自己的行为表明不履行主要债务。”

新法速递：《民法典》第五百六十三条规定：“有下列情形之一的，当事人可以解除合同：（一）因不可抗力致使不能实现合同目的；（二）在履行期限届满前，当事人一方明确表示或者以自己的行为表明不履行主要债务；（三）当事人一方迟延履行主要债务，经催告后在合理期限内仍未履行；（四）当事人一方迟延履行债务或者有其他违约行为致使不能实现合同目的；（五）法律规定的其他情形。以持续履行的债务为内容的不定期合同，当事人可以随时解除合同，但是应当在合理期限之前通知对方。”

例如，对分期付款的借贷，还款期限虽然未到，但被告对借原告前边的已到期的借款不予偿还，使原告已产生不安，按照合同法相关规定，对未到期的借款原告也可起诉。

8. 违反一事不再理的法律规定

民事诉讼中，一事不再理原则包括两个方面的含义：

第一，当事人不得就已经向法院起诉的案件重新起诉；

第二，一案在判决生效之后，产生既判力，当事人不得就双方争议的纠纷再行起诉。

从法院角度讲，上述案件不得再受理。这里的“一事”指的是同一当事人就同一法律关系提出的同一诉讼请求。因为这个同一事件已在法院受理中或者已经被法院裁判，原告当然就不得再起诉，法院也不应再受理，以避免作出相互矛盾的裁判，也避免当事人纠缠不清，造成诉累。

9. 将被告或原告的名字写错，未在法定期限内改正

对于这种情况的处理在实践中主要有三种做法：裁定驳回起诉、原告撤诉、由原告申请变更被告名称。

（1）裁定驳回起诉：《民事诉讼法》第一百一十九条规定起诉必须符合下列条件：“（一）原告是与本案有直接利害关系的公民、法人和其他组织；（二）有明确的被告；（三）有具体的诉讼请求和事实、理由；（四）属于人民法院受理民事诉讼的范围和受诉人民法院管辖。”

上述法律规定中，第二个条件是“有明确的被告”，对这一条文的理解影响如何处理被告名称错误的情况。原告在起诉书中写明被告的姓名、年龄、住址等有关情况，便可以认定被

告是明确的，如果无其他不符合法定起诉条件的情况，就不应裁定驳回起诉。

（2）原告撤诉：原告通过核实发现确实写错了被告的名字，提出撤诉的案件实践中也比较多。因为被告名字错误，起诉书中的被告名字与要诉的被告不属于同一人时，会直接影响当事人的权利义务，可能造成法院驳回原告诉讼请求的情况。即使法院在审判中没有发现名称错误而判令被告承担法律后果，会影响执行程序中原告权利的实现。此种情况，原告可以以撤诉再行起诉的方式纠正自己错误，法院应予准许。

（3）由原告申请变更被告名称：对原告申请变更被告姓名，法律没有明确规定，正所谓“法无明文规定不禁止”，在诉讼中，当事人在民事诉讼活动中享有广泛的诉讼权利，其中包括原告可以放弃、变更诉讼请求，有观点认为原告变更被告姓名也可以被认为是在诉讼中变更诉讼请求，是原告依法享有的处分权。

例如，在法律实践中，正确的被告已经签收法律文书，采取由原告申请变更被告名称这种做法显然更为合理。

10. 混淆了客观事实和法律事实的区别

所谓“客观事实”就是原本发生的在意识之外不依赖人们的主观意识而存在的事实。也就是说，在具体个案发生之后现实、客观意义上所存在的事物。

所谓“法律事实”是指司法活动中人们对案件事实的认识符合法律规定或认可的真实，是法律意义上的真实，是在具体个案中达到法律标准的事实。

法律事实并不一定就等同于或从属于客观的事实，客观事实成为法律事实需要经过实体法的检验，客观事实成为法律事实还需要程序法的“过滤”，有时法律事实几乎等同于客观事实，但有时候又与客观事实相悖。因此，确有证据支撑的事实才是法律事实，法院采信的只能是法律事实。

法律提示：在司法实践中，很多当事人对此认识模糊。说白了，客观事实就是真实发生的事，而法律事实是判决认定的事实。如甲客观上确实借了乙1万元现金，但如甲没有证据证明这一事实照样败诉。

11. 混淆了案件性质

如原告起诉时混淆了民事诉讼和行政诉讼的性质，导致法院驳回起诉。法院立案时，只进行形式审查，依据原告主张的法律关系来确定案由，并以此判定法院有无管辖权。

例如，农村集体土地征收款的补偿纠纷属于行政诉讼。以民事案件立案，法院经审理发现后就会驳回原告的起诉。

12. 对法律关系认识错误

《最高人民法院关于审理民间借贷案件适用法律若干问题的规定》第二十四条第一款规定：“当事人以签订买卖合同作为民间借贷合同的担保，借款到期后借款人不能还款，出借人请求履行买卖合同的，人民法院应当按照民间借贷法律关系审理，并向当事人释明变更诉讼请求。当事人拒绝变更的，人民法院裁定驳回起诉。”

案例：本来是民间借贷，但出借方为了保证钱款的安全，便以借款人的房屋作抵押，但签订的合同却是房屋买卖协议。协议的主要条款是：如果到期不能还款，房屋就卖给出借人。因此，这种情形的基础法律关系是民间借贷，如果原告以房屋买卖协议起诉，法院要对当事人进行明示，原告要根据法院的明示变更诉讼请求，如果当事人不变更诉讼请求，法院就会驳回原告的起诉。

三、“真事”与“法律事实”的异同

1. 很多当事人认为“真事”不用举证

在司法实践中，一些当事人由于分不清客观事实和法律事实的区别，认识不到举证的重要性。例如，我在代理一起土地承包纠纷中，某村村委会起诉村民欠土地承包费的案件。我要求村干部提供土地承包合同，但村干部说没有订立土地承包合同。我向村干部释明，那就需要提供证据证明该村民承包土地的事实，即承包土地的时间、地亩数、土地四至、承包费、承包期限等证据。不料，该村干部急了，对我说：“这承包土地的事就是真事，地就在那摆着呢！还举什么证啊！全村的老百姓谁不知道？我们一句瞎话也没有说呀！”他们对举证感到很不理解，村干部甚至认为我多此一举。之后，我不断地将举证的重要性和村干部说明，这些村干部才勉强答应找证据。但经过开庭审理，这些村干部才真正懂得举证的道理。

据此而言，明白举证的重要性是诉讼的关键问题。

2. 客观事实即事实真相

客观事实就是事实真相，客观事实泛指一切客观存在的事实，是指在时间和空间中存在的事物、现象和过程。无论人的意志如何，人喜欢不喜欢它，都不能改变它的存在。简言之，就是事实上已经发生了并且实际存在的事物。说得再通俗一点就是真实的事实发生过程，但是客观事实不等于法律事实。

案例：甲、乙、丙三人合伙修公路，三人口头约定，每人出资30万元，如资金不够三人再分别摊付，三人平分分红，责任共担。甲、乙、丙未订立书面协议，三人商量好后就开始进行。三人共同努力，经过半年的时间路修好了，发包方也该给付修路款了。

由于修公路的工程是甲联系的业务，甲和发包方熟悉，签合同时由甲一人与发包方签订合同。因此，发包方就将全部修路款152万元由甲支取了。甲支款后，把自己所欠的修路工料款还完后，剩余款项包括乙、丙赊欠的工料、利润并未按约定支付。乙、丙找到甲要求按约定履行，甲却说“你们分什么红？都是我一个人的！”甲执意不和乙、丙结算。

乙、丙在多次协商无果的情况下，便将甲起诉至法院。在庭审中，乙、丙作为三人系合伙关系，要求甲给付投资款30万元、分红款32万元以及垫付的工料款18万元。甲坚决否认三人之间的合伙关系，其理由是口头合伙协议并不存在，三人并没有书面合伙协议。根据法律规定，合伙应当签订合伙协议。甲与发包方签订的修路协议，如果乙、丙是合伙人，为什么他们不签订合同？乙、丙二人系甲雇佣的人员，投资款30万元可返还，但乙、丙垫付的工料款甲不认可，乙、丙所欠的工料款没有国家规定的正式票据，且无证人出庭作证。

本案中，由于乙、丙没有合伙协议，且未提供合伙的相关证据，只有乙、丙二人自己在本子上记的账目，且并没有甲的签字，法院未认定甲、乙、丙为合伙关系。对乙、丙垫付的工料款，两人只提供了手写的收条，证人未出庭，故证据不足，法院也未予认定。对于乙、丙30万元的出资，甲认可，法院认定，予以支持。最后，法院只判决甲退给乙、丙每人30万元。驳回乙、丙其他诉讼请求。

→ **法律忠告：** 上述案例说明，事实真相和法律事实还是两回事。因为如果你所有先前的行动都有录音录像，当然能够证明事实真相，否则，仅靠口头陈述或者缺乏证明力的证据证明过去的事实，难上加难。

据此而言，为了避免纠纷，与人合作务必签订协议，并留足证据。

3. 法律事实是被法院判决认定的事实

以民事法律事实为例，如果当事人的经过都有录像录音，客观事实转化为法律事实就很容易。比如，随着电子的发展，录音录像、监控越来越发达，对客观事实的还原起了重要的作用。如一起交通事故被监控全部录像，客观事实转化成法律事实很容易。

可遗憾的是，在民事行为中，并没有录音录像可提供。因而很多"真事"因当事人不能提供证据，得不到法官的认可。

法律事实包括事件和行为，其中行为还包括事实行为和法律行为。民事法律事实指的是符合民事法律规范，能够引起民事法律关系发生、变更、消灭的客观事实，其在民事法律规范（前提）与民事法律关系（结果）之间起着桥梁的作用。客观事实并非一个法律概念，泛指一切客观存在的事实，不具有民事法律事实所具备的法律性、平等性，并由国家强制力所保障的特点。所以并非一切客观事实都可以成为法律事实，从某种角度来看，客观事实可以称为是民事法律事实的一个上位概念。

⊝ **法律提示：**当事人之间发生的事实，总在客观的时空留下各种痕迹和印记。但在司法实践中，当事人普遍存在对客观事实和法律事实混淆认识，这种认识往往不利于当事人将客观事实转化为法官认可的法律事实，最终导致败诉。对这一点，原告应有足够的认识和理解。

4. 诉讼中存在当事人不如实陈述事实的现象

当事人在庭审中，存在不如实陈述事实，只说对自己有利的事实，甚至添油加醋，导致对客观事实的认知的障碍。只有依靠证据来最大限度地重现曾经发生过的客观事实。

离婚案件中，女方在结婚前就有精神病，婚后男方发现女方有精神病。在离婚案件的审理中，女方的父母坚称其女在婚前没有病，精神病是婚后得的。精神病是在婚前还是在婚后对法院审判有着重大影响。在此情况下，男方在医院调取了女方在婚前的诊断证明，证明了婚前女方就有精神病的事实。假如男方调不出医院的证明，且无其他证据证明，该“真事”就不能得到法官的认定。

因此，司法实践中这样一些情形，就是诉讼中当事人因自己的问题导致客观事实与法律事实不相符。如果客观事实对当事人不利，其就可能不提交相关证据；也有当事人因失误未提交证据或客观上已无法提交证据。这种情形下客观事实与法律事实不一致，不是裁判者的责任，裁判者必须依据一定的规则办事，这也是程序合理性的要求。

⊝ **法律提示：**若当事人不如实陈述事实，我们不可能把所有的事物发生过程全部用录像机录下来展现给法庭。因此，千万不要依赖对方当事人将全部事实予以承认，而应积极地组织所有证据，以达到诉讼目的。

四、原告如何实现诉讼利益最大化?

1. 原告在整个诉讼过程中应考虑十个方面的因素，才能达到利益最大化

当事人的诉讼均是为了利益。但当事人的开始追求的利益往往过于理想，甚至有的是法律不认可的利益。

案例：一起案件中，一位老板在一个废弃的工厂车间开舞厅，他为此投资 40 万元。老板和工厂负责人订立了合同，约定合同期限 5 年，如一方违约，赔偿对方按日计算 3000 元损失，一直计算至合同到期。舞厅开了半年后，工厂一方把车间和土地全部卖了。开舞厅的老板便依照合同把工厂起诉到法院，要求对方赔偿 500 万元，但法院最后判决工厂赔偿老板 80 万元。

舞厅老板认为合同条款明明白白，为什么不执行合同？我国法律规定违约金是以损失为基础的，如果订立地过高可以降低。但违约金不得超过损失的 30%，即如果实际损失是 100 元，违约金不超过 130 元。

⊖ **相关法条：**《最高人民法院关于适用〈中华人民共和国合同法〉若干问题的解释（二）》

第二十九条　当事人主张约定的违约金过高请求予以适当减少的，人民法院应当以实际损失为基础，兼顾合同的履行情况、

当事人的过错程度以及预期利益等综合因素，根据公平原则和诚实信用原则予以衡量，并作出裁决。

当事人约定的违约金超过造成损失的百分之三十的，一般可以认定为合同法第一百一十四条第二款规定的“过分高于造成的损失”。

故此，当事人在制定诉讼目标的时候，应考虑以下十个因素：

一是双方责任还是单方责任，以及原因力的大小等。比如，交通事故中主次责任，合同履行中的双方均有违约等情况。

二是实际损失的情况（有些情况可考虑可得利益）。

三是按法律规定计算数额情况。对精神损失的数额、对伤残等级的赔偿数额、对工伤的赔偿数额等。

四是对方的经济状况，这是诉讼中应考虑的重要因素。

五是能否有充分证据证明损失。有的人虽然受到了损失，但无法取到有价值的证据，也难以胜诉。

六是诉讼成本问题。如损失需要评估，评估费较高，尽管该费由败诉方出，当事人应充分考虑。

七是诉讼执行后，能够得到的数额。

八是心理负担和耗费的时间、精力等各种因素。一个案件旷日持久，不仅是经济方面，当事人的心理负担也很大。

九是背景情况。双方是否有恩怨，是否有赌气的成分。

十是对方智囊团的情况，是否有明白人出面调解。

小贴士

当事人应根据上述综合情况，制定出切实可行的目标，过于理想的目标和过低的目标都是要吃亏的。

2. 利益最大化是利益越多越好吗?

所谓利益最大化就是通过努力能实际得到的利益。

对于民间借贷、人身损害赔偿、工伤事故、交通事故、建设工程等纠纷的诉讼调解，怎样才能得到应有数额?

要从以下三个方面考量:

其一，按照法律规定计算应得到的数额;

其二，当事人的预期目标;

其三，从各方面综合考虑并掌握最佳调解时机实际能够得到多少。

案例: 在一起交通肇事案中，肇事者把受害人撞死，按规定应赔偿50多万元，但对方只缴纳了交强险，且对方只是一个做小生意的农民，后被刑事拘留。在受害人尸体未作处理时，受害人家属与被肇事方多次谈判，肇事方最多出30万元，受害方家属不同意，因为和规定差得太多。但受害方律师了解到，肇事方家庭困难，为了让肇事者减轻刑罚，肇事方家属四处借钱，借到30万元，便和受害人家属做工作。但受害人家属不同意30万元赔偿数额，认为数额过低。受害人家属甚至主张法院判决肇事者死刑，赔偿数额按规定少一分也不行，在此情况下受害人尸体也不处理，调解陷入僵局。

肇事方见调解无望，把借的钱退了回去，受害人因尸体未处理，一直在医院的太平间，不能入土为安。受害人一家每天焦虑不安，过了近一个月，找到律师说想要重启调解，律师便找到肇事方的律师，但对方律师说肇事方现在不想调解，肇事方的家属因前期调解不成已经将借的钱款返还。

此时，被害人家属处于很尴尬的境地：被害人尸体放了一个月，各项花费多了几万元，未得赔偿就处理了，从心理上接受不了。但调解的事是双方自愿不能强制，受害方请求律师多想办法，律师找到肇事方的律师并和家属多次谈判，最终以28万元的赔偿数额达成调解。

通过上述案例可以得知，利益最大化，不是要得越多越好，而是综合考虑情况所得出的结论。

受害方亲属往往受他人影响，往高处要，越高显得和受害人的感情越亲，这种不顾实际情况、没有战略思维的人进行调解往往会遭到失败。在诉讼中，各方应综合衡量得失价值，以免两败俱伤。

案例：在一起轻伤害的刑事诉讼的和解中，双方家属在调解中因差5000元和解未果，被告人被多关押近1年的时间。

在这起轻伤害案中，被告人将受害人打成轻伤被公诉机关以涉嫌故意伤害罪公诉至法院，受害人起诉要求赔偿10万元。到法院审理阶段，双方律师参与调解，被告人认为受害人的伤不是自己打的，故此，在调解中不愿意出钱。经过多方做工作，被告人同意出6万元的赔偿费，但受害人最后坚持要6.5万元。调解僵持不下，因法院有诉讼期限，被告人不同意，其他家属也不同意，故此调解失败。

结果，法院判处被告人1年6个月的有期徒刑，如果拿出这5000元，被告人可能被法院判处缓刑或判短刑期。其中的利弊得失，旁观者不言自明。

3. 在诉讼调解中利益最大化的抛物线原理

我在多年参与的诉讼中，发现诉讼调解中的抛物线原理。

原告和被告进行调解是矛盾的同一性在发挥作用，这说明，任何事物都有一个发展变化的规律。这个规律就是调解的数额始终受方方面面的影响，如经济、物质、心理、伦理、情理、当事人的关系、当事人自己的认识、亲属团队的舆论影响、法律上可预见判决、裁定对事件的影响、综合的利害关系等。

上述多个要素，调解数额的曲线从漫天要价到就地还钱，双方形成一个曲线，就是抛物线。

我在司法实践中发现，任何一个调解，都存在一个曲线，就是从低到高，又从高到低的变化。而且这个变化一般来说就是一次，低下来后可能有小幅度反弹，但一般变化不大，且时间也短。

双方的要价和出价在调解中的变化，如图 2–1 所示：

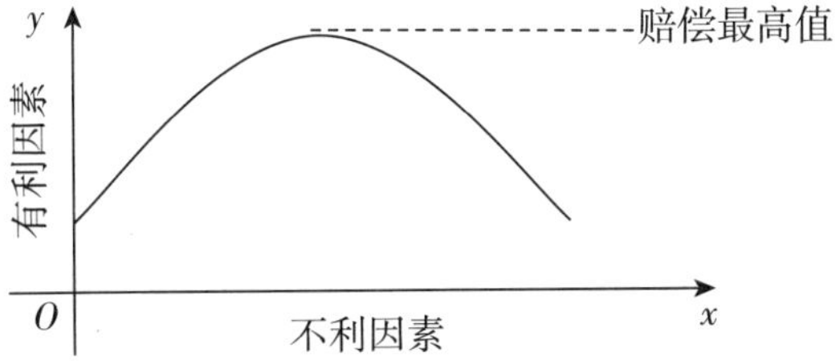

图 2–1　调解示意

故此，在调解中要抓住在某一事件高峰的时刻予以“拍板”。就像股票买卖，最高时卖，最低时买。

任何一个事件发生后，解决问题往往从调解开始。但经过讨价还价，中间人说和，双方互相展示自己的强项，动用各种社会关系等。总之，经过一番较量之后，双方都在相向而行，向一个方向走。实际上，有经验的人对这个数字基本可以判断了。一般来说，不出意外，双方可以“拍板”。

因此，当事人应当抓住最有利的时机，审时度势，果断进行调解。当然，若对方没有调解诚意，那就拿起法律武器，依法进行起诉。另外，诉讼中双方也可以调解结案。

总之，调解省时省力，抓住最佳调解时机才能获得最大利益。

⊖**法律忠告：**“拾到篮子才是菜。”综上所述，在调解中，当事人一定要把握各种因素，采取机动灵活的战略战术。作为原告要审时度势，抓住最有利的时机，到对方出到最高值时“拍板”，才能使利益最大化。作为被告要综合考虑利益的得失，不要因小利和赌气丧失更大的利益，导致出现两败俱伤的局面。

五、原告在开庭前必干的六件事

1. 无论案情是简单还是复杂，都要向律师咨询

即便原告不委托律师，也要向律师咨询，由律师进行专业指导。但在司法实践中，不一定每个案件都委托律师。

随着我国法律日益完善，法律规定更加细化，即便是专业人员对案件的法律适用都要再三斟酌。

如合同纠纷的管辖问题，过去是原告就被告或合同履行地等法院，被告在外地，无论多远都要找到被告所在地法院诉讼。而目前，法律有了变化，如果合同履行地约定不明，可以在接受货款的一方所在地法院诉讼。这大大方便了原告的诉讼。

诉讼往往涉及基础的法律关系。如借条的来由，是借款还是因其他关系借款，很多借条往往写得不规范，一旦出现问题，对方抓住把柄难以弥补。

小贴士

如诉讼不咨询律师或具有法律知识的专业人士，极易造成失误，而诉讼一旦开始，由于受到法律时效和诉讼期限的限制，当事人难以弥补程序上的漏洞。

2. 原告举证须在法院指定的期限之内进行

很多当事人过于自信，盲目操作，造成举证不规范和超过法院指定举证时限的后果，可能视为举证不能，导致败诉。比如，合同纠纷除了举出双方订立的合同之外，还要有履行合同的证据，如履行的数量、地点、价格、质量等因素，并不是只要举出合同就算完毕。

比如，在一起买卖树苗合同纠纷中，只有一张收条，收条上只有收到树苗的棵数，而无单价以及运输送达地点。此诉讼就必须向法院提出价格鉴定申请。但提出申请应在举证期限届满前提出，否则就可能因证据不足导致法院驳回诉讼请求。

小贴士

有一些当事人未运用法律赋予的各种诉讼权利。如申请证人出庭、申请延期举证、申请现场勘验、申请法院依法调取证据、申请查封被告财产等，如果不能灵活地运用法律赋予的诉讼权利，势必对自己不利。

3. 当事人经济困难可委托法律援助律师代理案件并申请减交、缓交诉讼费用

《法律援助条例》第十条规定：“公民对下列需要代理的事项，因经济困难没有委托代理人的，可以向法律援助机构申请法律援助：（一）依法请求国家赔偿的；（二）请求给予社会保险待遇或者最低生活保障待遇的；（三）请求发给抚恤金、救济金的；（四）请求给付赡养费、抚养费、扶养费的；（五）请求支付劳动报酬的；（六）主张因见义勇为行为产生的民事权益的。省、自治区、直辖市人民政府可以对前款规定以外的法律援助

事项作出补充规定。公民可以就本条第一款、第二款规定的事项向法律援助机构申请法律咨询。”

4. 详细阅读法院送达的各种手续，特别注意举证期间和开庭时间

法院送达给原告的手续有：受理案件、开庭传票等通知书等手续。司法实践中很多人并不详细阅读，因而掌握不了诉讼的全部情况，对当事人是不利的。

当事人应严格按照法院指定的期限，办理各种诉讼事务。如有更改应及时和法官沟通。

5. 当事人若在法院指定期限内不能举证，应向法院申请延期举证

原告在开庭前，应全面准备开庭应具备的证据并复制被告提供的证据。当事人如委托了律师，应在立案后至开庭前多与律师沟通情况，积极配合律师进行庭前各种准备活动，合力将所有应在庭审上举的证据准备完毕。当事人未委托律师，也应向律师咨询庭前需准备证据的情况。当事人如有特殊原因不能按期举证，应向法庭提出延期举证申请。

6. 开庭当天必须要注意以下问题

所有当事人和诉讼参与人，留出进行安检的时间，提前到达开庭地点。证人开庭时必须到庭。开庭时，如果原告申请的证人未到庭，庭后一般不会因为证人未到庭而重新开庭。

当事人要携带身份证。包括自己和自己申请的证人、旁听

人员都要带身份证。否则，可能卡在安检，不能出席开庭。

当事人要带证据原件。在开庭中，出示证据需核实原件，否则被告可能不予质证，造成对己方不利的后果。

六、原告在诉讼中必须用好各项诉讼权利

我们常说要拿起法律武器维权。因此，在诉讼中，我们只有灵活地运用法律赋予的各项诉讼权利，才能使我们处于主动地位。

1. 查封被告的财产、冻结被告账户

根据《民事诉讼法》的相关规定，原告为了胜诉后有把握执行，可以向人民法院申请财产保全，即对被告的财产如车辆、房屋、机器设备、土地使用权等采取保全措施。原告可以申请冻结被告的账户中应支付的款项，使该账户在存入法院指定的数额不足时，只能进不能出，以保证原告将来执行。

律师忠告： 查封财产、冻结账户虽然是原告有利的武器，但任何事都是“双刃剑”，如原告查封有误，应赔偿被告因查封、冻结给其造成的损失。建议原告在胜诉有较大把握的情况下进行财产保全。

2. 申请人民法院调取证据

原告为了保证证据的充分，认为自己无法调取证据时，由原告申请人民法院调取证据。根据《最高人民法院关于适用〈中

华人民共和国民事诉讼法〉若干问题的解释》第九十四条规定："民事诉讼法第六十四条第二款规定的当事人及其诉讼代理人因客观原因不能自行收集的证据包括：（一）证据由国家有关部门保存，当事人及其诉讼代理人无权查阅调取的；（二）涉及国家秘密、商业秘密或者个人隐私的；（三）当事人及其诉讼代理人因客观原因不能自行收集的其他证据。当事人及其诉讼代理人因客观原因不能自行收集的证据，可以在举证期限届满前书面申请人民法院调查收集。"

法律忠告：目前，我国诉讼制度采取的是"谁主张、谁举证"的民事诉讼制度，除几项特殊情况外，法院不能依职权调取证据。但一般情况下，要由当事人自己举证证明其主张的事实。如果原告举不出证据时，只能承担不利后果。因此，原告必须把握时机，在自己不能调取证据时，申请人民法院调取证据，防止因证据不足导致不利后果。

3. 申请延期举证

据法律规定，法院在向当事人送达受理通知书后，都要送达举证期限，如果超过举证期限举证，可能会被拒绝。因此，《最高人民法院关于适用〈中华人民共和国民事诉讼法〉若干问题的解释》第一百条规定："当事人申请延长举证期限的，应当在举证期限届满前向人民法院提出书面申请。申请理由成立的，人民法院应当准许，适当延长举证期限，并通知其他当事人。延长的举证期限适用于其他当事人。申请理由不成立的，人民法院不予准许，并通知申请人。"

小贴士

当事人在举证期限内，除举证外，还需要做很多工作，如写出证人出庭申请书，如需鉴定、勘验还要写申请书，向法院申请调取证据等一系列申请内容。如上述觉得时间不够用，可以向法院申请延期。

4. 要求当事人本人出庭

在实践中，借贷案件，由于被告不出庭，只有代理人出庭，而代理人却不了解事实，使事实处于不明状态，如果当事人出庭，当面陈述事实，对还原事实真相有利。

故此，《最高人民法院关于适用〈中华人民共和国民事诉讼法〉若干问题的解释》第一百一十条规定："人民法院认为有必要的，可以要求当事人本人到庭，就案件有关事实接受询问。在询问当事人之前，可以要求其签署保证书。保证书应当载明据实陈述、如有虚假陈述愿意接受处罚等内容。当事人应当在保证书上签名或者捺印。负有举证证明责任的当事人拒绝到庭、拒绝接受询问或者拒绝签署保证书，待证事实又欠缺其他证据证明的，人民法院对其主张的事实不予认定。"

小贴士

尽管民事诉讼当事人可以委托代理人，但为了查明案情，法律赋予人民法院上述职权。现实中的一些当事人，害怕在法庭庭审中被法官或对方当事人的询问中露出马脚，就委托代理人出庭，自己不出庭，造成案件事实不清的状况。此时，法院可以按照上述程序办理。尽管法律未规定当事人可以提出申请，但我认为，如果原告认为相关当事人应当亲自出庭，可以向人民法院提出请求，是否准许由人民法院决定。

5. 申请证人出庭作证

在民事诉讼中，有相当部分的案件需要证人出庭作证。但原告对证人出庭的程序仍需要了解：什么时间递交《证人出庭作证申请书》？

《最高人民法院关于适用〈中华人民共和国民事诉讼法〉若干问题的解释》第一百一十七条规定："当事人申请证人出庭作证的，应当在举证期限届满前提出。符合本解释第九十六条第一款规定情形的，人民法院可以依职权通知证人出庭作证。未经人民法院通知，证人不得出庭作证，但双方当事人同意并经人民法院准许的除外。"

法律提示：需要注意的是，在举证届满前，原告向法院递交《证人出庭作证申请书》，待开庭时证人出庭。但有些当事人事先未写申请，开庭时直接领着证人去法庭，法院往往因当事人事先未向法院递交证人出庭申请书而不让证人出庭。

6. 申请鉴定

《最高人民法院关于适用〈中华人民共和国民事诉讼法〉若干问题的解释》第一百二十一条规定："当事人申请鉴定，可以在举证期限届满前提出。申请鉴定的事项与待证事实无关联，或者对证明待证事实无意义的，人民法院不予准许。人民法院准许当事人鉴定申请的，应当组织双方当事人协商确定具备相应资格的鉴定人。当事人协商不成的，由人民法院指定。

符合依职权调查收集证据条件的，人民法院应当依职权委托鉴定，在询问当事人的意见后，指定具备相应资格的鉴定人。”

法律提示：申请鉴定，需要提出鉴定的当事人垫交鉴定费，最终由法院判决由谁负担鉴定费用。

7. 申请具有专门知识的人出庭对鉴定意见进行质证

《最高人民法院关于适用〈中华人民共和国民事诉讼法〉若干问题的解释》第一百二十二条规定：“当事人可以依照民事诉讼法第七十九条的规定，在举证期限届满前申请一至二名具有专门知识的人出庭，代表当事人对鉴定意见进行质证，或者对案件事实所涉及的专业问题提出意见。具有专门知识的人在法庭上就专业问题提出的意见，视为当事人的陈述。人民法院准许当事人申请的，相关费用由提出申请的当事人负担。”

《民事诉讼法》第七十九条规定：“当事人可以申请人民法院通知有专门知识的人出庭，就鉴定人作出的鉴定意见或者专业问题提出意见。”

8. 申请人民法院对物证或者现场进行勘验

《最高人民法院关于适用〈中华人民共和国民事诉讼法〉若干问题的解释》第一百二十四条规定：“人民法院认为有必要的，可以根据当事人的申请或者依职权对物证或者现场进行勘验。勘验时应当保护他人的隐私和尊严。人民法院可以要求鉴定人参与勘验。必要时，可以要求鉴定人在勘验中进行鉴定。”

9. 申请证据保全

我国《民事诉讼法》第八十一条规定：“在证据可能灭失

或者以后难以取得的情况下，当事人可以在诉讼过程中向人民法院申请保全证据，人民法院也可以主动采取保全措施。因情况紧急，在证据可能灭失或者以后难以取得的情况下，利害关系人可以在提起诉讼或者申请仲裁前向证据所在地、被申请人住所地或者对案件有管辖权的人民法院申请保全证据。证据保全的其他程序，参照适用本法第九章保全的有关规定。”

10. 申请先予执行

《民事诉讼法》第一百零六条规定：“人民法院对下列案件，根据当事人的申请，可以裁定先予执行：（一）追索赡养费、扶养费、抚育费、抚恤金、医疗费用的；（二）追索劳动报酬的；（三）因情况紧急需要先予执行的。”

《民事诉讼法》第一百零七条规定：“人民法院裁定先予执行的，应当符合下列条件：（一）当事人之间权利义务关系明确，不先予执行将严重影响申请人的生活或者生产经营的；（二）被申请人有履行能力。人民法院可以责令申请人提供担保，申请人不提供担保的，驳回申请。申请人败诉的，应当赔偿被申请人因先予执行遭受的财产损失。”

七、答复当事人的来信：张老汉的收养协议能否解除？

香律师您好：

我是一位农民，男，55 岁，我老伴已去世，又无儿无女。前几年我收养了一个女儿，现在她 25 岁，已婚并有了小孩。

当时在村委会干部的参与下，订立了收养协议。其主要内容是：被收养的女儿和她的丈夫、孩子和我共同生活，对我尽赡养义务；等我去世后由她继承我的全部财产。这样我们就按照约定共同生活。但时隔不久，我发现收养的女儿并不真心实意地照料我的生活，经常让我生气，为琐事和我争吵，矛盾越来越大。我已无法和她共同生活，便让她离开我家。可她说，“你想得倒好，咱们可是签了协议的，你叫我走我就走？”我想问我能解除收养协议吗？请给我出个主意。

香建永答复：根据你所反映的情况，你订立的协议并不属于收养协议。收养的特征是拟制血亲，即将别人的孩子收养后和自己形成养父母和养子女的关系，其权利义务适用法律关于子女与父母的关系。从订立合同目的和特征来看，你订立合同是为了有人赡养你，对方是在你去世后，对你的财产取得受遗赠的权利。从订立合同的内容来看，你们订立的合同不符合《收养法》的下列规定：第一，被收养人必须是14周岁以下的未成年人，收养三代以内同辈旁系血亲的子女除外；第二，无配偶的男性收养女性的，收养人和被收养人年龄应当相差40周岁；第三，收养应当向县级以上人民政府民政部门登记。

虽然你们订立的合同名称叫收养协议，实际上属于遗赠抚养协议。我国《继承法》规定，公民可以与抚养人订立遗赠抚养协议。按照协议，抚养人承担该公民生养死葬的义务，享有受遗赠的权利。你们订立合同的目的和内容完全符合上述规定。

如果你觉得无法和对方再维持下去，想解除这个协议，可以通过所在村人民调解委员会调解，也可以直接向人民法院提起诉讼，由人民法院依法判决。

本篇小结 不打无把握之仗 不打无准备之仗

孔子曰：必也临事而惧，好谋而成者也。这句话说的是遇到事情来临时首先要小心谨慎，然后要谋划好后再行动才能成功。

原告作为诉讼的发起者，在诉讼前与被告大致有了一番较量，一般来说原告是在迫不得已的情况下采取诉讼方式解决问题。当原告下定决心起诉，其首先应有充分而周到的诉讼准备，所谓“开弓没有回头箭”，诉讼一旦开始，很多事物将难以掌握。

如果诉讼是一场战争，原告要攻下这场战役，若排兵布阵调配不当，难免让守城的人（被告）突围成功。因此，原告只有从起诉之前到开庭直至判决，在充分准备的基础上，不断地根据被告方面的答辩、质证、辩论、调解意见，适时调整自己的方案，适时补充己方的证据，才有可能取得胜利。

我在本篇列举了原告为什么有理却败诉的真实案例。现实中的个案各有其特点，并不能机械地运用上述原理，还要结合个案以及实体、程序、法律关系方面的具体问题。我期待本篇能让读者对诉讼有一个基本的认识，少走弯路。

第三篇

被告防守与反攻

在诉讼中，被告面对不同情况，应采取积极防御和主动退却的策略。诉讼中的战略反攻指的是提出抗辩和反诉。而反诉是被告对原告的反击，是被告在诉讼中的重要反攻手段。

本篇题记

《三十六计》：乘隙插足，扼其主机，渐之进也。

这段话说的是三十六计之一的反客为主，用在军事上是指要善于发现时机，化被动为主动，争取掌握战争主动权的谋略。扼其主机指的是掌握对方的首脑机关。

本篇主旨:“反客为主”阐明了一个道理,即如何化被动为主动,以小胜大、以弱胜强，被告尤其如此。诉讼是权益之争，充满了进攻和防守的激烈的较量和抗争。在诉讼案件中，由于诉讼是原告发动的，原告在诉讼前一般都有了较为充分的准备，往往是抢占先机。此外，诉讼大多是耗时、耗力、耗财的，原告只有认为理由充分才会发动起诉。在诉讼中，被告要将劣势转化成优势，就应当具有相当的谋略。

在司法实践中，作为被告，有的人消极防御，一躲了之；有的人轻视对手，盲目乐观；有的人尽管有理，但组织不了有效的反攻，导致败诉。

对于被告如何在诉讼过程中化被动为主动，本篇将逐一进行分析阐述。

一、被告在诉讼中的积极防御和消极防御

从民事诉讼角度来说，要看原告和被告在各种力量上的对比和较量，有人认为被告处于不利地位。我认为，在很多情况下，被告更容易突破原告的包围和进攻。这是因为，作为原告，首先要把所有的东西全部暴露给被告，而被告在程序上和实体上能够寻找原告的漏洞和弱点进而展开突围，因为《民事诉讼法》赋予了被告充分的抗辩权利。因此，被告要采取积极应对的态度，根据案件实际情况，运用战略思想，制定出切实可行的策略，通过抗辩、反诉或退让、和解，最终以较小的代价解决诉讼。

诉讼中如果对方确实有理有据，而被告处于被动，就应考虑和解等措施，以避免更大的利益损失。如果被告对自身的劣势视而不见，一味逞强，最后可能损失更大。很多被告觉得自己占着分寸薄理，毫不退让，结果到最后吃了大亏，追悔不已。故此，在诉讼中被告应审时度势，看透案件的发展趋势，平衡利弊得失，积极主动地采取退却的战略方针，才能变被动为主动，尽量使自身利益少受损失。

在诉讼中，被告可灵活机动地进与退、打与和，便能掌握

诉讼的主动权。如果不顾案件面临的实际情况一味硬拼、硬顶、硬撑，势必导致被动；有被告根本没有深入细致地研究所涉案情，也没有在证据上和法律关系上下功夫，而是盲目自信，拉出在外行人看来完全能够打赢的架势，气势汹汹却无实际效果，结果落得一败涂地，此种情形在实践中经常出现。

何为诉讼中的战略反攻？诉讼中的战略反攻指的是抗辩。在诉讼中，往往出现类似上述情况。如甲企业起诉乙企业买卖合同纠纷。乙企业欠甲企业 80 万元。甲企业有欠条、合同和财会人员核对的账目。甲企业作为原告起诉后，认为案情简单且胜券在握。乙企业辩称没有付款的原因是甲企业提供的产品有质量问题。双方为此僵持不休，达不成和解协议。在法院的主持下，两方选择了一家鉴定机构，对产品进行鉴定。鉴定机构得出产品不合格的结论，导致原告败诉。

小贴士

这场诉讼中的鉴定，既是原被告双方的决战，也是被告的战略反攻。在诉讼中这种情况多有发生。

二、被告的消极防守将对自身带来不利的后果

1. 被告躲不过法院的传票

一般来说，在起诉之前，原告与被告存在纠纷，一般情况下，被告只有在原告起诉后，才知道自己当了被告。在双方无法达成调解的情况下，才走上法庭的。当然也有因法律规定的程序如挂靠、担保、合伙等相关法律关系，致使当事人成为被告的情况。无论如何，世界上的事情都是有因果关系的，诉讼的果是先前的因导致的。

由于随着电子信息的高度发展，人民法院送达传票的方式多样化，即便是不接传票，也可能会被认定已经接到传票。

目前，法院送达方式有下列方式：直接送达、委托送达、邮寄送达、留置送达、转交送达等，如果采取上述方式均未送达，法院要采取公告送达。所谓公告送达，又叫拟制送达，指在报纸或其他载体上刊登公告，经过一定期限即产生送达效果的送达方式。

2. 被告不予出庭，法院可缺席判决

在司法实践中，有些当事人接到法院传票认为自己有理或

出于对原告的气愤或蔑视不予出庭应诉；有的当事人认为自己没有理，采取放任和侥幸心理不予出庭；甚至有一些当事人认为，自己是被告不出庭，法院就无法裁判，可以拖延审判。以上种种现象，体现了当事人法律知识匮乏，这些行为将导致被告丧失胜诉权。

这是因为，被告不出庭，法院将以缺席审理案件，被告因此丧失了陈述、反驳、举证、抗辩、申请鉴定等诉讼权利。实践中有些当事人拿到一审判决书，认为是判决不公，并未意识到是因为自己不出庭应诉的结果。

更重要的是，缺席判决与对席判决具有同等法律效力。

3. 被告不出庭应诉，一审败诉后二审上诉，不是新证据难以举证

如果被告在一审开庭时未出庭，到二审开庭时再想举证，就会受到限制。如果不是新的证据，法院可能不允许提交证据。

我国《民事诉讼法》第六十五条规定：“当事人对自己提出的主张应当及时提供证据。人民法院根据当事人的主张和案件审理情况，确定当事人应当提供的证据及其期限。当事人在该期限内提供证据确有困难的，可以向人民法院申请延长期限，人民法院根据当事人的申请适当延长。当事人逾期提供证据的，人民法院应当责令其说明理由；拒不说明理由或者理由不成立的，人民法院根据不同情形可以不予采纳该证据，或者采纳该证据但予以训诫、罚款。”

三、被告如何做好积极防御

法律是公平的，无论是原告或被告，法律都赋予其平等的诉讼权利。但是，由于某些被告缺乏法律知识，没有充分运用法律赋予自身的诉讼权利，便会丧失抗辩的绝佳机会。因此，被告必须掌握法律赋予自身的各项诉讼权利，并加以灵活地运用，才能使被告变被动为主动，调动各方面力量，弥补自己在证据上的不足，并更加有力地对原告进行抗辩。

1. 被告应积极准备答辩状

《民事诉讼法》第一百二十五条规定：“人民法院应当在立案之日起五日内将起诉状副本发送被告，被告应当在收到之日起十五日内提出答辩状。答辩状应当记明被告的姓名、性别、年龄、民族、职业、工作单位、住所、联系方式；法人或者其他组织的名称、住所和法定代表人或者主要负责人的姓名、职务、联系方式。人民法院应当在收到答辩状之日起五日内将答辩状副本发送原告。被告不提出答辩状的，不影响人民法院审理。”

答辩状是被告针对原告的诉讼提出的自己的意见，这是《民事诉讼法》赋予被告的一项诉讼权利，即答辩权。答辩状是集中反映被告对原告诉讼意见的法律文书，被告应给予充分的重视。法院在审理案件时，要根据原告诉求和被告答辩意见列出法院调查的焦点问题。如果答辩状未全部反映被告的意见，被告之后再补将会有障碍。

小贴士

在司法实践中，被告未在收到起诉状副本之日起 15 日内提出答辩状，也可以在开庭时口头答辩，法院对被告的答辩的内容进行记录，该答辩意见同样具有法律效力。被告最好还是要写书面答辩状。

2. 被告在庭审中进行举证、质证、反驳原告的不实陈述

针对原告的诉状和提交的证据，被告在法院指定的举证期内，全面组织搜集证据，并针对原告的证据和陈述进行举证、质证、抗辩和反驳。

打官司实质就是打证据，被告应在两方面准备证据：一是“破”；二是“立”。不破不立，只有“破”了对方的证据，自己的观点才能“立”起来。

“破”和“立”表现在下列三个方面：

一是被告对原告的证据进行质证。被告指出原告所举证据的客观性、真实性、合法性不当之处。二是举反证——如果原告在诉讼中的证据有瑕疵或证据不足，被告对原告提交的证据以证据进行反驳。三是反驳——在庭审中，被告对原告的不实陈述要及时反驳，如果不反驳将对己方产生不利效果。因为，原告陈述也可能是证据，被告如果不反驳，有可能导致该证据成立。

律师提示：在实践中，有的被告对诉讼认识不足，各方面准备不充分，在开庭时没有提出有价值的答辩和质证意见，

该举的证据未举，导致败诉的后果。被告一审基础未打好，到二审往往举证受限，最终难以挽回败局。因此，被告应对诉讼予以应有的重视，才会使自身权利得到充分的保障。

3. 被告有提出管辖异议的权利

《民事诉讼法》第一百二十七条规定："人民法院受理案件后，当事人对管辖权有异议的，应当在提交答辩状期间提出。人民法院对当事人提出的异议，应当审查。异议成立的，裁定将案件移送有管辖权的人民法院；异议不成立的，裁定驳回。"

管辖异议是因我国《民事诉讼法》管辖规定产生的。由于《民事诉讼法》对法院管辖有具体的规定，如果被告认为案件管辖的法院不符合规定，可以提出管辖异议，申请提出后，人民法院会对该申请进行裁定，对该裁定不服，当事人可以提起上诉。

小贴士

提出管辖异议是法律赋予被告的一项诉讼权利。被告提出管辖异议应当向法院提交管辖异议申请。但需注意的是，被告应在答辩期内提出管辖异议，过了答辩期限，人民法院将不再受理管辖异议申请。

4. 被告有申请回避的权利

我国《民事诉讼法》第四十四条规定："审判人员有下列情形之一的，应当自行回避，当事人有权用口头或者书面方式申请他们回避：（一）是本案当事人或者当事人、诉讼代理人近亲属的；（二）与本案有利害关系的；（三）与本案当事人、诉讼代理人有其他关系，可能影响对案件公正审理的。审判人员接受当事人、诉讼代理人请客送礼，或者违反规定会见当事人、诉讼代理人的，当事人有权要求他们回避。审判人员有前款规定的行为的，应当依法追究法律责任。前三款规定，适用于书记员、翻译人员、鉴定人、勘验人。”

该法第四十五条规定：“当事人提出回避申请，应当说明理由，在案件开始审理时提出；回避事由在案件开始审理后知道的，也可以在法庭辩论终结前提出。被申请回避的人员在人民法院作出是否回避的决定前，应当暂停参与本案的工作，但案件需要采取紧急措施的除外。”

小贴士

在开庭审理时，法院要按照《民事诉讼法》的规定，向各方当事人宣读关于回避的法律规定，并询问当事人是否申请回避。如当事人认为有回避的法定理由可以申请回避，可以口头，也可以书面。当事人口头提出回避申请，法院要记录在案。

5. 被告可以申请延期举证

《民事诉讼法》第六十五条规定：“当事人对自己提出的主张应当及时提供证据。人民法院根据当事人的主张和案件审理情况，确定当事人应当提供的证据及其期限。当事人在该期限内提供证据确有困难的，可以向人民法院申请延长期限，人民法院根据当事人的申请适当延长。当事人逾期提供证据的，人民法院应当责令其说明理由；拒不说明理由或者理由不成立的，人民法院根据不同情形可以不予采纳该证据，或者采纳该证据但予以训诫、罚款。”

小贴士

法院根据《民事诉讼法》的规定，在向被告送达传票时，一般都确定了开庭时间和举证期限。如果被告认为自己在举证期间内完不成举证，应向法院提出延期举证申请书。如果被告不写申请，超过举证期限提交的证据，会遇到上述法律规定的举证障碍。

附《延期举证申请书》

延期举证申请书

申请人：XXX，性别，民族，出生年月，家庭住址

身份证号：＿＿＿＿＿＿＿＿＿＿＿＿

请求事项：

请求法院准予延期举证，以保障申请人的诉讼权利。

事实与理由：

XXX诉某公司财产损害赔偿纠纷一案，贵院受理后，确定了举证期限，即申请人XXX需在＿＿年＿＿月＿＿日前将所有证据递交至＿＿＿＿人民法院。由于举证时间将至，但收集证据遇到了许多困难，恐难在举证期限内完成举证责任。为保障申请人的诉讼权益，现依据《民事诉讼法》第六十五条的规定，特请求人民法院准予延期举证，延长举证期限一个月，请予以准许。

此致

＿＿＿＿人民法院

申请人：＿＿＿＿

＿＿＿＿年＿＿月＿＿日

6. 被告可以申请人民法院调取证据

为了保证证据的充分，当事人自己无法调取证据时，可申请人民法院调取证据。《最高人民法院关于适用〈中华人民共和国民事诉讼法〉若干问题的解释》第九十四条规定："民事诉讼法第六十四条第二款规定的当事人及其诉讼代理人因客观原因不能自行收集的证据包括：（一）证据由国家有关部门保存，当事人及其诉讼代理人无权查阅调取的；（二）涉及国家秘密、商业秘密或者个人隐私的；（三）当事人及其诉讼代理人因客观原因不能自行收集的其他证据。当事人及其诉讼代理人因客观原因不能自行收集的证据，可以在举证期限届满前书面申请人民法院调查收集。"

《最高人民法院关于适用〈中华人民共和国民事诉讼法〉若干问题的解释》第九十五条规定："当事人申请调查收集的证据，与待证事实无关联、对证明待证事实无意义或者其他无调查收集必要的，人民法院不予准许。"

小贴士

在司法实践中，很多当事人认为，法院应当主动取证，实则不然。造成这种错误的观点，是因为当事人不了解我国民事诉讼制度。目前，我国诉讼制度采取的是"谁主张、谁举证"的民事诉讼制度。法律规定的特殊情况除外。

《民事诉讼法》第六十四条规定："当事人对自己提出的主张，有责任提供证据。当事人及其诉讼代理人因客观原因不能自行收集的证据，或者人民法院认为审理案件需要的证据，人民法院应当调查收集。人民法院应当按照法定程序，全面地、客观地审查核实证据。”

《最高人民法院关于适用〈中华人民共和国民事诉讼法〉若干问题的解释》第九十六条规定：“民事诉讼法第六十四条第二款规定的人民法院认为审理案件需要的证据包括：（一）涉及可能损害国家利益、社会公共利益的；（二）涉及身份关系的；（三）涉及民事诉讼法第五十五条规定诉讼的；（四）当事人有恶意串通损害他人合法权益可能的；（五）涉及依职权追加当事人、中止诉讼、终结诉讼、回避等程序性事项的。除前款规定外，人民法院调查收集证据，应当依照当事人的申请进行。”

从上述法律规定来看，法院原则上不能依职权调取证据，要由当事人自己举证证明其主张的事实。如果举不出证据，只能承担不利后果。因此，被告必须把握时机，在自己不能调取证据时，申请人民法院调取证据，防止因证据不足导致不利后果。

7. 被告可以要求当事人本人出庭

在实践中，如借贷案件（尤其在原告持有借条，但借款并不真实的情况下），由于原告本人不出庭，只有其诉讼代理人出庭，代理人不了解事实或是装糊涂，使事实处于不明状态。如果原告亲自出庭，当面陈述事实，对还原事实真相有利。

故此，《最高人民法院关于适用〈中华人民共和国民事诉讼法〉若干问题的解释》第一百一十条规定：“人民法院认为有必要的，可以要求当事人本人到庭，就案件有关事实接受询问。在询问当事人之前，可以要求其签署保证书。保证书应当载明据实陈述、如有虚假陈述愿意接受处罚等内容。当事人应当在保证书上签名或者捺印。负有举证证明责任的当事人拒绝到庭、拒绝接受询问或者拒绝签署保证书，待证事实又欠缺其他证据证明的，人民法院对其主张的事实不予认定。”

小贴士

尽管民事诉讼当事人可以委托代理人，但为了查明案情，法律赋予法院上述职权。在司法实践中，有些当事人害怕自己在法庭庭审中被法官或对方当事人的询问露出端倪，自作聪明委托代理人出庭，造成庭审过程中案件事实不清的状况。此时，法院可以按照上述程序办理。尽管法律未规定当事人可以提出申请，但我认为，如果被告认为相关当事人应当亲自出庭，可以向法院提出请求，是否准许由法院决定。

8. 被告可以申请证人出庭作证

在民事诉讼中，有相当部分的案件需要证人出庭作证。但被告对证人出庭的程序仍需要了解。

（1）什么时间递交《证人出庭作证申请书》？

《最高人民法院关于适用〈中华人民共和国民事诉讼法〉若干问题的解释》第一百一十七条规定：“当事人申请证人出庭作证的，应当在举证期限届满前提出。符合本解释第九十六条第一款规定情形的，人民法院可以依职权通知证人出庭作证。未经人民法院通知，证人不得出庭作证，但双方当事人同意并经人民法院准许的除外。”

在举证期限届满前，被告递交《证人出庭作证申请书》，待开庭时证人出庭。但有些当事人未在法院指定期限内递交申请，却在开庭时直接带领证人出庭，法庭因当事人未事先向法院递交《证人出庭作证申请书》，可能不让证人出庭，造成被告举证不利的后果。

附《证人出庭作证申请书》

证人出庭作证申请书

申请人：姓名，性别，出生日期

家庭住址：＿＿＿＿＿＿＿＿＿＿

身份证号：＿＿＿＿＿＿＿＿＿＿

联系电话：＿＿＿＿＿＿＿＿＿＿

请求事项：依法通知证人出庭作证。

事实和理由：

申请人与本案原告（或被告）＿＿＿＿＿纠纷一案，在本案审理过程中，为了查明案情，需要本案证人出庭作证，证明本案主要事实。根据《民事诉讼法》的规定，申请人特申请贵院通知证人出庭作证，请予以准许。

此致

＿＿＿＿人民法院

申请人（签名）：＿＿＿＿＿

＿＿＿＿年＿＿月＿＿日

附：证人基本情况：

1. 证人[1]：姓名，性别，出生日期

1 如有多名证人可按上述格式一一列明。

住址：______________

身份证号：______________

联系电话：______________

联系地址：______________

（2）证人只写书面证言，不出庭可以吗？

2020年5月1日实施的《最高人民法院关于民事诉讼证据的若干规定》第七十六条规定："证人确有困难不能出庭作证，申请以书面证言、视听传输技术或者视听资料等方式作证的，应当向人民法院提交申请书。申请书中应当载明不能出庭的具体原因。符合民事诉讼法第七十三条规定情形的，人民法院应当准许。"

《最高人民法院关于民事诉讼证据的若干规定》第七十七条规定："证人经人民法院准许，以书面证言方式作证的，应当签署保证书；以视听传输技术或者视听资料方式作证的，应当签署保证书并宣读保证书的内容。"

小贴士

除非符合上述情况，并经人民法院许可，证人才可不出庭。否则，证人证言一般不被法院采纳。

9. 被告可以申请鉴定

《最高人民法院关于适用〈中华人民共和国民事诉讼法〉若干问题的解释》第一百二十一条规定："当事人申请鉴定，可以在举证期限届满前提出。申请鉴定的事项与待证事实无关联，或者对证明待证事实无意义的，人民法院不予准许。人民法院准许当事人鉴定申请的，应当组织双方当事人协商确定具备相应资格的鉴定人。当事人协商不成的，由人民法院指定。符合依职权调查收集证据条件的，人民法院应当依职权委托鉴定，在询问当事人的意见后，指定具备相应资格的鉴定人。”

被告对借条上的签字有异议，认为不是自己写的，可以提出对签名的真实性进行鉴定。

10. 被告如对鉴定有异议，可申请具有专门知识的人出庭对鉴定意见进行质证

《最高人民法院关于适用〈中华人民共和国民事诉讼法〉若干问题的解释》第一百二十二条规定：“当事人可以依照民事诉讼法第七十九条的规定，在举证期限届满前申请一至二名具有专门知识的人出庭，代表当事人对鉴定意见进行质证，或者对案件事实所涉及的专业问题提出意见。具有专门知识的人在法庭上就专业问题提出的意见，视为当事人的陈述。人民法院准许当事人申请的，相关费用由提出申请的当事人负担。”

《最高人民法院关于适用〈中华人民共和国民事诉讼法〉若干问题的解释》第一百二十三条规定：“人民法院可以对出庭的具有专门知识的人进行询问。经法庭准许，当事人可以对出庭的具有专门知识的人进行询问，当事人各自申请的具有专门知识的人可以就案件中的有关问题进行对质。具有专门知识的人不得参与专业问题之外的法庭审理活动。”

11. 被告可以申请人民法院对物证或者现场进行勘验

《最高人民法院关于适用〈中华人民共和国民事诉讼法〉

若干问题的解释》第一百二十四条规定："人民法院认为有必要的，可以根据当事人的申请或者依职权对物证或者现场进行勘验。勘验时应当保护他人的隐私和尊严。人民法院可以要求鉴定人参与勘验。必要时，可以要求鉴定人在勘验中进行鉴定。"

12. 被告可以申请证据保全

我国《民事诉讼法》第八十一条规定："在证据可能灭失或者以后难以取得的情况下，当事人可以在诉讼过程中向人民法院申请保全证据，人民法院也可以主动采取保全措施。因情况紧急，在证据可能灭失或者以后难以取得的情况下，利害关系人可以在提起诉讼或者申请仲裁前向证据所在地、被申请人住所地或者对案件有管辖权的人民法院申请保全证据。证据保全的其他程序，参照适用本法第九章保全的有关规定。"

13. 被告可以提出反诉

我国《民事诉讼法》第五十一条规定："原告可以放弃或者变更诉讼请求。被告可以承认或者反驳诉讼请求，有权提起反诉。"

所谓反诉与本诉牵连性，其反诉的条件，指反请求与本诉请求有同一事实上或法律上的联系。这种联系，使反请求与本诉请求相互排斥、抵消，并能够吞并本诉。

故此，反诉是被告的反击和反攻，是被告在诉讼中的重要手段。反诉不仅能够吞并本诉，而且还能超过本诉诉讼请求。比如，原告向被告索要欠款，而被告却反诉其产品存在质量问题并要求赔偿损失。在实践中，反诉成立的案例不胜枚举。

⊖ **法律提示：**被告提起反诉是在原告起诉后，即被告对原告提起的诉讼。反诉可以独立存在，并不依附于原告的起诉，即便是原告撤回本诉，反诉仍然成立。但被告提起反诉时，应当交诉讼费，且应有充分的证据，否则就可能导致自身败诉。因此，被告提起反诉也应慎重。

四、被告在什么情况下才能赢得官司?

被告在接到法院的传票和原告的起诉状后，应全面分析原告提交的证据以及自身情况和相关的法律规定，并应首先分析原告是否存在下列错误，如果有下列错误，被告可能胜诉：

1. 原告所列主体错误，即被告主体不适格

如果原告本来是应起诉公司，但却起诉了个人，被告应答辩原告所诉的主体错误。或者原告本来是和甲公司形成的法律关系，却错误地诉了乙公司，也属于主体错误。如果原告应当是甲，但乙以原告的身份提起诉讼，仍然是主体错误。对于上述情况，法院会驳回原告起诉。

法律提示： 有的时候，法院裁定驳回起诉不等于被告胜诉了，只是被告在程序上暂时占了上风。这是因为驳回起诉和驳回诉讼请求是两回事。驳回起诉法院是以裁定方式驳回，是程序上的裁定。而驳回诉讼请求是实体上的驳回，是以判决形式。法院驳回起诉后，原告可以更换主体，另行起诉。但如果原告被驳回，往往会挫伤原告的锐气。

2. 原告的诉讼请求错误

（1）被告应分析原告提出的诉讼请求是否明确、具体、完整，

有无错误，是否合法。

（2）被告应分析原告的诉讼请求是否合法。比如，损害赔偿中的精神损失的请求、各种费用是否计算过高。如果被告提的得当，会得到法院的支持，原告还要承担相应的诉讼费用。

3. 原告起诉的事实和法律关系是否一致

当法院审理案件时，发现诉讼请求和法院认为的法律关系不一致时，原告如不按照法院的通知变更诉讼请求，可能导致法院驳回其诉讼请求。

4. 原告超过诉讼时效提起的诉讼

我国《民法总则》规定的一般诉讼时效是3年。被告在审查原告起诉时，首先考虑是否超过了法定诉讼时效。如果超过了诉讼时效，要考虑是否存在中断、中止等情况。如果超过了诉讼时效，被告必须在答辩状中提出。被告如不提出，根据法律规定，法院不会主动适用时效问题。

案例：比如，甲向乙出借款项。如果欠条没有写还款时间，在司法实践中认为该借条的还款时间为20年。但如果在此期间一旦出借人向借款人索要，借款人不予还款，时效就从甲向乙索要时重新起算，时效为3年。原告如果超过了诉讼时效起诉，就丧失了胜诉权。

⊖ **法律提示：**注意上述规定的诉讼时效的起算时间；理解诉讼时效中止和中断的情形。诉讼时效的抗辩可以说是被告在诉讼中的有力武器，在司法实践中，因被告进行诉讼时效抗辩胜诉的也有不少实例。

5. 法律设置前置诉讼程序，原告直接向人民法院起诉

在我国的法律制度设计中，有诉讼前置程序。

案例：劳动争议必须要先向劳动部门申请劳动仲裁，当事人对仲裁裁决不服才能进行诉讼。如劳动者因工伤要求用工单位赔偿，有的当事人直接向法院起诉，法院会根据《劳动法》和《民事诉讼法》的规定，驳回起诉，并告知其先到劳动仲裁委员会进行仲裁。

6. 原告起诉尚不具备起诉条件的离婚案件

如果原告起诉违反法定程序或不具备法律规定的期间，人民法院应依法驳回起诉。

⊝ **相关法条**：我国《婚姻法》第三十四条规定："女方在怀孕期间、分娩后一年内或中止妊娠后六个月内，男方不得提出离婚。女方提出离婚的，或人民法院认为确有必要受理男方离婚请求的，不在此限。"

该法第三十三条规定："现役军人的配偶要求离婚，须得军人同意，但军人一方有重大过错的除外。"

⊝ **新法速递**：《民法典》第一千零八十二条规定："女方在怀孕期间、分娩后一年内或者终止妊娠后六个月内，男方不得提出离婚；但是，女方提出离婚或者人民法院认为确有必要受理男方离婚请求的除外。"

《民法典》第一千零八十一条规定："现役军人的配偶要求离婚，应当征得军人同意，但是军人一方有重大过错的除外。"

《民事诉讼法》第一百二十四条第七款规定："不准离婚和

调解和好的离婚案件，判决、调解维持收养关系的案件，没有新情况、新理由，原告在六个月内又起诉的，不予受理。”

符合上述情况，如果原告再次起诉将被法院依法驳回起诉。

7. 原告证据不足，或有证据但在一审判决前未提交

如原告证据不足或没有找到充分证据，法院可能依证据不足驳回其诉讼请求。证据一般都需要在举证期限届满之前提交，当事人因为故意或重大过失逾期提交的证据，法院一般不予采纳。

但以下两种情况除外：一是该证据与案件基本事实有关；二是当事人非因故意或者重大过失逾期提供的证据。这两种情况下，法院应当采纳逾期举证的证据。

⊖ **法律提示：** 被告必须在答辩、开庭陈述和辩论中，指出原告证据不足的情况，只有得到法院采纳后方能驳回原告起诉。

8. 原告起诉的条件不具备

如尚未到期的民间借贷（不安抗辩权除外）。民间借贷纠纷的借款期限是3年，法律规定对尚未到期的债务不能提起诉讼。但有例外情形。

⊖ **相关法条：** 我国《合同法》第九十四条第二款规定，在履行期限届满之前，当事人一方明确表示或者以自己的行为表明不履行主要债务，当事人可以解除合同。

⊖ **新法速递：** 《民法典》第五百六十三条第二款规定，在履行期限届满前，当事人一方明确表示或者以自己的行为表明

不履行主要债务，当事人可以解除合同。

在借贷纠纷中，虽然借款尚未到期，但借款人对前边到期的借款不予偿还，故出借人对未到期的借款亦可起诉，因为借款人已经以自己的行为表明不履行主要债务。

9. 原告违反一事不再理的法律规定

如果原告在民事诉讼中，符合法定的一事不再理原则，法院就会驳回起诉。包括两个方面的含义：

第一，当事人不得就已经向法院起诉的案件重新起诉；

第二，案件在判决生效之后，即产生既判力，当事人不得就双方争议的纠纷再行起诉。

从法院角度来讲，就是不得再受理。所谓“一事”是指同一当事人就同一法律关系而为同一的诉讼请求。法院不再理是因为法院对这一事件已经受理或裁判，当事人就不得再行起诉，法院也不应再受理，从而避免作出相互矛盾的裁判，避免当事人纠缠不清，形成诉累。

10. 原告将被告的名字写错，未在法定期限内改正

对于这种情况的处理法院主要有三种做法：裁定驳回起诉、原告撤诉、由原告申请变更被告名称。

（1）裁定驳回起诉：《民事诉讼法》规定起诉必须符合四个方面的条件，其中的一个条件为“有明确的被告”，即原告在起诉状中应写明被告的姓名、年龄、住址等有关情况，便可以认定被告是明确的，如果无其他不符合法定起诉条件的情况，就不应裁定驳回起诉。

（2）原告撤诉：原告通过核实发现确实写错了被告的名字，

原告提出撤诉。因为被告名字错误，起诉状中的被告名称与要诉的被告确不属一人时会直接影响当事人的权利义务，可能造成驳回原告诉讼请求的情况。

即使法院在审判过程中没有发现被告名称错误而判决由被告承担法律后果，这个判决结果将会影响后续执行程序中原告权利的实现。对此情况，原告撤诉是纠正自己错误诉讼的行为，法院应予准许。

（3）由原告申请变更被告名称：对原告申请变更被告姓名，现今法律没有明确规定，但“法无明文规定不禁止”。

在诉讼中，当事人在民事诉讼活动中享有广泛的诉讼权利，其中包括原告可以放弃、变更诉讼请求，有观点认为原告变更被告姓名也可以被认为是在诉讼中变更诉讼请求，是原告依法享有的处分权。如正确的被告已经签收法律文书，采取第三种做法显然更为合理。

11. 原告混淆了案件性质导致法院驳回起诉

法院在立案时，只进行形式上的审查，待法院庭审时才进行实质审查。法院依据原告主张的法律关系来确定案由，并以此判定法院有无管辖权。

具体在司法实践中，如果原告本来应提起行政案件，却提起了民事诉讼，法院会驳回起诉。

案例： 农村集体土地征收款补偿纠纷属于行政诉讼。如果以民事案件立案，法院经审理发现后就会驳回起诉。

12. 原告的诉讼请求违约金过高，被告请求降低违约金

违约金是以损失为基础的。我国《合同法》第一百一十四条规定："当事人可以约定一方违约时应当根据违约情况向对方支付一定数额的违约金，也可以约定因违约产生的损失赔偿额的计算方法。约定的违约金低于造成的损失的，当事人可以请求人民法院或者仲裁机构予以增加；约定的违约金过分高于造成的损失的，当事人可以请求人民法院或者仲裁机构予以适当减少。当事人就迟延履行约定违约金的，违约方支付违约金后，还应当履行债务。"

《最高人民法院关于审理买卖合同纠纷案件适用法律问题的解释》第二十六条规定："买卖合同因违约而解除后，守约方主张继续适用违约金条款的，人民法院应予支持；但约定的违约金过分高于造成的损失的，人民法院可以参照合同法第一百一十四条第二款的规定处理。"

新法速递：《民法典》第五百八十五条规定："当事人可以约定一方违约时应当根据违约情况向对方支付一定数额的违约金，也可以约定因违约产生的损失赔偿额的计算方法。约定的违约金低于造成的损失的，人民法院或者仲裁机构可以根据当事人的请求予以增加；约定的违约金过分高于造成的损失的，人民法院或者仲裁机构可以根据当事人的请求予以适当减少。当事人就迟延履行约定违约金的，违约方支付违约金后，还应当履行债务。"

法律提示：对原告提出的违约金过高问题，被告必须在答辩、开庭陈述和辩论中提出。如果不提出，根据上述法律规定，法院不会主动判决减少违约金。

13. 买卖合同中，原告供货质量存在问题，被告对产品质量申请鉴定

案例：原告向被告供应工业产品，但质量不合格，而原告提起诉讼向被告索要欠款，被告就应提出抗辩或反诉，并就质量问题向法院提交鉴定申请。如果鉴定出产品质量不合格，被告就会胜诉。

14. 被告认为原告提交证据虚假，可对证据进行鉴定（如笔迹鉴定）

在司法实践中，尤其是婚姻纠纷中，有的人为了多分共同财产，便编造虚假借条。如借条上写的借款时间为2015年，但实际上是2018年写的，这种情况通过笔迹鉴定可以鉴定出书写的时间；还有就是冒充他人笔迹，经过笔迹鉴定可以识别出真假。

本篇小结 不识庐山真面目，只缘身在此山中

诉讼有诉讼的规律，当事人一旦进入诉讼，就要按照诉讼的规律运行。此时，诉讼就不会单纯地就事论事了，会出现诉讼主体、诉讼客体、诉讼时效、诉讼程序、客观事实和法律事实、真实陈述和虚假陈述、真实证据和虚假证据、生活经验和认知能力、诉讼程序和实体认定、当事人的重视程度、法律的理解与适用……如此多的因素和情况摆在诉讼的面前，附着在诉讼之中，当事人会有“雾里看花、水中望月”之感。

然而，经过我们去粗取精、去伪存真、由此及彼、由表及里的分析判断，就能拨云见日。被告如果能站在高位，洞察诉讼中的一切，再运用法律赋予被告的

诉讼权利，运用各种方法抗辩，便可在诉讼的博弈中游刃有余，以最大限度地维护自身的合法权益。

假作真时真亦假，无为有处有还无。现实呈现的案情是极其复杂的。对此，法律不可能穷尽所有方法，只能列举有限的方法，但愿此篇能给读者带来些许帮助。

第四篇

民间借贷

在借贷纠纷中，当事人应对下列内容了然于心：

1. 借条内容清楚：是否是借款本人写的名字、借条双方明确、分清是单位还是个人借款；

2. 借款应留有打款银行记录，若借款为现金，有无相关证据予以佐证；

3. 没打借条，应有其他证据予以证明借款的事实；

4. 诉讼时效是否已过；

5. 债务人是否认可该借条；

6. 借款的背景和借款用途；

7. 借款是否已还过一部分；

8. 利息的约定；

9. 债务人的偿还能力；

10. 当事人是否要申请财产保全；

11. 当事人考虑选择在哪个法院起诉为宜；

12. 当事人是否需聘请律师参与诉讼。

本篇题记

《孙子兵法》：“故用兵之法，无恃其不来，恃吾有以待也；无恃其不攻，恃吾有所不可攻也。”

译文：所以用兵的方法，不要寄希望于敌人不会来，而所依靠的是我们有充分的准备，严阵以待；同时，我们不怕敌人进攻，依靠的是我们坚固的防守。

本篇主旨：军事家孙子强调的用兵之法在于作战要建立在有充分准备的基础上，不要抱任何侥幸心理，要对敌我双方的力量对比有充分的了解。

诉讼也是如此。如果原告对诉讼准备不足，在没有胜诉把握的情况下贸然进行诉讼，就可能导致败诉的后果；被告方抱着侥幸心理，认为原告不会起诉，或起诉了也不会成功，进而对诉讼掉以轻心，就可能败诉。

一、民间借贷涉及的法律点

1. 借款未打借条，如发生纠纷诉讼能胜诉吗？

法律解读：中国人好面子，借钱时不好意思提打借条的事。但是，一旦出现问题会造成举证困难。

案例：未打借条，无法追回借款

吴先生想创业设立一家企业，他向他的很多同学借了钱。因为吴先生平时为人仗义，同学都信得过他，借钱时，很多同学都不好意思提打借条的事。后来，这位老板出了交通事故不幸身亡。同学作为债权人找到吴先生的妻子，说了吴先生借钱的事情。吴先生的妻子见状却称："人都死了，只要有借条的我就认，没有借条的，我没法认。"这样一说，没有打借条的同学都十分后悔。

当然，如果没有借条，有其他证据也能起到证明作用。比如，有证人在场；通过银行汇款；有当事人的录音等。但这些证据不如借条证据充分直接。

2. 有了借条是否就必然胜诉?

法律解读：根据法律规定，民间借贷是以实际给付借款为借贷合同生效的条件。因此，仅有借条是不够的，在一定条件下当事人还得证明付款的情况。

《最高人民法院关于审理民间借贷案件适用法律若干问题的规定》第十六条第一款规定：“原告仅依据借据、收据、欠条等债权凭证提起民间借贷诉讼，被告抗辩已经偿还借款的，被告应当对其主张提供证据证明。被告提供相应证据证明其主张后，原告仍应就借贷关系的存续承担举证责任。”

例如，甲去赌场赌博，钱输光后向放高利贷的乙借款 2 万元。实际当时乙给了甲 1.5 万元现金，但打了 2 万元的借条。但借条上写的是：“今因做生意急需花钱，借乙现金贰万元。”后甲不还，乙将甲起诉至法院。乙未出庭，委托了其亲属出庭。在开庭中，甲说：“这钱是在赌场借的，不应受法律保护。”但乙的委托代理人说是做生意借的，不是赌债。法官问：“甲和乙是什么关系？在什么地点借的钱？当时有谁在场？实际给了多少现金？”这个代理人支支吾吾地说不清楚。

《最高人民法院关于审理民间借贷案件适用法律若干问题的规定》第十九条第五款规定，当事人无正当理由拒不到庭参加诉讼，委托代理人对借贷事实陈述不清或者陈述前后矛盾。人民法院审理民间借贷纠纷案件时应当严格审查借贷发生的原因、时间、地点、款项来源、交付方式、款项流向以及借贷双方的关系、经济状况等事实，综合判断是否属于虚假民事诉讼。

因此，法院根据上述法律规定，依法驳回了乙的诉讼请求。可以看出，并不是有了借条就可打赢官司。

3. 谨防借条中的种种陷阱

（1）偷梁换柱有预谋，现场实施调包计

案例： 在实践中有这种情况——甲向乙借钱不怀好意，事先在口袋里装上一个别人写好的借条。在借款现场，趁乙不注意，将该借条给乙。当甲借款不还进行诉讼时，甲辩称自己没向乙借款。结果，经过司法鉴定，该借条确实不是甲书写，乙败诉。

（2）欠条上写假名字，费尽周折胜诉难

案例： 甲购买乙公司的货物，双方订有供货合同。因甲欠货款，乙公司业务员便让甲打欠条，甲就打了欠条，但甲身份证的名字叫张小平（化名），但欠条上却写了张志明（化名）。乙公司业务员也没在意。由于甲不给欠款，乙公司就将甲起诉至法院。但审理时甲未出庭，法院缺席审理。由于乙公司出示欠条的名字和合同上的名字不一样，甲又未出庭，法院无法确认这份欠条真假。后来乙公司向法院申请将欠条上张志明和供货合同上张小平的名字进行笔迹鉴定，看是否为同一人所写。鉴定机关鉴定得出确实是一人书写的结论。最终，乙公司诉求才得到了支持。

（3）借条故意写支条[1]，一字之差终败诉

案例： 甲乙合伙做一宗生意，双方生意做成且已结账完毕，但未形成书面文字协议。过了一段时间，甲向乙表示，自己做生意缺钱需要借钱2万元，乙同意借给对方，但要求甲打借条。甲便向乙写："今支到现金2万元。"后面写了年月日和甲的名字。谁知，甲写支条是动了心思的，就是不想还账。乙在多次索要无果的情况下，起诉了甲。但甲在法庭上辩称："我和乙合伙

1　支条多用于一方根据双方的协议，应付给另一方的费用。

做生意，这2万元是合伙分的红利并不是借款，不然为什么写支条呢？”乙十分生气，说确实是借款，当时确实没有注意借条上的字，“认为只要打个条子就行了”。但由于没有其他证据予以佐证，法院驳回了乙的诉讼请求。

（4）本是借款写融资，双方争执难断案

案例：甲是乙公司的股东，由于乙公司需要资金，动员大家集资。甲向公司出借了10万元，约定利息为月息10%。公司为甲出具的借条写的是：“今收到融资款10万元，利息月息10%。”后来乙公司经营不善，面临倒闭，甲便将乙公司起诉至法院，要求对方还款。在庭审中，乙公司提出这笔款不是借款，而是股东向公司的融资款，乙公司面临困难不应将融资款退还。在法庭上，双方对10万元究竟是借款还是融资款进行了举证和辩论。经过法院审理，法院支持了甲的诉讼请求。

4. 因“还”字为多音字，其常在借贷纠纷中引发争议

案例：甲借给乙现金1万元，过了一段时间乙还了甲8000元，还差2000元。甲便在原借条上注明了“还欠款8000元”。由于“还”念huán和hái两个字音，且意思不一样。

究竟是乙还了甲8000元还是乙仍欠款8000元呢？当然，当事人清楚事情原委。在庭审过程中，双方当事人各执一词，针锋相对。乙的妻子作为证人出庭作证，证明她和丈夫一起向甲还款8000元时的情况。

甲仍坚称乙仅还了2000元，乙辩称已还甲钱款8000元，法院经审理后认为，从字意上理解双方产生争议，但由于该“还欠款8000元”是甲所书写，如果乙实际还了2000元，按照一般情理，甲不可能书写还欠款8000元字样，且乙的妻子出庭作

证证明了这一事实。故此，对乙已还 8000 元的事实予以认定。

5. 将作废收条当作证据使用，能产生法律效力吗？

案例： 甲是包工头，为乙在其宅基地上承建了五间平房，施工费 5.5 万元。完工后乙给甲 4.5 万元施工费，尚欠甲 1 万元，乙以缺钱为由说过一段时间就付清。后经甲多次催促，乙答应先付 3000 元。甲到乙家取钱时，只有乙妻子在家，要求甲打收条，甲便撕下乙家的月份牌上的纸用反面写收条。上面写道：今收到施工费 3000 元，签上名字。甲发现没地方写收条日期了，没有多想就随手把这个半成品扔在地上，又重新写了一张收条，表明乙还给自己 3000 元。

后来甲又向乙要账时，乙却说："我已经给了你 6000 元了，还欠 4000 元。"甲很纳闷地质问对方什么情况："只给过 3000 元了，从未给过 6000 元呀！""你都打了条了你还不认账！"甲恍然大悟，原来乙的妻子将甲扔在地上没写日期的收条捡起来了。甲感到委屈，便将乙起诉至法院。

在庭审中乙称，已经给了甲两回 3000 元，并提交了证据。尽管甲屡次申辩述说当时的真实过程，但法院无法认定甲陈述的真实性，最后只能认定了半成品条子的法律效力，认定乙已经归还甲 6000 元。

6. 撕碎了的借条，拼接之后形成的证据在法律上是否有效？

案例： 甲借了乙 10 万元，期限约定为 1 年，利息为年利率 40%。借款到期后，甲对乙说，"你的利息超出了法律规定"，双方为此发生争执，但最后乙同意按 24% 利率计算。甲用现金连本带息付清后，甲把向乙索回的借条拿在手中，撕了几下便扔到垃圾桶里。甲走后，乙便从垃圾桶里捡回那张撕碎了的借条，用不干胶重新粘好，用此证据将甲起诉至法院，主张10万元本息。庭审中，甲对粘好的借条进行了质证，并把已还款的过程和事实向法院做了陈述。法官认为，乙方对拼接的借条不能说出合理的理由，故对该证据不予认定，驳回了原告的诉讼请求。

7. 盖上公章的借条是否必然有效?

案例：甲村民委员会的原会计乙，因为村委会调整，不让乙担任村会计，乙对村干部有意见。乙几经盘算，找到他持有的一张村委会盖章的借条，这份借条的款额为5万元，借期1年，利息月利率1%。

借条的内容系乙本人所写。他曾以该借条向现任村干部要账，村干部不承认这笔债务。于是，他持此借条将村委会起诉至法院，要求偿还本息。村委会辩称：首先，由于乙当会计，经常接触村委会公章；其次，村委会并未收到过这5万元，时任村干部并不知情；最后，村委会出纳账本上并没有此笔账目。故乙的诉讼请求不能成立。

法院经审理查明，乙虽然持有借条，但村委会并没有收到此笔款项；乙系村委会会计，掌握着村委会账目，但账目上并没有显示该笔借款，乙在开庭时对此陈述与事实不符。且由于乙能接触到村委会的公章这一实际情况，尽管借条盖有村委会的公章，而不能证明借款用途和账目情况，以及村委会实际用款事实，故不能足以证明借款事实发生。

《最高人民法院关于审理民间借贷案件适用法律若干问题的规定》第九条规定：“自然人之间的借款合同具有下列情形

之一的，可以视为合同成立：（一）以现金支付的，自借款人收到借款时；（二）以银行转账、网上电子汇款等形式支付的，自资金到达借款人账户时；（三）以票据交付的，自借款人依法取得票据权利时；（四）出借人将特定资金账户支配权授权给借款人的，自借款人取得对该账户实际支配权时；（五）出借人以与借款人约定的其他方式提供借款并实际履行完成时。”

法院据此依法驳回乙的诉讼请求。

8. 借条中未写明利息，法院能支持利息吗？

案例：甲出借给乙 10 万元，约定好利息按月息 20% 支付，借期为 1 年。但乙打借条时，未写上利息。甲让乙在借条上填写利息的内容，但乙说，咱们的关系写不写都一样，只要说了就算数。结果借款到期后，乙的投资失败，人也跑了。

《最高人民法院关于审理民间借贷案件适用法律若干问题的规定》第二十五条第一款规定：“借贷双方没有约定利息，出借人主张支付利息的，人民法院不予支持。”

因此，借条中未写明利息，法院对利息不予支持。

9. 约定利息高于法律规定，债务人能否索回高出法律规定的部分？

法律解读：《最高人民法院关于审理民间借贷案件适用法律若干问题的规定》第二十六条规定：“出借人请求借款人按照合同约定利率支付利息的，人民法院应予支持，但是双方约定的利率超过合同成立时一年期贷款市场报价利率四倍的除外。前款所称‘一年期贷款市场报价利率’，是指中国人民银行授权全国银行间同业拆借中心自 2019 年 8 月 20 日起每月发布的一年期贷款市场报价利率。"

10. 借条上的"中间人""见证人"是否承担连带还款责任?

⊖ **法律解读**：在借款时，出借人为了保险，便让介绍人或借款人的朋友在借条上写上"中间人"或"见证人"并签上名字。实际上，这只是证明了签订借条的真实性。在上面签字的人如果发生纠纷，他们可作为证人作证打借款条的事实，不能承担还款的担保责任。当事人不能把他们列为共同被告。《最高人民法院关于审理民间借贷案件适用法律若干问题的规定》第二十一条规定："他人在借据、收据、欠条等债权凭证或者借款合同上签名或者盖章，但是未表明其保证人身份或者承担保证责任，或者通过其他事实不能推定其为保证人，出借人请求其承担保证责任的，人民法院不予支持。"

11. 双方借款以房屋买卖合同约定，如何解决?

⊖ **法律解读**：在司法实践中，尤其是小额投资贷款公司出借款项，往往以买卖房屋合同出现，双方有两份合同，一份是借贷合同；另一份是房屋买卖合同。合同约定，如果借款人还不了借款，房屋买卖合同就生效，且很多情况是房屋合同已经过房管所的网签。

这种情况出现诉讼问题怎么解决?《最高人民法院关于审理法律若干问题民间借贷案件适用的规定》第二十四条第一款规定："当事人以订立买卖合同作为民间借贷合同的担保，借款到期后借款人不能还款，出借人请求履行买卖合同的，人民法院应当按照民间借贷法律关系审理。当事人根据法庭审理情况变更诉讼请求的，人民法院应当准许。”这是因为，双方的真实意思表示不是房屋买卖，而是借贷，该房屋合同只是作为担保，该担保是否有效另当别论。

12. 借款人在借条上写明，借款人以自己的房产或设备作抵押是否有效?

法律解读：司法实践中，借条或借款合同中常常出现以借款人的房产或土地作抵押的情况。原告即出借人在诉讼时也将该情况写在起诉书中。还有很多出借人，将借款人的房产证和土地使用权证拿在自己手中，认为这是最有力的担保还款凭证。但是，这些做法在法律上没有法律依据。我国《担保法》第四十一条规定：“当事人以本法第四十二条规定的财产抵押的，应当办理抵押物登记，抵押合同自登记之日起生效。”根据上述法律规定，不动产抵押合同如果未经登记，合同未生效。即便出借人把房产证拿到手中，没有法律保护，更何况对方可以办理房产证挂失补办手续。

新法速递：《民法典》第四百零二条规定：“以本法第三百九十五条第一款第一项至第三项规定的财产或者第五项规定的正在建造的建筑物抵押的，应当办理抵押登记。抵押权自登记时设立。”

《民法典》第三百九十五条规定：“债务人或者第三人有权处分的下列财产可以抵押：（一）建筑物和其他土地附着物；（二）建设用地使用权；（三）海域使用权；（四）生产设备、原材料、半成品、产品；（五）正在建造的建筑物、船舶、航空器；（六）交通运输工具；（七）法律、行政法规未禁止抵押的其他财产。抵押人可以将钱款所列财产一并抵押。”

风险提示：如果仅在借条或协议中写上以房屋或土地等不动产作抵押，当事人不到相关部门登记，就等于没有办理抵押。

13. 借条中写明“借款人以房屋作抵押，如不能到时还账，房屋所有权归债权人所有”的约定有效吗？

法律解读：司法实践中，为了出借款的安全，出借人让借款人在借条中写明，以自己的房产做抵押，如果到时不能还账，该房归出借方所有。这种做法能受到法律的支持吗？我国《担保法》第四十条规定：“订立抵押合同时，抵押权人和抵押人在合同中不得约定在债务履行期届满抵押权人未受清偿时，抵押物的所有权转移为债权人所有。”可见，这种做法不符合法律规定。

新法速递：《民法典》第四百零一条规定：“抵押权人在债务履行期限届满前，与抵押人约定债务人不履行到期债务时抵押财产归债权人所有的，只能依法就抵押财产优先受偿。”

风险提示：为什么法律要如此规定？因为实际上抵押和典当还是有区别的，如果这样做可能会导致不公平：有的人急于用钱，把房价做得很低，如果到期不能还钱，房屋所有权转移可能有高利贷的风险。

14. 手中只有银行转账记录，足以证明是借款人的借款吗？

法律解读：在司法实践中，有的人好面子，不好意思说让借款人打借条，或者对银行转账认识有误，认为只要有银行转账记录，就能证明借贷关系。然而，仅凭银行转账记录只能证明双方有转移财产的行为，究竟是因为何种原因转账，双方处于什么法律关系，银行转账难以说清，还要有其他证据予以证明。

在民间借贷案件中，双方为案件是否为借贷关系发生争议，法院会综合考虑案情作出判断，如有无借条、双方的关系、借款用途、出借人的经济能力和资金来源等。

风险提示：在司法实践中，借款案件五花八门、错综复杂。在此提示大家，出借人应让借款人打借条，然后再通过银行把款打给对方，将上述证据保存，这是稳妥的方法。

根据我国《合同法》第二百一十条规定："自然人之间的借款合同，自贷款人提供借款时生效。"这一法律规定有两方面的内容：一是双方有明确的借贷关系；二是借贷关系自提供借款时生效。

新法速递：《民法典》第六百七十九条规定："自然人之间的借款合同，自贷款人提供借款时成立。"

15. 有人为逃避责任，打借条故意用别名或写错别字，出借人是否能打赢官司？

法律解读：有人借款时出于不轨之心，借款时故意把借条的名字写成自己身份证不一致的别名或写成错别字进行欺诈。在借款人不还借款时，这些情况会给出借人起诉造成障碍吗？答案是肯定的。

由于借条上的名字和身份证上的名字不一致，法官要考虑这个借条是不是被告写的。如果被告不出庭参加诉讼，出借人即原告只能对借条的真实性继续提供证据。如果让公安机关证明借条上的名字和被告属于同一人，问题就解决了。如果证明不了，出借人还要继续举证。

在此类借贷纠纷中，法院无法判断借条的真假，只能要求当事人根据实际情况继续举证，以求得证实借条就是借款人写的。如果通过字迹鉴定就必须找到借款人曾写过的其他字迹进行比对。此中的周折与辛酸，只有经历过的出借人能体会。

小贴士

防止出现上述情况，要注意以下几点：（1）要让借款人把自己的身份证号写在借条上，最好附上借款人的身份证复印件。（2）核实借条上借款人的签名，如写的名字不对应让其重写，不排除借款人故意为之的情况。（3）出借人务必要求借款人把名字写清楚、准确，如果看不出写的什么字也容易产生歧义。

16. 有人故意把借款条写成收条，能否打赢官司？

风险提示：借条证明的是借贷法律关系，而收条证明的是其他法律关系。只有借条是法律认可的民间借贷关系的证据，而写成其他字样均有可能带来法律风险。有的人总是利用人们的善良和对法律的无知。因此，借条不能随意打，对变花样的借条，当事人应注意防范，千万不要顾及面子留有后患。

17. 防范借款人用褪色笔写借条

案例：司法实践中曾有案例为之——有人为私利借钱时要花招，用褪色笔给出借人打的借条。这种褪色笔因化学作用过一段时间就不留笔痕。当出借人向其索要还款时，借款人当面否认借款事实。但出借人想通过诉讼手段，此时已失去证据。

小贴士

为了防止上述情况发生，要自己准备好笔（要用碳素笔或钢笔，不要用圆珠笔）和纸，让借款人书写借条，然后再按上借款人的手印。

18. 借款人未在场，让他人替代打借条，借条能对借款人产生法律效力吗？

法律解读：这要区分具体情况。如果借款人授权他人向出借人借款，并有授权委托书，借条对借款人产生法律效力。如果不具有上述条件，借条就不能对借款人产生法律效力。根据法律规定，借款人必须和替代者形成委托代理关系方可。

案例：甲委托乙向丙去借款，甲给丙打了电话，随后乙给丙打了借条，但事后甲不承认这一借款事实，因为电话录音并没有保存，何况所借到的钱是否送到甲的手中，这些都需要证据证明，才能证实甲向丙借款。故此，在法律上的证明比较复杂。当然，甲不承担还款责任，乙就要承担还款责任。若乙无偿还能力，就给出借人丙带来无穷的后续麻烦。

风险提示：为了防止出现问题，出借人应让借款人本人打借条为宜。因为让他人替代打借条如出现纠纷须补充证据，会对出借人讨要欠债设下多重障碍。

19. 借条上借款人的配偶没有签字，诉讼时出借人追加配偶为被告，配偶承担还款责任吗？

法律解读：《最高人民法院关于审理涉及夫妻债务纠纷案件适用法律有关问题的解释》第一条规定：“夫妻双方共同

签字或者夫妻一方事后追认等共同意思表示所负的债务，应当认定为夫妻共同债务。”

第二条规定：“夫妻一方在婚姻关系存续期间以个人名义为家庭日常生活需要所负的债务，债权人以属于夫妻共同债务为由主张权利的，人民法院应予支持。”

第三条规定：“夫妻一方在婚姻关系存续期间以个人名义超出家庭日常生活需要所负的债务，债权人以属于夫妻共同债务为由主张权利的，人民法院不予支持，但债权人能够证明该债务用于夫妻共同生活、共同生产经营或者基于夫妻双方共同意思表示的除外。”

风险提示：上述最高人民法院的司法解释是2018年1月18日实施的规定，对处理夫妻共同债务案件有重大意义。由于夫妻共同债务历来比较复杂，司法实践中出现各种情况，尤其是目前离婚案件居高的情况下，此种矛盾更是突出。

新法速递：《民法典》第一千零六十四条第一款规定：“夫妻双方共同签名或者夫妻一方事后追认等共同意思表示所负的债务，以及夫妻一方在婚姻关系存续期间以个人名义为家庭日常生活需要所负的债务，属于夫妻共同债务。”

法律建议：债权人维护自身权益的办法，最好就是让夫妻共同在借条上签字，从而免除自身陷入举证难的困境。

20. 民间借款，只有借条，没有付款的证据，能打赢官司吗？

法律解读：《合同法》第二百一十条规定：“自然人之间的借款合同，自贷款人提供借款时生效。”按照法学理论，民间借款合同是实践合同，就是只有提供了借款，借贷法律关系才成立。

在实践中，虽然打了借条，但由于各种原因没有提供借款，而借条并没有销毁。因此，在法院判案时，原告出借人提供借条，但对方抗辩该款并没有实际给付时，出借人还应提供已给付借款的事实，方能打赢官司。

新法速递：《民法典》第六百七十九条规定：“自然人之间的借款合同，自贷款人提供借款时成立。”

风险提示：在实践中曾发生过这样一起案件：在房地产股权转让过程中，受让人给转让人打了100万元的借条。但在此前，双方发生过200万元的借贷关系。对于该借条究竟是属于200万元的借贷关系，还是转让股权的关系，双方争执不下，进而诉至法院。法院让持借条的原告出示借款的证据，出借人称当时给的现金，且已无法提供证据，法院就此驳回了原告起诉。

在此提醒大家，并不是借款人打了借条，出借人和借款人的借贷关系就成立了。借款时，除了借条外，出借人还要保存实际付款的事实依据，如银行转账最妥当。若没有银行转账证明，也要有取款记录或在场证人等相关证据。

21. 借款用途不合法，能得到法律支持吗？

法律解读：在现实生活中，有的人虽然持有借条，但由于借贷的目的违法，得不到法律保护。《最高人民法院关于审理民间借贷案件适用法律若干问题的规定》第十四条规定：“具有下列情形之一的，人民法院应当认定民间借贷合同无效：（一）套取金融机构贷款转贷的；（二）以向其他营利法人借贷、向本单位职工集资，或者以向公众非法吸收存款等方式取得的资金转贷的；（三）未依法取得放贷资格的出借人，以营利为目的向社会不特定对象提供借款的；（四）出借人事先知道或者应当知道借款人借款用于违法犯罪活动仍然提供借款的；（五）违反法律、行政法规强制性规定的；（六）违背公序良俗的。”

新法速递：《民法典》第一百四十三条规定：“具备下列条件的民事法律行为有效：（一）行为人具有相应的民事行为能力；（二）意思表示真实；（三）不违反法律、行政法规的强制性规定，不违背公序良俗。”

小贴士

民间借贷属于民事法律行为，而民事法律行为均要符合上述法律规定的条件，该民事法律行为才能产生法律效力。借条虽然是民间借贷的证据，但如果是赌债，由于出借人与借款人的目的均是违法的，故该行为不能受到法律保护。这是因为，出借人的目的虽然是赚取利息，但纵容了借款人赌博违法行为的实施，而法律不能保护此类的借贷关系。出借人知道借款人借款用于违法犯罪活动仍然提供借款的，比如，赌博、嫖娼、吸毒、行贿等违法行为，法律同样不能保护这种借贷关系。

22.“高利贷”未超出法定部分，能得到法律支持吗？

法律解读：《最高人民法院关于审理民间借贷案件适用法律若干问题的规定》第二十六条规定：“出借人请求借款人按照合同约定利率支付利息的，人民法院应予支持，但是双方约定的利率超过合同成立时一年期贷款市场报价利率四倍的除外。前款所称‘一年期贷款市场报价利率’，是指中国人民银行授权全国银行间同业拆借中心自2019年8月20日起每月发布的一年期贷款市场报价利率。”

23. 借款时没有约定利率怎么办?

法律解读:《最高人民法院关于审理民间借贷案件适用法律若干问题的规定》第二十九条规定:“借贷双方对逾期利率有约定的,从其约定,但是以不超过合同成立时一年期贷款市场报价利率四倍为限。未约定逾期利率或者约定不明的,人民法院可以区分不同情况处理:(一)既未约定借期内利率,也未约定逾期利率,出借人主张借款人自逾期还款之日起承担逾期还款违约责任的,人民法院应予支持;(二)约定了借期内利率但是未约定逾期利率,出借人主张借款人自逾期还款之日起按照借期内利率支付资金占用期间利息的,人民法院应予支持。”

小贴士

在实践中往往出现一些情况,口头约定了利息,但没有书面约定,只是有借条,没有足够的证据证明就等于没有约定。上述司法解释已经给了解决方案。在此有必要提示大家,还是把约定的利息写在书面上,口头约定往往靠不住。

24. 借条丢失了如何补救?

法律解读:在现实生活中,如果当事人不慎将借条丢失,如何处理?建议以下几种方式补救:

(1)获取债务人录音取得证据。需要注意的是:一是应为债务人本人声音;二是债务人认可所借款额和借款时间及利息,以及尚未偿还的事实；三是电话录音和现场录音均可。

（2）目击证人的证言结合其他相关证据，如取款证明、付款证明或者现金的来历等，这些间接证据如能形成证据链，也能证明借款事实。

如有了债务人录音再加上上述第二种方式补救的证据，效果会更佳。

需要注意的是，如有录音证明，应按照下列法律规定进行：2020 年 5 月 1 日起施行的《最高人民法院关于民事诉讼证据的若干规定》第十五条规定："当事人以视听资料作为证据的，应当提供存储该视听资料的原始载体。当事人以电子数据作为证据的，应当提供原件。电子数据的制作者制作的与原件一致的副本，或者直接来源于电子数据的打印件或其他可以显示、识别的输出介质，视为电子数据的原件。"

25. 何为保证？连带保证和一般保证有什么区别？

新法速递：《民法典》中关于一般保证和连带责任保证的异同

（1）关于连带责任保证和一般保证的保证期间

《民法典》第六百九十二条规定："保证期间是确定保证人承担保证责任的期间，不发生中止、中断和延长。债权人与保证人可以约定保证期间，但是约定的保证期间早于主债务履行期限或者与主债务履行期限同时届满的，视为没有约定；没有约定或者约定不明确的，保证期间为主债务履行期限届满之日起六个月。债权人与债务人对主债务履行期限没有约定或者约定不明确的，保证期间自债权人请求债务人履行债务的宽限期届满之日起计算。"

根据上述法律规定，连带保证和一般保证的保证期间无区别，及均为债权人与保证人，在没有约定或者约定不明的情况下，保证期间为主债务履行期限届满之日起六个月。

（2）关于连带责任保证和一般保证的保证责任免除

《民法典》第六百九十三条规定：“一般保证的债权人未在保证期间对债务人提起诉讼或者申请仲裁的，保证人不再承担保证责任。连带责任保证的债权人未在保证期间请求保证人承担保证责任的，保证人不再承担保证责任。”

根据上述法律规定，一般保证与连带责任保证保证人免于承担保证责任的区别是，一般保证债权人应当向债务人提起诉讼或者申请仲裁，否则保证人不再承担保证责任；而连带责任保证的债权人应当在保证期间内请求保证人承担保证责任，否则保证人不再承担保证责任。

（3）关于连带责任保证和一般保证的保证债务诉讼时效

《民法典》第六百九十四条规定：“一般保证的债权人在保证期间届满前对债务人提起诉讼或者申请仲裁的，从保证人拒绝承担保证责任的权利消灭之日起，开始计算保证债务的诉讼时效。连带责任保证的债权人在保证期间届满前请求保证人承担保证责任的，从债权人请求保证人承担保证责任之日起，开始计算保证债务的诉讼时效。”

从上述法律规定可以看出，一般保证和连带责任保证在保证债务的诉讼时效时区别较大。

26.“砍头息”即借款时先支付利息的行为，不受法律保护

法律解读：我国《合同法》第二百条明确规定：“借款

的利息不得预先在本金中扣除。利息预先在本金中扣除的，应当按照实际借款数额返还借款并计算利息。”

新法速递：《民法典》第六百七十条规定：“借款的利息不得预先在本金中扣除。利息预先在本金中扣除的，应当按照实际借款数额返还借款并计算利息。”

风险提示：在现实生活中，人们为防止借款人不能按期支付借款利息，往往将借款利息预先在借款本金中予以扣除。但是，根据法律规定，该做法侵害了借款人的利益，应按实际借款数额作为本金。

27. 如何追讨民间借贷？什么是最有效的途径？

法律解读 1. 注意诉讼时效问题

（1）债权人起诉还款不要超过诉讼时效，一旦超过诉讼时效，将丧失胜诉权。根据我国《民法总则》第一百八十八条第一款的规定：“向人民法院请求保护民事权利的诉讼时效期间为三年。法律另有规定的，依照其规定。”

（2）诉讼时效的起算时间。我国《民法总则》第一百八十八条第二款规定：“诉讼时效期间自权利人知道或者应当知道权利受到损害以及义务人之日起计算。法律另有规定的，依照其规定。但是自权利受到损害之日起超过二十年的，人民法院不予保护；有特殊情况的，人民法院可以根据权利人的申请决定延长。”根据上述法律规定，如果借条没有写归还时间，也没有向债务人主张过权利，诉讼时效是20年。

新法速递：《民法典》第一百八十八条规定：“向人民法院请求保护民事权利的诉讼时效期间为三年。法律另有规定的，依照其规定。诉讼时效期间自权利人知道或者应当知道权利受到损害以及义务人之日起计算。法律另有规定的，依照其规定。但是，自权利受到损害之日起超过二十年的，人民法院不予保护，有特殊情况的，人民法院可以根据权利人的申请决定延长。”

（3）债务超过诉讼时效后，债务人有权不还账。我国《民法总则》第一百九十二条规定：“诉讼时效期间届满的，义务人可以提出不履行义务的抗辩。诉讼时效期间届满后，义务人同意履行的，不得以诉讼时效期间届满为由抗辩；义务人已自愿履行的，不得请求返还。”

⊖ **新法速递：**《民法典》第一百九十二条规定：“诉讼时效期间届满的，义务人可以提出不履行义务的抗辩。诉讼时效期间届满后，义务人同意履行的，不得以诉讼时效期间届满为由抗辩；义务人已经自愿履行的，不得请求返还。”

（4）诉讼时效的延续。我国《民法总则》第一百九十五条规定：“有下列情形之一的，诉讼时效中断，从中断、有关程序终结时起，诉讼时效期间重新计算：（一）权利人向义务人提出履行请求；（二）义务人同意履行义务；（三）权利人提起诉讼或者申请仲裁；（四）与提起诉讼或者申请仲裁具有同等效力的其他情形。”

⊖ **新法速递：**《民法典》第一百九十五条规定：“有下列情形之一的，诉讼时效中断，从中断、有关程序终结时起，诉讼时效期间重新计算：（一）权利人向义务人提出履行请求；（二）义务人同意履行义务；（三）权利人提起诉讼或者申请仲裁；（四）与提起诉讼或者申请仲裁具有同等效力的其他情形。”

⊖ **风险提示：**上述第一种情形权利人向义务人提出履行请求。向债务人提出要求的，但必须留下证据，如录音或证人、电子文件等。第二种情形义务人同意履行义务。债权人可以要求债务人重新打借条或写还款计划；录音证明其同意履行债务的。第三种情形权利人提起诉讼或者申请仲裁。如提出诉讼或仲裁，时效中断。第四种情形如公安机关已经立案的刑事附带民事案件，诉讼时效亦中断。

法律解读 2. 人民调解委员会或亲朋好友进行调解

人民调解委员会，是指村民委员会和居民委员会下设的调解民间纠纷的群众组织。

法律解读 3. 委托律师发律师函

律师函是律师事务所专门发给债务人的一种信函。这种信函由律师以律师事务所的名义发出，是一种催告性质的文件。由于律师函中讲明了利害关系和债务人不还款的法律后果，有一定的震慑效果。司法实践中，有一部分人在收到律师函后，主动将借款归还，这样省时省力。

法律解读 4. 申请支付令

支付令是人民法院依照《民事诉讼法》规定的督促程序，根据债权人的申请，向债务人发出的限期履行给付金钱或有价证券的法律文书。是人民法院根据债权人的申请依法作出的督促债务人为一定给付义务的法律文书。这是解决债权债务关系明确的民事、经济纠纷简易方法。这种方法迅速、便捷省钱，对于借贷关系明确的，可以向人民法院申请支付令。

法律解读 5. 提起民事诉讼

诉讼是最后一张王牌，也是最有效最为直接的解决纠纷的方式。当其他方式都穷尽难以解决问题时，当事人应提起诉讼果断解决纷争。在诉讼中，当事人可以向法院提出查封扣押冻结借款人的财产等强制措施，以便达到索要借款之目的。

⊖ **风险提示：**当事人提起诉讼时不一定必须委托律师，但一定要咨询律师。因为诉讼涉及法律关系、管辖、证据、利息等诸多方面的情况。当事人最好委托律师代写诉状，以便明确诉讼情况、法律关系和管辖法院等一系列法律问题。

⊖ **法律解读 6.** 提起刑事控告

有些民间借贷纠纷往往触犯到刑事法律的规定。在此情况下，当事人可以向公安机关提起刑事控告，通过追究刑事责任来维护自己的合法权利。

案例：周某因为做传销赔了钱，到处借钱。亲朋好友借遍后，他再也借不出钱来。周某的房子已进行抵押贷款，便用自己的房产证找打字社用彩印复制一份，以此作为房产证正本。周某用此假房产证向人借款并把假房产证给出借人。

出借人借给周某 30 万元，约定还款到期后周某还不上款，出借人找到有关部门咨询，发现房产证是假的，便到公安局报案。警方经过侦查，将周某刑事拘留，周某因诈骗罪被人民法院判处有期徒刑 4 年 6 个月。

⊖ **风险提示：**在司法实践中，对此类案件的咨询相当多。这类案件应咨询律师明确案件性质。如果当事人对案件性质认识错误，不是刑事案件仍要控告，公安机关往往不予立案，当事人就达不到让借款人还款的目的。

28. 民间借贷借条、民间借贷合同、民间借贷担保合同范本

借　条

兹 ××× 向 ×××______ 借到人民币________ 元整（大写________），用于____________；月利息____%；

于________年____月____日偿还。

借款人：×××[1]

借款人身份证号码：__________________________

住址：______________________________

日期：________年____月____日

附：一、借款人身份证复印件

二、《借款合同》

民间借贷合同（仅供参考）

借款人（甲方）：__________________________

身份证号：______________________________

电话：________________________________

出借人（乙方）：__________________________

身份证号：______________________________

电话：________________________________

一、借款金额：人民币（小写）________元（大写）________元。

二、借款用途：该笔借款用于__________________。

三、借款利率：借款利率为为每月____%，即________，每月利息计为________元，（大写）________；付息方式为____月一付息。

四、借款期限共____个月，自________年____月____日至________年____月____日。

1 需要注意以下两点：①借款人本人签字按手印；②如果借款人已婚，最好夫妻均签名，以便诉讼时借款人以夫或妻的个人借款抗辩。

五、借款到期日为________年____月____日，到期日一次性还本付息。到期不能偿付本息，则可按照上述约定利息加倍偿付违约金。

六、甲方的银行账户为____________；户名为________；乙方将款汇至上述账户，即为履行了出借款义务。

七、乙方的银行账户为____________；户名为________；甲方还款时将款汇至乙方上述账户。

甲方（借款人签字）：____________

乙方（出借人签字）：____________

________年____月____日

风险提示：（1）当事人可根据具体情况添加或修改内容；（2）签订合同后仍需打借条，以证明收到借款。

民间借贷担保合同（仅供参考）

借款人（甲方）：____________________________________

身份证号：____

担保人（乙方）：____________________________________

身份证号：____

出借人（丙方）：____________________________________

身份证号：____

本合同各方根据《中华人民共和国合同法》《中华人民共和国担保法》《中华人民共和国民法总则》等规定，本着平等、自愿、诚实守信、协商一致的原则，为明确责任，恪守信用，签订本合同，并保证共同遵守。

第一条　借款金额：借款金额为人民币（大写）________元整，小写：________元（大小写不一致时，以大写为准，下同）

第二条　借款用途：____________________________________

第三条　借款期限：借款期限为____个月，自本合同签订之日起到________年____月____日止。

第四条　借款利率：借款期限内的　利率为每月____%。

第五条　还款方式：借款到期时一次性还清全部本金。

第六条　保证条款

1.保证人自愿为甲方与乙方所签订的本借款合同项下的借款本金及利息以连带保证方式提供担保。出借人丙方同意乙方作为甲方的还款保证人。

2.保证金额为借款本金及利息共计________元，大写____________。

3.保证期间为______年____月____日至________年____月____日。

4.保证责任：在借款人甲方不能按期偿还借款时，出借人丙方有权要求甲方及乙方承担连带责任。

第七条　抵押条款

抵押物状况及价值：________________________________。

抵押期限：________年____月____日起到________年____月____日止。

抵押人法律责任：抵押期间，抵押物、产权证书或法律证件，由出借人方保管，丙方对该抵押物享有优先受偿权。

第八条　违约责任

下列情况均构成违约，违约方应承担违约责任：

1.借款人提供的证件、证明等有虚假、非法的情况，出借人可要求借款人立即偿还全部借款及相应利息，可依法行使对本合同项下的担保权。

2. 借款人在还款期限届满时，未能足额偿还借款本息的，视为严重违约，应另行向出借人支付全部贷款本金____%的违约金，并承担出借人为实现债权支付的全部费用（包括诉讼费和律师费等）。

3. 担保人因隐瞒担保物存在共有、争议、被查封、已担保或者已出租等情况，或故意隐瞒其自身在签订本合同时已经不具备担保能力的，而给出借人造成损失的，应当向出借人承担赔偿责任。

4. 本合同项下的借条为本合同附件。

二、民事借贷篇案例

案例 1. 债务人与妻签协议　债权人诉撤销协议

案情简介：甲向乙借款 1000 万元，用于房地产开发。在归还部分借款及利息后，双方产生了争执，甲主张再给乙 350 万元利息双方清账，而乙主张给 450 万元利息才能清账。为此，双方争执不下。

甲为了避免和乙争执，便背着乙找到乙的妻子，和其妻子签订了《还款协议》。该协议约定，甲还本金并还 350 万元利息，双方债权债务结清。当时甲向乙的妻子付款 350 万元。乙知情后并不同意，便要求确认该协议无效，不承认其妻子和甲签订的协议，并主张尚差 100 万元利息。由于该民间借贷案件超出了家庭生活范围，签订的还款协议应经过乙本人签字，且该协议和双方当事人曾经有过的协议意思相悖。故此，法院依法撤销了甲与乙妻子订立的协议。

法律解读：对上述案件的判决依据的法律规定是《最高人民法院关于审理涉及夫妻债务纠纷案件适用法律有关问题的解释》，全文如下：

为正确审理涉及夫妻债务纠纷案件，平等保护各方当事人合法权益，根据《中华人民共和国民法总则》《中华人民共和国婚姻法》《中华人民共和国合同法》《中华人民共和国民事诉讼法》等法律的规定，制定本解释。

第一条　夫妻双方共同签字或者夫妻一方事后追认等共同意思表示所负的债务，应当认定为夫妻共同债务。

第二条　夫妻一方在婚姻关系存续期间以个人名义为家庭日常生活需要所负的债务，债权人以属于夫妻共同债务为由主张权利的，人民法院应予支持。

第三条　夫妻一方在婚姻关系存续期间以个人名义超出家庭日常生活需要所负的债务，债权人以属于夫妻共同债务为由主张权利的，人民法院不予支持，但债权人能够证明该债务用于夫妻共同生活、共同生产经营或者基于夫妻双方共同意思表示的除外。

第四条　本解释自2018年1月18日起施行。

本解释施行后，最高人民法院此前作出的相关司法解释与本解释相抵触的，以本解释为准。

新法速递：《民法典》第一千零六十四条规定：“夫妻双方共同签名或者夫妻一方事后追认等共同意思表示所负的债务，以及夫妻一方在婚姻关系存续期间以个人名义为家庭日常生活需要所负的债务，属于夫妻共同债务。

“夫妻一方在婚姻关系存续期间以个人名义超出家庭日常生活需要所负的债务，不属于夫妻共同债务；但是，债权人能够证明该债务用于夫妻共同生活、共同生产经营或者基于夫妻双方共同意思表示的除外。”

案例 2. 起诉索合伙送礼款　行为违法被判驳回

案情简介：甲乙二人合伙做生意。为了找到产品销货渠道，二人商量每人拿出 1 万元共同向某局长送礼。但甲当时没资金，便让乙暂时垫付 1 万元。甲向乙打了 1 万元借条，并由乙一人去向某局长送礼，但事后事没有办成，他们没有取得产品供货资格。乙便向甲索要 1 万元借款，甲却称："事没有办成，谁知道你送没送礼？"甲便不还乙款。乙无奈，拿着借条起诉了甲。在开庭中，甲把借款的来由说了，并认为乙没有送礼。乙坚持说已经送礼了，并说"办不成不怨我，但钱已经给人家了"。法院认为，由于双方共同行贿是违法行为，其借款性质违法，不能受到法律保护，遂驳回了乙诉讼请求。

⊝ **法律解读：**《民法总则》第八条规定："民事主体从事民事活动，不得违反法律，不得违背公序良俗。"本案例中，当事人为了推销产品，向局长行贿，本身就是违法犯罪行为。如果明知借钱的目的是向国家工作人员行贿，仍然出借，这种行为违反了法律的强制性规定，不能受到法律保护。

⊝ **新法速递：**《民法典》第八条规定："民事主体从事民事活动，不得违反法律，不得违背公序良俗。"

案例 3. 借款收条一字之差　起诉还款能否支持

案情简介：有连襟甲乙二人，曾合伙做生意，生意结束后，二人结算完毕。过了一段时间，甲向乙说另行做生意因缺钱，向乙借 2 万元，乙便借给了甲。甲在打借条时却打成了"今收到乙 2 万元"。不久，甲离了婚，2 万元也没有归还乙。乙见甲离婚，已不再是亲戚，并听说甲目前到处骗钱，便向甲索要借款。

甲以没钱为由拒绝还款，乙起诉了甲。

甲在法庭上答辩说，“我并不欠乙的款。欠条的来历是双方曾合伙做生意，由于乙欠其款，才收了2万元合伙分红款”。甲还拿出了双方合伙的账目向法院举证。乙听此答辩后十分气愤，并向法官百般解释，但法官认为，收条和借条有着很大的区别，收条不能证明双方存在借贷关系，并且双方有合伙事实。于是，法院驳回了乙的诉讼请求。

法律解读：收条和借条的含义不同。借条是向人借贷，只有一种含义，而收条却会出现多种含义。收条的含义是收到对方送来的钱，但究竟为什么送来钱会有无限种情况，如未备注要靠其他证据予以说明。

案例4. 欠工资款写成借条　民工工资如何索要

案情简介：2012年麦收之后，某市一个村的村民张小水（化名）等五人通过中间人介绍，到张家口市一处建筑工地打工。包工头对张小水等人说：“我先发生活费，剩余工资种麦回家之前一次结清。”但是，张小水等工作到了秋天，准备拿着工资回家秋收种麦，可是包工头却给不了工资。此时，包工头哄着大家说：“目前甲方给不了工程款，资金压得太厉害，凡是来的都没外人，我保证过一段时间绝对一次付清，你们放一百个心，时间长不了！”张小水等听此说也没有办法，但他们不放心，就让包工头打了工资借条。回家后，他们找到劳动部门要求包工头给工资，可执法人员一看纸上写的是“借条”，便摇头说这个我们管不了。这样拖欠的工钱成了借款，张小水等只好到法院起诉包工头，最终法院解决了这一纠纷，张小水和工友拿到了工资。

→ **法律解读：**在此案中，尽管写成了借条，但其性质仍然是拖欠工资款。

借条与欠条的区别：一般来说，借条与欠条均可用来作为某种债权债务关系的证明或凭证。现实生活中人们极易将两者混淆使用，实际上，两者有很大区别。借条代表的是借款合同关系，借款人向出借人借款，出借人给付借款。借条本身并非借款合同，只是书面或口头借款合同的证明和凭证。

而欠条通常是由于债务人出具欠条前，双方已有经济往来（尤以买卖合同居多）债务人应当向债权人支付款项，但基于各种原因，在债务人不能及时还款情况下，双方达成合意和妥协，由债务人出具欠条，日后归还。

欠条是对以往双方经济往来的一种结算，表明自欠条形成之日起双方之间形成的一种新的债权债务关系。欠条的形成以以往的经济往来为基础，但其本身并不能代表以往的合同本身。

此外，借条与欠条在诉讼时效上也有很大不同。具体到本案，如果诉讼涉及欠条，是一种劳动合同法律关系；而诉讼涉及借条则改变成了民事借贷关系，这样包工头就规避了劳动部门的监管。

当然，法院在审理以借条或者欠条为债权凭证的案件时，要结合具体案情，对当事人所持证据进行甄别，通过法庭调查，了解出张小水与工友并没有和包工头形成借贷关系，法院最终以欠工资的法律关系作出处理，维护了农民工的权益。

案例 5. 出纳员出借村公款　丢了自由又赔钱款

案情简介：某市一村委员会出纳员张某某和本村的村民李某某关系密切。2004 年 5 月，李某某准备做一笔药材生意，心中盘算着能赚一大笔利润，但是凑了半天还是缺 3 万元本金。他借了几家没有借到钱，后来他听说村里刚收上十几万元的土地承包费，便找到了张某某说明情况要求借款。张某某有些为难，李某某对他说，“卖主和买主我都找好了，周转一趟顶多十来天，这是绝对有把握的。何况，我还给你点利息”。张某某抹不开面子，心想反正村里当时也不急着花钱，借出去很快就还了，于是他决定帮朋友这个忙。他让李某某打了借条，借给了李某某 3 万元。不料李某某却是上了别人的圈套，十余万元货款全部被骗，无法偿还借款。钱款借出 10 天后，村里决定修公路，急需花钱，张某某凑不上款，只好实话实说。村委会向司法机关举报此事，于是张某某被警方逮捕并偿还了村委会的款，张某某后悔莫及。由于他认罪态度好又及时退款，法院以挪用资金罪判处张某某有期徒刑 2 年，缓刑 3 年。

法律解读：需特别注意的是，挪用资金罪是村干部最易犯的几种犯罪之一。我国《刑法》第二百七十二条规定：“公司、企业或者其他单位的工作人员，利用职务上的便利，挪用本单位资金归个人使用或者借贷给他人，数额较大、超过三个月未还的，或者虽未超过三个月，但数额较大、进行营利活动的，或者进行非法活动的，处三年以下有期徒刑或者拘役；挪用本单位资金数额巨大的，或者数额较大不退还的，处三年以上十年以下有期徒刑。国有公司、企业或者其他国有单位中从事公务的人员和国有公司、企业或者其他国有单位委派到非国有公司、企业以及其他单位从事公务的人员有前款行为的，依照本法第三百八十四条的规定定罪处罚。”

村集体资金归村集体所有且由村集体负责管理，张某某擅自将村集体款借给他人进行营利活动且数额较大，应以挪用资金罪追究其刑事责任。

案例6. 高额回报成了泡影 血本无归懊悔已迟

案情简介：老高是某市一名个体工商户，干了多年积攒130万元存款。他觉得这些钱闲着存在银行利息低不划算。2012年，老高听朋友说某公司开矿需要资金，正在某市以高额利息筹集资金。朋友对老高说，“你要加入得快点儿，晚了人家就不要了，好多人已经挣了不少利息。这是个大公司，很可靠”。老高问朋友利息多少，朋友说：“每月五分的利息，一个月一结算。”

老高虽然心动，但是还有点不踏实，害怕多年的积蓄打了水漂，便又专门找其他朋友打听这件事。其他的朋友也说，有人已经得了半年利息了，挣了不少钱了，有很多人亲自去看过这家公司，均表示这家公司规模很大，好多人都在里边投资了。这家公司有其他公司担保。老高这才心里踏实了。给家人商量好了便按朋友的指引找到公司的代理人，把130万元交了，等着坐收高利贷。

前两个月公司按约把利息都给了老高，老高和家人都很是高兴，可是到第三个月利息却没有打到老高的账户上，老高询问公司状况，该公司的代理人说最近公司资金紧张，稍微迟些再给。又过了一段时间还是没有音信，老高着急了，再次拨打代理人的电话，对方已停机。

老高赶紧去问朋友，朋友说："出事了，那个公司是诈骗集团，他们把先集资的钱还后边人的，钱滚的差不多了，他们就把剩余的卷钱走了。目前，公安机关已经抓获这个公司的一部分人，很多人都报了案，你赶紧报案吧！"

老高急忙到公安局报案，警察给登记了，并答复这件案子受害人很多，现在警方仍在侦查，让老高回家等消息。结果等了一年多，这件案子到法院判决后，老高只领取了不足6万元，老高攒了一辈子的百万余元钱款已被犯罪分子挥霍，无法返还。

想起自己多年做买卖的艰辛，钱就这样被骗了，老高悔恨不已，回家后得了一场大病。

法律解读：目前，像老高这样上当受骗的人不在少数。我国《刑法》一百九十二条规定："以非法占有为目的，使用诈骗方法非法集资，数额较大的，处五年以下有期徒刑或者拘役，并处两万元以上二十万以下罚金；数额巨大或者有其他严重情节的，处五年以上十年以下有期徒刑，并处五万元以上五十万元以下罚金；数额特别巨大或者有其他特别严重情节的，处十年以上有期徒刑或者无期徒刑，并处五万元以上五十万元以下罚金或者没收财产。"

本案中，该公司以非法占有为目的，以诈骗方法，编造虚假事实，以高额利息为诱惑手段，向社会公众募集资金，后携带资金逃跑并挥霍，已构成集资诈骗罪，且数额巨大，应按《刑法》的相关规定予以刑事处罚。

案例 7. 借条写成了融资款　入股还是借款成疑

案情简介：2015 年，某公司因经营缺乏资金，便向职工和亲朋好友集资，言明年利息20%，一年一付利息。张金友（化名）原在该公司上班，觉得集资挣钱比较划算，便和妻子商量凑了10万元，出借给该公司。该公司出具了收据，上面写着："今收到张金友融资款壹拾万元整。"下面写着收到日期和盖章公司财务章。但一年后公司不景气，利息也不能按时支付。张金友担心10万元打了水漂，便找到公司索要款项。公司财务人员说目前资金紧张，偿还不了借款。张金友更是担心了，便向法院起诉公司，要求公司还本付息。公司答辩却称，该款是入股款，公司赚了股东分红，公司赔了股东跟着赔。张金友急了："本来是借款，怎么成了入股了，你们拿出入股证明。"在庭审中，被告公司经理说："为什么写融资不写借款，这钱就是入股了，不能当借款偿还，等公司清算再说吧。"但公司并未拿出张金友是股东的证明。法院查明事实后判决支持了张金友的诉讼请求。

法律解读：上述案例给我们的启示是汉语的字意和解读十分丰富。我们在进行民事法律行为时，尤其是涉及到财产问题时，应使用准确的，不会引起歧义的词语。比如，融资一词有多种解释，融资比起借款这个词句内涵要复杂得多。注意了这一点，就会避免很多麻烦。

案例8.赌场借债未曾偿还　法院起诉被判驳回

案例简介：张良（化名）无业，平时游手好闲。2014年的某一天，张良去赌场赌博，身上带的2万元全部输光了。为了捞回本钱，张良便向老板张明强（化名）借钱，老板表示最多借给张良2万元，打借条注明借款2万元但实际只给了张良1.8

万元。双方约定利息从第三天起算，每日500元。张良为了回本，便答应了老板开出的条件。

可钱借到手后，张良又输个精光。等到第三天，张明强便向张良催账，张良哪有钱还账，便躲到外地打工去了。张明强拿着借条到法院起诉。法院驳回了原告的诉讼请求。

依据的是《最高人民法院关于审理民间借贷案件适用法律若干问题的规定》第十四条规定："具有下列情形之一的，人民法院应当认定民间借贷合同无效：（一）套取金融机构贷款转贷的；（二）以向其他营利法人借贷、向本单位职工集资，或者以向公众非法吸收存款等方式取得的资金转贷的；（三）未依法取得放贷资格的出借人，以营利为目的向社会不特定对象提供借款的；（四）出借人事先知道或者应当知道借款人借款用于违法犯罪活动仍然提供借款的；（五）违反法律、行政法规强制性规定的；（六）违背公序良俗的。"

法律解读：赌债是不受法律保护的。但是在实践中，有的父母为了还儿子所负赌债倾家荡产，就是不了解赌债不是合法债务，不用偿还。但是有一个条件，出借人必须明知赌钱而出借款项，如出借人不知借款是为了赌钱，借款人即便是赌钱输了，仍应偿还。

案例9. 抵押医院在建项目　法院认定抵押无效

案情简介：某市医院为扩建，因需资金，便向某市金立小额贷款公司（化名）借款2000万元，双方签订了借款合同。合同约定本金2000万元和年息15%的利息，借期一年，并约定医院以在建项目做抵押，如医院不能按时偿还，金立公司有权出售和拍卖在建项目。一年后，医院因资金紧张不能按时偿还债务，金立公司催要无果，便将医院起诉到法院，要求还本付息，并要求拍卖在建项目。法院经审理后，根据《物权法》第一百八十四条第三款的规定，即学校、幼儿园、医院等以公益为目的的事业单位、社会团体的教育设施、医疗卫生设施和其他社会公益设施禁止抵押，据此认定抵押无效，判决医院还本2000万元及利息。

新法速递：《民法典》第三百九十九条规定："下列财产不得抵押：（一）土地所有权；（二）宅基地、自留地、自留山等集体所有土地的使用权，但是法律规定可以抵押的除外；（三）学校、幼儿园、医疗机构等为公益目的成立的非营利法人的教育设施、医疗卫生设施和其他公益设施；（四）所有权、使用权不明或者有争议的财产；（五）依法被查封、扣押、监管的财产；（六）法律、行政法规规定不得抵押的其他财产。"

风险提示：法律禁止用学校、幼儿园、医院等以公益为目的的事业单位、社会团体的教育设施、医疗卫生设施和其他社会公益设施作抵押，是因为如果抵押后，学生、幼儿和病人等将可能失去场所，势必会对社会产生不良影响。

案例 10. 兄弟借款 4 年未还　已过时效诉求被驳

案情简介：张海蒙（化名）和李小平（化名）两人是发小。2007 年，因张海蒙开一小饭馆，便向李小平借款 5 万元，写了借条，表明借期 1 年，但碍于情面李小平未让其写利息，只是口头表明如果买卖赚了钱，按年息 20% 付息。到期后，因张海蒙生意不景气，去外地打工，和李小平也失去联系。

李小平本想找张海蒙要款，但没找到人。李小平觉得他们之间是发小，有了钱自然就还了。结果过了4年之后，张海蒙回到家乡，李小平就找到张海蒙提起借款事宜。不料张海蒙却翻脸不认账，认为当时是合伙的入股款，生意已经赔了，不存在还款的事。李小平听后，一气之下他把张海蒙起诉至法院。

在庭审中，张海蒙没有出庭，委托了代理人出庭。被告答辩称：一是本案不是借款纠纷而是合伙纠纷；二是即便是借款纠纷也已超过诉讼时效。法院经审理后认为，本案是借款纠纷，不是合伙关系。因为被告没有提交双方合伙的证据，故被告答辩双方合伙不成立。本案借款因张小平未在法定期间行使权利，已超过两年的诉讼时效，张小平已丧失胜诉权。故此，驳回了原告起诉。

律师忠告：目前此类案例很多。上述的案例给我们的启示是：一是不要超过诉讼时效。如果找不到债务人也可到法院起诉，避免超过诉讼时效。二是中国人好面子，往往亲朋好友不好意思让打借条，更不好意思写上利息，但到真不能归还时，交情情面都没有了，在法庭上只能凭证据，而不是靠良心。

案例11. 从妻子手中借钱财　向丈夫还款有效否

案情简介：王小荣（化名）的丈夫李志明（化名）有一个朋友叫王正合（化名）。因为王正合经常到李志明家中玩，和王小荣也很熟。2016年，王正合想做电器生意，需要资金。因王正合知道李志明在家中做不了主，便向王小荣提出借十万元，月息20%。王小荣觉得钱放在银行利息低，放出去一年可得两万多元利息，王小荣就把钱借给了王正合，并让王正合打了借条。但过了半年多，王小荣夫妻因琐事经常吵闹，后分居。王正合一年后不用钱了，恰好王小荣的丈夫向他要账，王正合就把本金和利息还给了王小荣的丈夫李志明。

王小荣不知上述情况，向王正合要账，王正合说："已经还你丈夫了，我不能给两份啊！"王小荣说："那是我个人的钱，你凭什么给他？我就向你要账！"经几次交涉无果后，王小荣拿着借条到法院起诉。

在法院审理该案件的过程中，王小荣提出借给王正合的钱是其婚前自己的钱，不属于夫妻共同财产，因此王正合还给其丈夫的钱是无效的民事行为，应将钱还给她本人。但王小荣举不出借款是自己婚前财产的证据。

王正合答辩称，他认为王小荣和李志明还是夫妻，给他们谁都一样。钱已经如数还了王小荣的丈夫，并拿出李志明打的收条、银行打款记录，用以证明还款的事实。

《最高人民法院关于适用〈中华人民共和国婚姻法〉若干问题的解释（一）》第十七条规定："婚姻法第十七条关于'夫或妻对夫妻共同所有的财产，有平等的处理权'的规定，应当理解为：（一）夫或妻在处理夫妻共同财产上的权利是平等的。因日常生活需要而处理夫妻共同财产的，任何一方均有权决定。（二）夫或妻非因日常生活需要对夫妻共同财产做重要处理决定，夫妻双方应当平等协商，取得一致意见。他人有理由相信其为夫妻双方共同意思表示的，另一方不得以不同意或不知道为由对抗善意第三人。"

根据上述法律规定，法院判决认定王正合的行为有效，驳回了王小荣的诉讼请求。

→ **新法速递：**《民法典》第一千零六十条规定："夫妻一方因家庭日常生活需要而实施的民事法律行为，对夫妻双方发生效力，但是夫妻一方与相对人另有约定的除外。夫妻之间对一方可以实施的民事法律行为范围的限制，不得对抗善意相对人。”

⊝ **风险提示：**我国《宪法》《婚姻法》确立了夫妻在家庭中的平等地位，因此，夫或妻对夫妻共同所有的财产有平等的处理权。由于接受还债是民事权利，夫妻均有权享有，故此，法院对此案作出以上判决。如果夫妻处在不和的状态，而且钱是妻子一方所有，应在借贷合同中写明，并要求债务人还债时，只得向一方还债，如在此种情况下，债务人仍向其丈夫还债，可认定债务人的还款无效。

本篇小结　民间借贷要慎重行事

俗话说：“好借好还再借不难。”这是民间流传的传统美德，也是民间借贷的底线。但由于种种原因，一些人丧失了道德，民间借贷却成了“砂锅子捣蒜一锤子买卖”。

目前，民间借贷纠纷在法院审理的案件中占很大比例。民事借贷案件中，出借人大致可分三种情况：一是基于亲戚朋友身份帮忙；二是个人为了挣利息进行借贷（此种情况纠纷居多）；三是小额贷款公司专门经营投资业务。

我看到很多工薪阶层和收入不高的人，受高额利息的诱惑，将积攒多年的血汗钱出借，结果是高额回报成泡影，连本钱都打了水漂。有的人看借款人开着公司、开着豪车、住着豪宅，就借给他钱，但转眼这个人因还不起账跑路了；有的人觉得借款有抵押担保（用宅基、房产、厂房、开发的项目等）就有把握，却不料抵押根本没有法律效力，等于攥着一张废纸；也有的人被套路贷套住，越陷越深，不能自拔，为还套路贷倾家荡产……

出借人想要得到利息，借款人可想的是得到你的本金。我亲眼见到很多人因高利贷血本无归的情形，债权人后悔莫及、欲哭无泪、难以成眠，甚至有的人因此得了重病。民间借贷要慎重行事，在出借前，最好先咨询相关法律工作者了解出借的风险性，不要到钱要不回来时才想起咨询律师，这可能是亡羊补牢了。

第五篇

婚　姻

婚姻不是爱情的坟墓，而是更亲密的灵肉合一的爱情的开始。

“二人同心，其利断金”，是中国人民几千年智慧的结晶。

人生的道路，到底是平坦的少，崎岖的多。

在平坦的道路上，携手同行的时候，周围有和暖的春风，头上有明净的秋月。两颗心充分地享受着宁静柔畅的“琴瑟和鸣”的音乐。

在坎坷的路上，扶掖而行的时候，要坚忍地咽下各自的冤抑和痛苦，在荆棘遍地的路上，互慰互勉，相濡以沫。

有着忠贞而精诚的爱情在维护着，永远也不会有什么人为的“划清界限”，什么离异出走，不会有家破人亡，也不会教育出那种因偏激、怪僻、不平、愤怒而破坏社会秩序的儿女。

此段文字摘编自《冰心作品精选》，冰心所写的内容道出了婚姻与家庭的真谛。

本篇题记

有子曰：礼之用，和为贵。先王之道，斯为美，小大由之。有所不行，知和而和，不以礼节之，亦不可行也。（出自《论语·学而》）

译文：礼的应用，以和谐为贵。古代君主的治国方法，宝贵的地方就在这里。但无论大事小事只按和谐的办法去做，有的时候就行不通。（这是因为）为和谐而和谐，不用一定的礼法加以制约，也是不可行的。

《道德经》：和大怨，必有余怨，焉可以为善？是以圣人右介，而不责于人。故有德司介，无德司彻。夫天道无亲，恒与善人。[1]

译文：和解较大的怨恨，必然会残留怨恨，用德来报答怨恨，这怎么可以算是善呢？因此，圣人保存契据但并不以此强迫别人履行契约。有德之人就像持有契约的圣人那样宽容，施德不求报，得理能让人。无德的人就像掌管税收的人那样锱铢必较。自然规律对任何人都没有偏爱，永远帮助有德的人。

律师忠告：作为一名老律师，我看过了太多的男男女女分手的过程。这常常引起我的思考和担忧：婚姻自由虽包括离婚自由，但我要提醒每一位读者谨慎对待婚姻之事，在我看来很多婚姻并不应当走到离婚这一步。

在我代理的离婚案件中，很多是家长参与其中替儿女谋划，结果越帮越乱。更有甚者，双方父母亲自参与其中，致使矛盾升级，导致离婚。因此，我要提醒深爱子女的父母，面对儿女婚姻出现的纷争，做家长应保持冷静认真思考分析利弊，因势利导，将婚姻的自主权交给孩子自己处理，从矛盾根源处协调处理，方为上策。

另外，很多当事人离婚，根本没有考虑孩子的感受，或者说征求孩子的意见，让孩子参与进来，阐述内心的恐慌和焦虑。我曾询问过一些孩子，他们长大之后，父母离婚对他们的伤害大么？他们回答说那是内心深处不可触及的伤痕。由此而言，家庭和谐对一个孩子身心成长是多么的重要。

然而，事事不能尽如人意。如果夫妻两方感情已经破裂，就请不要为财产利益争个你死我活。孩子经法院判决交给一方抚养，另一方应积极给付孩子抚养费。但我代理的案件情况并非如此，每每面对这样的场景，我特别想问问那些用尽办法不给付子女抚养费的父母：“这可是你亲生的孩子呀！你觉得给钱吃了亏，当初为何选择要这个孩子？”

1 李薇主编：《道德经》，延边人民出版社 2006 年版，第 356 页。

一、离婚诉讼 34 问

1. 离婚诉讼谁先起诉就对谁不利吗?

⊖ **法律解读**:司法实践中,有人经常问作者这样一个问题:“离婚诉讼谁先起诉就对谁不利吗?”其实,这种说法没有法律依据,我国《婚姻法》中并没有规定谁先起诉离婚诉讼中会处于劣势。

在我国民事诉讼中,原告和被告诉讼地位平等,在诉讼过程中遵循谁主张、谁举证的举证原则,法院在审理过程中会根据双方主张及相应证据情况审理案件。

⊖ **法律提示**:作为原告首先要做相应的诉讼准备。对于提出离婚诉讼的人,必须要提供相应证据,即证明夫妻双方感情已经彻底破裂,没有和好可能的证据,还有孩子抚养、财产分割等证据。如不能举出夫妻双方感情已经破裂,没有和好可能的证据,法院可能不会判决双方离婚。

2. 一方不同意离婚法院能判离婚吗?

⊖ **法律解读**:在实践中,许多人尤其是被告方会问:“我就是不同意离婚,法院能判离婚吗?”对于这个问题,我想说的是,法院判决离婚的法律依据是夫妻感情已经破裂且已无和好可能。如果一方坚决不同意离婚，法院会根据双方提供的证据和了解的相关情况，依照《婚姻法》和《民事诉讼法》的相关规定，作出准予离婚和不准离婚的判决。

小贴士

如果当事人一方坚决不同意离婚，应当举出夫妻双方和好的相关证据，或者通过法院以及亲属调解，主动向对方表示出愿意和好的举动。因为有的当事人内心想离婚，但为了达到某种目的，表面上坚决不同意离婚，实质上却没有任何促使夫妻和好的表现。这种情况各方心知肚明，当事人这样做往往实现不了自己的目的。

3. 判决离婚的法定条件有哪些？

法律解读：《婚姻法》第三十二条规定："男女一方要求离婚的，可由有关部门进行调解或直接向人民法院提出离婚诉讼。人民法院审理离婚案件，应当进行调解；如感情确已破裂，调解无效，应准予离婚。有下列情形之一，调解无效的，应准予离婚：（一）重婚或有配偶者与他人同居的；（二）实施家庭暴力或虐待、遗弃家庭成员的；（三）有赌博、吸毒等恶习屡教不改的；（四）因感情不和分居满二年的；（五）其他导致夫妻感情破裂的情形。一方被宣告失踪，另一方提出离婚诉讼的，应准予离婚。"

新法速递：《民法典》第一千零七十九条规定："夫妻一方要求离婚的，可以由有关组织进行调解或者直接向人民法院提起离婚诉讼。人民法院审理离婚案件，应当进行调解；如果感情确已破裂，调解无效的，应当准予离婚。

“有下列情形之一，调解无效的，应当准予离婚：（一）重婚或者与他人同居；（二）实施家庭暴力或者虐待、遗弃家庭成员；（三）有赌博、吸毒等恶习屡教不改；（四）因感情不和分居满二年；（五）其他导致夫妻感情破裂的情形。一方被宣告失踪，另一方提起离婚诉讼的，应当准予离婚。经人民法院判决不准离婚后，双方又分居满一年，一方再次提起离婚诉讼的，应当准予离婚。”

法律提示：对符合上述情形的，一是法院首先要进行调解，因为调解是离婚案件必经法定程序；二是原告仍然需要举证，以证明案件符合了上述情形。

4. 夫妻一方与他人通奸，是不是判决离婚的法定条件？

法律解读：我国《婚姻法》第三十二条规定，重婚或有配偶者与他人同居的情况，在调解无效的情况下法院应准予双方离婚。上述情况，同样规定在《民法典》第一千零七十九条中。但同居和通奸还是有重要区别的。同居是指异性之间未办理结婚登记手续，而在一起持续、稳定地共同居住。而通奸泛指有配偶者与第三者出于自愿发生性关系的行为。

需要注意的是，上述法律规定“重婚或有配偶者与他人同居的”，调解无效，法院应准予离婚。但重婚和同居不是通奸，因此，通奸不是离婚的法定条件。

法律提示：在司法实践中，夫妻一方通过电子信息等发现蛛丝马迹，怀疑对方出轨；或者一方已经抓住另一方一些出轨的把柄，恼怒之下便提起离婚诉讼，并认为这是法定离婚的条件。其实，按照我国法律的相关规定，如果是通奸，还不构成法定离婚的条件，只有同居才是法定离婚的条件。

5. 离婚案件开庭另一方不参加开庭，法院能判决准予离婚吗？

法律解读： 当然可以判决。根据我国《民事诉讼法》的规定，有以下几种情况是可以进行缺席判决的：

（1）被告经传唤拒不到庭，可以缺席判决。被告（包括无民事行为能力当事人的法定代理人）经传票传唤后无正当理由拒不到庭，或者未经法院许可中途退庭，可以缺席判决。还有对于负有赡养、抚育、抚养义务不到庭就无法查明案情的，可以拘传被告。

（2）被告一方下落不明，原告一方起诉离婚的，可以缺席判决。

法律提示： 缺席判决是指开庭审理案件时，只有一方当事人到庭，人民法院对案件进行审理后所作出的判决。尽管离婚案件非同于一般案件，对缺席判决较慎重，以避免造成对一方当事人诉权的剥夺。但符合上述法律规定的情况，可以缺席判决。

6. 对孩子的抚养费，法律是怎么规定的？

法律解读： 《最高人民法院关于人民法院审理离婚案件处理子女抚养问题的若干具体意见》关于子女抚养费的数额有以下规定：

7. 子女抚育费的数额，可根据子女的实际需要、父母双方的负担能力和当地的实际生活水平确定。有固定收入的，抚育费一般可按其月总收入的百分之二十至三十的比例给付。负担两个以上子女抚育费的，比例可适当提高，但一般不得超过月总收入的百分之五十。无固定收入的，抚育费的数额可依据当年总收入或同行业平均收入，参照上述比例确定。有特殊情况的，可适当提高或降低上述比例。

8. 抚育费应定期给付，有条件的可一次性给付。

9. 对一方无经济收入或者下落不明的，可用其财物折抵子女抚育费。

10. 父母双方可以协议子女随一方生活并由抚养方负担子女全部抚育费。但经查实，抚养方的抚养能力明显不能保障子女所需费用，影响子女健康成长的，不予准许。

11. 抚育费的给付期限，一般至子女十八周岁为止。十六周岁以上不满十八周岁，以其劳动收入为主要生活来源，并能维持当地一般生活水平的，父母可停止给付抚育费。

12. 尚未独立生活的成年子女有下列情形之一，父母又有给付能力的，仍应负担必要的抚育费：

（1）丧失劳动能力或虽未完全丧失劳动能力，但其收入不足以维持生活的；

（2）尚在校就读的；

（3）确无独立生活能力和条件的。

13. 生父与继母或生母与继父离婚时，对曾受其抚养教育的继子女，继父或继母不同意继续抚养的，仍应由生父母抚养。

14.《中华人民共和国收养法》施行前，夫或妻一方收养的子女，对方未表示反对，并与该子女形成事实收养关系的，离婚后，应由双方负担子女的抚育费；夫或妻一方收养的子女，对方始终反对的，离婚后，应由收养方抚养该子女。

15. 离婚后，一方要求变更子女抚养关系的，或者子女要求增加抚育费的，应另行起诉。

18. 子女要求增加抚育费有下列情形之一，父或母有给付能力的，应予支持。

（1）原定抚育费数额不足以维持当地实际生活水平的；

（2）因子女患病、上学，实际需要已超过原定数额的；

（3）有其他正当理由应当增加的。

19. 父母不得因子女变更姓氏而拒付子女抚育费。父或母一方擅自将子女姓氏改为继母或继父姓氏而引起纠纷的，应责令恢复原姓氏。

20. 在离婚诉讼期间，双方均拒绝抚养子女的，可先行裁定暂由一方抚养。

21. 对拒不履行或妨害他人履行生效判决、裁定、调解中有关子女抚养义务的当事人或者其他人，人民法院可依照《中华人民共和国民事诉讼法》第一百零二条的规定采取强制措施。

7. 离婚后，在什么条件下可向法院申请变更子女抚养关系？

法律解读：《最高人民法院关于人民法院审理离婚案件处理子女抚养问题的若干具体意见》关于变更子女抚养关系有下列规定：

16. 一方要求变更子女抚养关系有下列情形之一的，应予支持。

（1）与子女共同生活的一方因患严重疾病或因伤残无力继续抚养子女的；

（2）与子女共同生活的一方不尽抚养义务或有虐待子女行为，或其与子女共同生活对子女身心健康确有不利影响的；

（3）十周岁以上未成年子女，愿随另一方生活，该方又有抚养能力的；

（4）有其他正当理由需要变更的。

17. 父母双方协议变更子女抚养关系的，应予准许。

18. 子女要求增加抚育费有下列情形之一，父或母有给付能力的，应予支持。

（1）原定抚育费数额不足以维持当地实际生活水平的；

（2）因子女患病、上学，实际需要已超过原定数额的；

（3）有其他正当理由应当增加的。

20. 在离婚诉讼期间，双方均拒绝抚养子女的，可先行裁定暂由一方抚养。

8. 父母能否因子女变更姓氏而拒付子女抚育费?

法律解读：《最高人民法院关于人民法院审理离婚案件处理子女抚养问题的若干具体意见》第十九条规定：“父母不得因子女变更姓氏而拒付子女抚育费。父或母一方擅自将子女姓氏改为继母或继父姓氏而引起纠纷的，应责令恢复原姓氏。”

9. 离婚后，孩子应该由谁直接抚养?

法律解读：《最高人民法院关于人民法院审理离婚案件处理子女抚养问题的若干具体意见》对离婚后孩子应该由谁直接抚养，有下列规定：

1. 两周岁以下的子女，一般随母方生活。母方有下列情形之一的，可随父方生活：

（1）患有久治不愈的传染性疾病或其他严重疾病，子女不宜与其共同生活的；

（2）有抚养条件不尽抚养义务，而父方要求子女随其生活的；

（3）因其他原因，子女确无法随母方生活的。

2. 父母双方协议两周以下子女随父方生活，并对子女健康成长无不利影响的，可予准许。

3. 对两周岁以上未成年的子女，父方和母方均要求随其生活，一方有下列情形之一的，可予优先考虑：

（1）已做绝育手术或因其他原因丧失生育能力的；

（2）子女随其生活时间较长，改变生活环境对子女健康成长明显不利的；

（3）无其他子女，而另一方有其他子女的；

（4）子女随其生活，对子女成长有利，而另一方患有久治不愈的传染性疾病或其他严重疾病，或者有其他不利于子女身心健康的情形，不宜与子女共同生活的。

4. 父方与母方抚养子女的条件基本相同，双方均要求子女与其共同生活，但子女单独随祖父母或外祖父母共同生活多年，且祖父母或外祖父母要求并且有能力帮助子女照顾孙子女或外孙子女的，可作为子女随父或母生活的优先条件予以考虑。

5. 父母双方对十周岁以上的未成年子女随父或随母生活发生争执的，应考虑该子女的意见。

6. 在有利于保护子女利益的前提下，父母双方协议轮流抚养子女的，可予准许。

14.《中华人民共和国收养法》施行前，夫或妻一方收养的子女，对方未表示反对，并与该子女形成事实收养关系的，离婚后，应由双方负担子女的抚育费；夫或妻一方收养的子女，对方始终反对的，离婚后，应由收养方抚养该子女。

15. 离婚后，一方要求变更子女抚养关系的，或者子女要求增加抚育费的，应另行起诉。

16. 一方要求变更子女抚养关系有下列情形之一的，应予支持。

（1）与子女共同生活的一方因患严重疾病或因伤残无力继续抚养子女的；

（2）与子女共同生活的一方不尽抚养义务或有虐待子女行为，或其与子女共同生活对子女身心健康确有不利影响的；

（3）十周岁以上未成年子女，愿随另一方生活，该方又有抚养能力的；

（4）有其他正当理由需要变更的。

17. 父母双方协议变更子女抚养关系的，应予准许。

18. 子女要求增加抚育费有下列情形之一，父或母有给付能力的，应予支持。

（1）原定抚育费数额不足以维持当地实际生活水平的；

（2）因子女患病、上学，实际需要已超过原定数额的；

（3）有其他正当理由应当增加的。

19. 父母不得因子女变更姓氏而拒付子女抚育费。父或母一方擅自将子女姓氏改为继母或继父姓氏而引起纠纷的，应责令恢复原姓氏。

20. 在离婚诉讼期间，双方均拒绝抚养子女的，可先行裁定暂由一方抚养。

21. 对拒不履行或妨害他人履行生效判决、裁定、调解中有关子女抚养义务的当事人或者其他人，人民法院可依照《中华人民共和国民事诉讼法》第一百零二条的规定采取强制措施。

10. 在婚姻存续期间，一方继承或接受赠与的财产，是否为夫妻共同财产？

法律解读：在婚姻存续期间，夫妇一方继承父母的遗产一般属于夫妻共有财产，除非遗嘱有特殊约定才为一方个人财产。

根据《婚姻法》第十七条第四款的规定，夫妻在婚姻关系存续期间所得的继承或赠与所得的财产，但本法第十八条第三项规定的除外归夫妻共同所有。

该法第十八条第三款规定，遗嘱或赠与合同中确定只归夫或妻一方的财产为夫妻一方的财产。

新法速递：《民法典》第一千零六十二条第四款规定，夫妻在婚姻关系存续期间所得的继承或受赠的财产，但本法第一千零六十三条第三项规定的除外，为夫妻共同财产，归夫妻共同所有。

《民法典》第一千零六十三条第三款规定，遗嘱或赠与合同中确定只归一方的财产为夫妻一方的个人财产。

11. 夫妻在婚后能约定财产归属吗？

法律解读：我国《婚姻法》第十九条规定："夫妻可以约定婚姻关系存续期间所得的财产以及婚前财产归各自所有、共同所有或部分各自所有、部分共同所有。约定应当采用书面形式。有约定或约定不明确的，适用本法第十七条、第十八条的规定。夫妻对婚姻关系存续期间所得的财产以及婚前财产的约定，对双方具有约束力。夫妻对婚姻关系存续期间所得的财产约定归各自所有的，夫或妻一方对外所负的债务，第三人知道该约定的，以夫或妻一方所有的财产清偿。"

新法速递：《民法典》第一千零六十五条规定：“男女双方可以约定婚姻关系存续期间所得的财产以及婚前财产归各自所有、共同所有或者部分各自所有、部分共同所有。约定应当采用书面形式。没有约定或者约定不明确的，适用本法第一千零六十二条、第一千零六十三条的规定。夫妻对婚姻关系存续期间所得的财产以及婚前财产的约定，对双方具有法律约束力。夫妻对婚姻关系存续期间所得的财产约定归各自所有，夫或者妻一方对外所负的债务，相对人知道该约定的，以夫或者妻一方的个人财产清偿。”

法律提示：上述法律规定表明，法律采取了意思自治原则，允许夫妻双方自愿在婚前婚后，对双方婚前财产或婚后财产的归属、管理、使用和处理以及共同生活费用的负担等达成协议。只要双方同意，可以将婚前个人财产约定为夫妻共同财产，也可以将婚后所得的共同财产约定为夫妻个人财产。这种约定是具备法律效力的。

12. 彩礼在什么情况下可以退还？

法律解读：《最高人民法院关于适用〈中华人民共和国婚姻法〉若干问题的解释（二）的补充规定》第十条的规定：“当事人请求返还按照习俗给付的彩礼的，如果查明属于以下情形，人民法院应当予以支持：（一）双方未办理结婚登记手续的；（二）双方办理结婚登记手续但确实未共同生活的；（三）婚前给付并导致给付人生活困难的。适用前款第（二）、（三）项的规定，应当以双方离婚为条件。”

13. 不直接抚养孩子的父或母与孩子有无继承关系？

法律解读：父母离婚子女继承权是不会受到影响的。根据我国法律的有关规定，离婚父母与子女之间的继承关系有几种情况：

其一，亲生父母子女之间，不论离婚的父母是否扶养他（她）的子女，均不影响其子女的继承权。

其二，养父母子女之间的继承权，则可以因养父与养母的离婚，子女归养父或养母一方单独扶养，而使不尽抚养义务的养父或养母的一方与原养子女之间关系解除，从而导致相互继承遗产权利的消灭。

其三，有扶养关系的继父母子女之间的继承权，也可因继父和继母的离婚，子女归继父或继母一方单方扶养，另一方因其不继续承担扶养责任而使原扶养关系终止，从而导致相互继承权的消灭。

其四，如果养父母或有扶养关系的继父母，已将养子女、继子女扶养为成年，或接近成年或能够独立谋生，此后，即使出现了其养父母或有扶养关系的继父母离婚的情况，均不影响他们之间的收养关系或扶养关系，并且也不影响他们之间的相互继承权。

14. 法院准予离婚的法定条件是什么？

法律解读：我国《婚姻法》第三十二条规定，男女一方要求离婚的，可由有关部门进行调解或直接向人民法院提出离婚诉讼。

人民法院审理离婚案件，应当进行调解；如感情确已破裂，调解无效，应准予离婚。

有下列情形之一，调解无效的，应准予离婚：

（1）重婚或有配偶者与他人同居的；

（2）实施家庭暴力或虐待、遗弃家庭成员的；

（3）有赌博、吸毒等恶习屡教不改的；

（4）因感情不和分居满二年的；

（5）其他导致夫妻感情破裂的情形。

一方被宣告失踪，另一方提出离婚诉讼的，应准予离婚。

新法速递：《民法典》第一千零七十九条规定：“夫妻一方要求离婚的，可以由有关组织进行调解或者直接向人民法院提起离婚诉讼。人民法院审理离婚案件，应当进行调解；如果感情确已破裂，调解无效的，应当准予离婚。

“有下列情形之一，调解无效的，应当准予离婚：（一）重婚或者与他人同居；（二）实施家庭暴力或者虐待、遗弃家庭成员；（三）有赌博、吸毒等恶习屡教不改；（四）因感情不和分居满二年；（五）其他导致夫妻感情破裂的情形。一方被宣告失踪，另一方提起离婚诉讼的，应当准予离婚。经人民法院判决不准离婚后，双方又分居满一年，一方再次提起离婚诉讼的，应当准予离婚。”

15. 夫或妻一方离家出走，如何起诉离婚？

法律解读：如果夫妻一方离家出走多年，另一方欲解除婚姻关系，有两种途径：一是可以申请宣告失踪，如果宣告失踪，婚姻关系可解除；二是可以以分居满 2 年为由直接到法院起诉离婚。《民法典》第一千零七十九条规定，经人民法院判决不准离婚后，双方又分居满一年，一方再次提起离婚诉讼的，应当准予离婚。

综上所述，两种途径均可达到离婚的目的。

16. 离婚后，当事人能否就探望孩子提起诉讼？

⊖ **法律解读**：《最高人民法院关于适用〈中华人民共和国婚姻法〉若干问题的解释（一）》第二十四条规定："人民法院作出的生效的离婚判决中未涉及探望权，当事人就探望权问题单独提起诉讼的，人民法院应予受理。"

17. 离婚时一方生活困难，能要求另一方帮助吗？

⊖ **法律解读**：根据《婚姻法》第四十二条的规定："离婚时，如果一方生活困难，另一方应当从其住房等个人财产中给予适当帮助。具体办法由双方协议；协议不成时，由人民法院判决。"

⊖ **新法速递**：《民法典》第一千零九十条规定："离婚时，如果一方生活困难，有负担能力的另一方应当给予适当帮助。具体办法由双方协议；协议不成的，由人民法院判决。"

所谓适当帮助，是指在不影响提供帮助人的生活的前提下，对另一方给予一次性帮助。解决对方生活困难的方式、数额、时间等可以由双方协商解决；协商不成的，由人民法院判决。至于具体的数额和帮助方式由审判人员根据当地实际生活水平和双方的实际情况确定。

什么叫生活困难？《最高人民法院关于适用〈中华人民共和国婚姻法〉若干问题的解释（一）》第二十七条规定："婚姻法第四十二条规所称'一方生活困难'，是指依靠个人财产和离婚时分得的财产无法维持当地基本生活水平。一方离婚后没有住处的，属于生活困难。离婚时，一方以个人财产中的住房对生活困难者进行帮助的形式，可以是房屋的居住权或者房屋的所有权。”

18. 什么情况下，无过错方可请求损害赔偿？

法律解读：《婚姻法》第四十六条规定：“有下列情形之一，导致离婚的，无过错方有权请求损害赔偿：（一）重婚的；（二）有配偶者与他人同居的；（三）实施家庭暴力的；（四）虐待、遗弃家庭成员的。”

新法速递：《民法典》第一千零九十一条规定：“有下列情形之一，导致离婚的，无过错方有权请求损害赔偿：（一）重婚；（二）与他人同居；（三）实施家庭暴力；（四）虐待、遗弃家庭成员；（五）有其他重大过错。”

19. 离婚时，如一方隐瞒、转移、变卖、毁损夫妻共同财产，应如何处理？

法律解读：《婚姻法》第四十七条规定：“离婚时，一方隐藏、转移、变卖、毁损夫妻共同财产，或伪造债务企图侵占另一方财产的，分割夫妻共同财产时，对隐藏、转移、变卖、毁损夫妻共同财产或伪造债务的一方，可以少分或者不分。离婚后，另一方发现有上述行为的，可以向人民法院提起诉讼，请求再次分割夫妻共同财产。人民法院对前款规定的妨害民事诉讼的行为，依照民事诉讼法的规定予以制裁。”

新法速递：《民法典》第一千零九十二条规定：“夫妻一方隐藏、转移、变卖、毁损、挥霍夫妻共同财产，或者伪造夫妻共同债务企图侵占另一方财产的，在离婚分割夫妻共同财产时，对该方可以少分或者不分。离婚后，另一方发现有上述行为的，可以向人民法院提起诉讼，请求再次分割夫妻共同财产。”

20. 夫妻一方为精神病患者，对方可以离婚吗？

法律解读：《最高人民法院关于人民法院审理离婚案件如何认定夫妻感情确已破裂的若干具体意见》中明确了几种视为夫妻感情破裂的情形，一方坚决要求离婚的，经调解无效，可依法判决准予离婚。该意见第三条规定了夫妻一方如果患有精神病的，另一方可以起出离婚，具体情况如下：

婚前隐瞒精神病，婚后经治不愈；婚前知道对方患有精神病而与其结婚；一方在夫妻共同生活期间患精神病，久治不愈的。

只要符合以上情况之一的，无论结婚的另一方是否知道婚姻的一方有精神病，均可视为夫妻感情破裂，一方坚决要求离婚，经调解无效，法院可依法判决准予离婚。

21. 精神病患者进行婚姻登记有无法律效力？

法律解读：从《婚姻法》明确确定的无效婚姻的范围和《最高人民法院关于人民法院审理离婚案件如何认定夫妻感情确已破裂的若干具体意见》可以看出，无民事行为能力的精神病患者的婚姻登记，是具备法律效力。

法律规定因夫妻感情不和，起诉到法院请求解除婚姻关系的，应当按照离婚案件处理，不能作为确认婚姻无效案件处理。

22. 夫妻一方出轨，离婚时是否少分财产？

法律解读：我国《婚姻法》规定的影响夫妻共同财产分割的情形：

（1）离婚时，一方隐藏、转移、变卖、毁损夫妻共同财产，或伪造债务企图侵占另一方财产的，分割夫妻共同财产时，对隐藏、转移、变卖、毁损夫妻共同财产或伪造债务的一方，可以少分或不分。

（2）夫妻书面约定婚姻关系存续期间所得的财产归各自所有，一方因抚育子女、照料老人、协助另一方工作等付出较多义务的，离婚时有权向另一方请求补偿，另一方应当予以补偿。

（3）离婚时，如一方生活困难，另一方应从其住房等个人财产中给予适当帮助。

这种影响夫妻共同财产分割的情形并不包括一方出轨。因此，出轨并不意味着会少分财产。

尽管如此，我国《婚姻法》第四十六条规定："有下列情形之一，导致离婚的，无过错方有权请求损害赔偿：（一）重婚的；（二）有配偶者与他人同居的；（三）实施家庭暴力的；（四）虐待、遗弃家庭成员的。"

⊖ **新法速递**：《民法典》第一千零九十一条规定："有下列情形之一，导致离婚的，无过错方有权请求损害赔偿：（一）重婚；（二）与他人同居；（三）实施家庭暴力；（四）虐待、遗弃家庭成员；（五）有其他重大过错。"

因此，如果一方的出轨符合上述情形，另一方有权请求对方损害赔偿。

23. 双方已协议离婚，但一方对财产分割问题反悔，可否提起诉讼？

⊖ **法律解读**：《最高人民法院关于适用〈中华人民共和国婚姻法〉若干问题的解释（二）》第九条规定："男女双方协

议离婚后一年内就财产分割问题反悔，请求变更或者撤销财产分割协议的，人民法院应当受理。人民法院审理后，未发现订立财产分割协议时存在欺诈、胁迫等情形的，应当依法驳回当事人的诉讼请求。”

24. 父母出资购买的房屋，在当事人结婚前后，对财产权认定有何区别？

⊖ **法律解读**：《最高人民法院关于适用〈中华人民共和国婚姻法〉若干问题的解释（二）》第二十二条规定：“当事人结婚前，父母为双方购置房屋出资的，该出资应当认定为对自己子女的个人赠与，但父母明确表示赠与双方的除外。当事人结婚后，父母为双方购置房屋出资的，该出资应当认定为对夫妻双方的赠与，但父母明确表示赠与一方的除外。”

25. 丈夫能否以妻子擅自堕胎为由提起侵权诉讼？

⊖ **法律解读**：《最高人民法院关于适用〈中华人民共和国婚姻法〉若干问题的解释（三）》第九条规定：“夫以妻擅自中止妊娠侵犯其生育权为由请求损害赔偿的，人民法院不予支持；夫妻双方因是否生育发生纠纷，致使感情确已破裂，一方请求离婚的，人民法院经调解无效，应依照《婚姻法》第三十二条第三款第（五）项的规定处理。”

《婚姻法》第三十二条规定：“男女一方要求离婚的，可由有关部门进行调解或直接向人民法院提出离婚诉讼。人民法院审理离婚案件，应当进行调解；如感情确已破裂，调解无效，应准予离婚。有下列情形之一，调解无效的，应准予离婚：（一）重婚或有配偶者与他人同居的；（二）实施家庭暴力或虐待、遗弃家庭成员的；（三）有赌博、吸毒等恶习屡教不改的；（四）因感情不和分居满二年的；（五）其他导致夫妻感情破裂的情形。一方被宣告失踪，另一方提出离婚诉讼的，应准予离婚。”

⊖ **新法速递**：《民法典》第一千零七十九条规定：“夫妻一方要求离婚的，可以由有关组织进行调解或者直接向人民法院提起离婚诉讼。人民法院审理离婚案件，应当进行调解；如果感情确已破裂，调解无效的，应当准予离婚。

“有下列情形之一，调解无效的，应当准予离婚：（一）重婚或者与他人同居；（二）实施家庭暴力或者虐待、遗弃家庭成员；（三）有赌博、吸毒等恶习屡教不改；（四）因感情不和分居满二年；（五）其他导致夫妻感情破裂的情形。一方被宣告失踪，另一方提起离婚诉讼的，应当准予离婚。经人民法院判决不准离婚后，双方又分居满一年，一方再次提起离婚诉讼的，应当准予离婚。”

26. 夫妻双方在离婚前形成的财产分割协议，人民法院如何认定？

⊖ **法律解读**：《最高人民法院关于适用〈中华人民共和国婚姻法〉若干问题的解释（三）》第十四条规定：“当事人达成的以登记离婚或者到人民法院协议离婚为条件的财产分割协议，如果双方协议离婚未成，一方在离婚诉讼中反悔的，人民法院应当认定该财产分割协议没有生效，并根据实际情况依法对夫妻共同财产进行分割。”

⊖ **法律提示**：最高人民法院在出台上述解释时，作出如下说明：明确规定当事人协议离婚未成则事先达成的附协议离婚条件的财产分割协议不生效。双方当事人在婚姻关系存续期间达成离婚协议，并对子女抚养和财产分割等问题作了约定，但该协议是以双方到民政部门办理离婚登记或到法院进行协议离婚为前提条件的。

实践中，主张离婚的当事人一方在签署协议时可能会在财产分割、子女抚养、债务承担等方面作出一定的让步，目的是希望顺利离婚。由于种种原因，双方并未到婚姻登记机关办理离婚登记，或者到法院离婚时一方反悔不愿意按照原协议履行，要求法院依法进行裁判。

在这种情况下，当事人双方事先达成的离婚协议的效力问题，往往成为离婚案件争议的焦点。离婚问题事关重大，应当允许当事人反复考虑、协商，只有在双方最终达成一致意见并到民政部门登记离婚或者到法院自愿办理协议离婚手续时，所附条件才可视为已经成立。

如果双方协议离婚未成，当事人一方有反悔的权利，事先达成的离婚协议没有生效，对夫妻双方均不产生法律约束力，不能作为人民法院处理离婚案件的依据。

27. 正在进行离婚诉讼，夫妻一方死亡，另一方有无继承权？

法律解读：《最高人民法院关于适用〈中华人民共和国婚姻法〉若干问题的解释（三）》第十五条规定："婚姻关系存续期间，夫妻一方作为继承人依法可以继承的遗产，在继承人之间尚未实际分割，起诉离婚时另一方请求分割的，人民法院应当告知当事人在继承人之间实际分割遗产后另行起诉。"

根据我国《婚姻法》《继承法》的相关规定，夫妻之间具有相互继承遗产的权利，鉴于夫妻关系的存在，配偶可以作为第一顺序继承人继承已死亡的配偶的遗产。离婚诉讼进行过程中夫妻之间的关系尚未解除，仍具有法定的夫妻关系的身份。

28. 夫妻一方婚前购置的房屋，结婚多年后能成为夫妻共同财产吗?

⊖ **法律解读**：根据《婚姻法》的相关规定，一方婚前的财产属于个人财产，不因婚姻关系的延续转化为共同财产，双方另有约定的除外。因此，除非双方有特殊约定，一方在婚前购置的房屋，属于个人财产，婚后购置的财产，属于夫妻共同财产。

婚前一方支付全部房款，并取得房产证。此情形下，无论婚前还是婚后取得房产证，该房产都归属于付款方的个人财产，另一方无权要求对该房产及其增值进行分割。

29. 在夫妻婚姻存续期间，房产证上写上一人的名字与写上两人的名字，房屋产权有区别吗?

⊖ **法律解读**：根据《婚姻法》第十七条的规定："夫妻在婚姻关系存续期间所得的下列财产，归夫妻共同所有：（一）工资、奖金；（二）生产、经营的收益；（三）知识产权的收益；（四）继承或赠与所得的财产，但本法第十八条第三项规定的除外；（五）其他应当归共同所有的财产。夫妻对共同所有的财产，有平等的处理权。"

⊖ **新法速递**：《民法典》第一千零六十二条规定："夫妻在婚姻关系存续期间所得的下列财产，为夫妻的共同财产，归夫妻共同所有：（一）工资、奖金、劳务报酬；（二）生产、经营、投资的收益；（三）知识产权的收益；（四）继承或者受赠的财产，但是本法第一千零六十三条第三项规定的除外；

（五）其他应当归共同所有的财产。夫妻对共同财产，有平等的处理权。”

我国《物权法》第十七条规定：“不动产权属证书是权利人享有该不动产物权的证明。不动产权属证书记载的事项，应当与不动产登记簿一致；记载不一致的，除有证据证明不动产登记簿确有错误外，以不动产登记簿为准。”

⊖ **新法速递**：《民法典》第二百一十七条规定：“不动产权属证书是权利人享有该不动产物权的证明。不动产权属证书记载的事项，应当与不动产登记簿一致；记载不一致的，除有证据证明不动产登记簿确有错误外，以不动产登记簿为准。”

⊖ **法律提示**：尽管房产证上写了一人的名字，但根据法律规定，该房产属于夫妻共同财产。如果夫妻为此发生纠纷，一方可申请变更登记，人民法院也可依事实进行判决。但是，为了避免发生纠纷，最好把产权人全部写上。

30. 婚前一方签订了房产合同、支付了首付款且有银行贷款，婚后夫妻共同还贷，房产归属于谁？

⊖ **法律解读**：根据《最高人民法院关于适用〈中华人民共和国婚姻法〉若干问题的解释（三）》第十条的规定：“夫妻一方婚前签订不动产买卖合同，以个人财产支付首付款并在银行贷款，婚后用夫妻共同财产还贷，不动产登记于首付款支付方名下的，离婚时该不动产由双方协议处理。依前款规定不能达成协议的，人民法院可以判决该不动产归产权登记一方，尚未归还的贷款为产权登记一方的个人债务。双方婚后共同还贷支付的款项及其相对应财产增值部分，离婚时应根据婚姻法第三十九条第一款规定的原则，由产权登记一方对另一方进行补偿。”

31. 婚前个人支付全部房款，婚后取得房产证，产权登记在个人名下的，为夫妻哪方财产?

⊖ **法律解读**：应认定为个人财产。因为根据《婚姻法》第十八条的规定，一方的婚前财产为夫妻一方的财产。

⊖ **新法速递**：《民法典》第一千零六十三条规定：“下列财产为夫妻一方的个人财产：（一）一方的婚前财产；（二）一方因受到人身损害获得的赔偿或者补偿；（三）遗嘱或者赠与合同中确定只归一方的财产；（四）一方专用的生活用品；（五）其他应当归一方的财产。”

该房产既不是婚姻关系存续期间新增的财产，也不是双方生产、经营所得，性质上仍属于个人财产。尽管房产证于婚后取得，但实质上的财产权属于一方婚前所有。

32. 婚前办理按揭，婚后夫妻共同还贷，离婚诉讼时还未取得房产证，房产归属于谁?

⊖ **法律解读**：《最高人民法院关于适用〈中华人民共和国婚姻法〉若干问题的解释（二）》第二十一条规定：“离婚时双方对尚未取得所有权或者尚未取得完全所有权的房屋有争议且协商不成的，人民法院不宜判决房屋所有权的归属，应当根据实际情况判决由当事人使用。当事人就前款规定的房屋取得完全所有权后，有争议的，可以另行向人民法院提起诉讼。”

⊖ **法律提示**：此种情况，人民法院如果判决准予离婚时，应根据上述法律规定，判决房产的归属应待取得房产证后另案处理。

33. 婚后一方父母出资为子女购买的房屋，产权登记在其子女名下的产权归属于谁？

法律解读：认定为夫妻一方的个人财产。《最高人民法院关于适用〈中华人民共和国婚姻法〉若干问题的解释（三）》第七条规定：“婚后由一方父母出资为子女购买的不动产，产权登记在出资人子女名下的，可按照婚姻法第十八条第（三）项的规定，视为只对自己子女一方的赠与，该不动产应认定为夫妻一方的个人财产。由双方父母出资购买的不动产，产权登记在一方子女名下的，该不动产可认定为双方按照各自父母的出资份额按份共有，但当事人另有约定的除外。”

34. 胎儿有无继承权和接受赠与权？

法律解读：我国《民法总则》第十六条规定：“涉及遗产继承、接受赠与等胎儿利益保护的，胎儿视为具有民事权利能力。但是胎儿娩出时为死体的，其民事权利能力自始不存在。”

新法速递：《民法典》第十六条规定：“涉及遗产继承、接受赠与等胎儿利益保护的，胎儿视为具有民事权利能力。但是，胎儿娩出时为死体的，其民事权利能力自始不存在。”

我国《继承法》第二十八条规定：“遗产分割时，应当保留胎儿的继承份额。胎儿出生时是死体的，保留的份额按照法定继承办理。”

新法速递：《民法典》第一千一百五十五条规定：“遗产分割时，应当保留胎儿的继承份额。胎儿娩出时是死体的，保留的份额按照法定继承办理。”

小贴士

人的权利能力始于出生，出生前的胎儿，尚未成为法律上的“人”，不能为民事权利主体。但如此，势必对胎儿权利保护不周。因此，从罗马法以来，关于胎儿利益的保护，成为民法一大问题。我国上述法律规定既坚持了民事权利能力始于出生的原则，又对胎儿的利益给予切实的保护。

二、婚姻篇案例

案例 1. 发现孩子并非亲生　丈夫向妻索要赔偿

案情简介： 丈夫甲与妻子乙经人介绍于 2015 年 8 月结婚。2016 年 11 月，两人的儿子丙出生。由于甲、乙结婚后，双方因性格不合经常吵架，且甲发现妻子经常与前男友秘密联系。

甲、乙有了儿子之后，前男友带着乙和丙出去玩，给丙买了许多玩具和衣服。甲发现，丙和他妻子的前男友模样相仿，与自己却半点也不相像，甲怀疑丙不是他亲生的，但乙坚称丙就是甲亲生的儿子。

因为上述纷争愈演愈烈，甲越来越怀疑丙的身份。2017 年 1 月，甲到法院起诉与乙离婚，并要求妻子乙赔偿儿子抚养费 15 万元及精神损害赔偿金 18 万元。

在案件审理过程中，甲执意认为儿子不是自己亲生的，并向法院提出亲子鉴定的申请。结果相关部门鉴定意见为甲并非丙的生物学父亲。乙见此情况已无言相对，也未对鉴定提出异议，并表示同意离婚。

人民法院根据《婚姻法》的相关规定，判决甲、乙离婚，乙赔偿甲精神抚慰金和返还抚养费 13 万元。宣判后，双方均未上诉。

⊝ **法律解读：**在司法实践中，此类案件并不少见。此类案件聚焦于夫或妻一方提出亲子鉴定申请，另一方不去鉴定该如何处理，《最高人民法院关于适用〈中华人民共和国婚姻法〉若干问题的解释（三）》第二条规定："夫妻一方向人民法院起诉请求确认亲子关系不存在，并已提供必要证据予以证明，另一方没有相反证据又拒绝做亲子鉴定的，人民法院可以推定请求确认亲子关系不存在一方的主张成立。当事人一方起诉请求确认亲子关系，并提供必要证据予以证明，另一方没有相反证据又拒绝做亲子鉴定的，人民法院可以推定请求确认亲子关系一方的主张成立。"

案例 2. 女方收彩礼未登记　退婚时彩礼归何处

案情简介：张某和刘某（女）于 2017 年 3 月经人介绍订婚。按照当地农村习俗双方结婚前要有订婚仪式，并应在订婚仪式上，给付彩礼。

在订婚仪式上，张某的父母通过媒人给刘某的父母彩礼 12 万元，并约定于 2017 年 5 月 1 日举办结婚仪式。但在张某和刘某结婚前，因刘某要到县城打工，她向男方提出在城里买房的要求，男方无此经济实力，不料双方父母为此产生纠葛，导致女方提出解除婚约。

为此，男方提出让女方退彩礼，女方答应退一半，双方僵持不下，经媒人说和也未达成和解。为此，张某将刘某诉至法庭。经法庭审理，双方对彩礼的事实认可，法院判决刘某返还张某全部彩礼。

⊝ **法律解读：**根据《最高人民法院关于适用〈中华人民共

和国婚姻法〉若干问题的解释（二）》第十条规定：“当事人请求返还按照习俗给付的彩礼的，如果查明属于以下情形，人民法院应当予以支持：（一）双方未办理结婚登记手续的；（二）双方办理结婚登记手续但确未共同生活的；（三）婚前给付并导致给付人生活困难的。适用前款第（二）、（三）项的规定，应当以双方离婚为条件。”

案例 3. 结婚 10 天男方离婚　彩礼返还能否支持

案情简介：男方贾某和女方甄某于2016年春节前登记结婚。按照乡村习俗，贾某给女方彩礼等近 15 万元。甄某用彩礼钱购置嫁妆合款 4.5 万元。

婚后恰逢春节，新婚夫妻迎来送往，感情很和睦。不料，几天后，甄某手机上一条微信留言使贾某起了疑心。

留言写道：“你为什么做了别人的新娘？”甄某告诉过贾某，她曾经有过一个男朋友，但已经分手了。令贾某不能理解的是，为什么甄某结婚了，还要和前男朋友聊天？甄某无论怎么解释，贾某均无法消除内心的疑虑，时而对甄某拳打脚踢。

甄某在双方结婚 10 天后回了娘家。之后，贾某提起离婚诉讼请求，并要求甄某返还彩礼。由于贾某未向法庭提供婚前给付彩礼并导致生活困难证据。人民法院根据《最高人民法院关于适用〈中华人民共和国婚姻法〉若干问题的解释（二）》第十条规定，即当事人请求返还按照习俗给付的彩礼的，如果查明属于以下情形，人民法院应当予以支持：（一）双方未办理结婚登记手续的；（二）双方办理结婚登记手续但确未共同生活的；（三）婚前给付并导致给付人生活困难的。因案情彩礼不符合返还情况，法院判决双方离婚，彩礼不予退还。

法律解读： 关于退彩礼问题，尤其是刚结婚不久就离婚的是一个很令人纠结的问题。有的地方彩礼收到十几万元，结婚没有几个月就离婚的情况较多，男方压力很大。然而，上述法律规定中第三款的规定，婚前给付并导致给付人生活困难的，如果确实导致生活困难，如当事人属于低保人员、存在四处借债等情况应当向法院予以举证，法院将根据事实和法律作出是否退彩礼、退多少的判决。

案例 4. 离婚丈夫隐瞒财产　前妻再次诉讼分割

案情简介： 孙某 40 岁，他是有妻室之人。孙某开了一家饭馆，因与一名未婚女服务员产生感情，便与妻子钱某提出离婚。由于孙某曾答应女服务员，婚后给她一套房。因此，孙某与钱某离婚前便背着钱某买了一套单元楼房。后孙某提出离婚，案件于 2015 年 3 月经法院判决离婚。

半年之后，钱某发现孙某离婚时隐瞒了价值 70 万元的一处房产以及 20 万元的存款。钱某寻找到相关证据后便将孙某起诉到法院，要求法院分割夫妻关系存续期间的房产和存款。

法院审理查明，孙某在婚姻关系存续期间，背着妻子购买了一套单元房，且双方对该房产并无特别约定，故夫妻共同财产双方均有平等的处理权，离婚时未经处理的夫妻共同财产，任何一方都有权要求处理。另隐瞒的 20 万元也属于夫妻共同财产。钱某起诉要求分割夫妻共同房产和财产合理合法，应予支持。

法律解读： 我国《婚姻法》第四十七条规定："离婚时，一方隐藏、转移、变卖、毁损夫妻共同财产，或伪造债务企图侵占另一方财产的，分割夫妻共同财产时，对隐藏、转移、变卖、毁损夫妻共同财产或伪造债务的一方，可以少分或不分。离婚后，另一方发现有上述行为的，可以向人民法院提起诉讼，请求再次分割夫妻共同财产。人民法院对前款规定的妨害民事诉讼的行为，依照民事诉讼法的规定予以制裁。”

新法速递：《民法典》第一千零九十二条规定：“夫妻一方隐藏、转移、变卖、毁损、挥霍夫妻共同财产，或者伪造夫妻共同债务企图侵占另一方财产的，在离婚分割夫妻共同财产时，对该方可以少分或者不分。离婚后，另一方发现有上述行为的，可以向人民法院提起诉讼，请求再次分割夫妻共同财产。”

需要提醒的是，根据《最高人民法院关于适用〈中华人民共和国婚姻法〉若干问题的解释（一）》第三十一条的规定：“当事人依据婚姻法第四十七条的规定向人民法院提起诉讼，请求再次分割夫妻共同财产的诉讼时效为两年，从当事人发现之次日起计算。”

案例 5. 男方诉讼坚持离婚　女方递交怀孕证明

案情简介：2013 年 10 月，个体工商户张某与佟某登记结婚。张某、佟某二人均近 40 岁，且各自带一个孩子再婚组成家庭。婚后，双方因孩子和财产等相关问题经常吵闹，感情不和。

此后，张某聘用一名 30 岁左右的未婚女售货员。张某和这位女售货员每天在一起工作产生了感情。有一天，佟某看到丈夫和售货员有亲密的动作，便醋意大发，扯打售货员，随后三个人乱扯打了一通。围观的人报警，警察来了才制止了这场纷争。

发生了这样的事情后，张某就与佟某分居了。4个月之后，男方到法院起诉要求与佟某离婚，但佟某在开庭的前一天提交了一份医院证明，证明其已怀孕5个月了。张某不信，他认为证据是伪造的。在法庭上，张某不认可怀孕的证明，但也举不出相反的证据，且已看到女方肚子已经显出有身孕，法院提示张某撤诉，但张某不同意。

法院最终根据《婚姻法》第三十四条规定："女方在怀孕期间、分娩后一年内或中止妊娠后六个月内，男方不得提出离婚。女方提出离婚的，或人民法院认为确有必要受理男方离婚请求的，不在此限。"法院据此判决驳回张某的起诉。

新法速递：《民法典》第一千零八十二条规定"女方在怀孕期间、分娩后一年内或者终止妊娠后六个月内，男方不得提出离婚；但是，女方提出离婚或者人民法院认为确有必要受理男方离婚请求的除外。"

法律解读：为了保护妇女的合法权益，法律规定了保护妇女在特定时期的特殊保护。故此，在离婚诉讼中，如遇此类问题，原告应主动撤诉，以避免法院判决驳回起诉。

案例 6. 借钱不还机关算尽　弄假成真人财尽失

案情简介：张某在批发市场做生意，因刚刚进入市场，资金不足，便和妻子商量好后向自己的朋友叶某借了50万元流动资金，双方言定利息，借钱的时候，叶某的妻子和张某的妻子均在场。

2015年3月，张某因经营亏本，加上本金利息欠款70余万元。叶某在多次上门追讨未果的情况下，只好向当地法院起诉了张某。为逃避债务，张某与妻子商量双方假离婚，把财产全部转给妻子，自己应付叶某，“让叶某赢了诉讼赢不了钱！”

商议出此计谋后，张某与妻子持离婚协议到民政部门办理了离婚手续。协议的主要内容是将所有房产及家具归妻子所有，孩子由妻子抚养。张某的妻子对债务并不知情，由张某一人承担。

债权人叶某讨债不成，到法院起诉张某还钱。在法院审理过程中，张某得意地拿出了离婚证和离婚协议递交给了法院，张某以为自己胜券在握，有了这个证据，就会让债权人空手而归。然而，叶某的代理律师看过离婚协议后，依法请求法院追加张某的前妻为共同被告。

法院遂根据相关法律规定将张某前妻追加为共同被告。庭审中，叶某的妻子出庭作证证明张某前妻借钱时在场。法院经过审理，最终判决张某及其前妻二人共同承担债务。张某的前妻见事已至此，便把张某赶出家门，一年后和他人登记结婚。

许多人知道了此事，纷纷笑张某机关算尽，人财两空。

法律解读：《最高人民法院关于适用〈中华人民共和国婚姻法〉若干问题的解释（二）》第二十四条规定：“债权人就婚姻关系存续期间夫妻一方以个人名义所负债务主张权利的，应当按夫妻共同债务处理。但夫妻一方能够证明债权人与债务人明确约定为个人债务，或者能够证明属于婚姻法第十九条第三款规定情形的除外。”

本案中，张某虽然是以个人名义借的钱，但并没有证明债权人与其明确约定为个人债务或夫妻明确约定财产归各自所有。且张某的前妻在张某借钱时在场，她明知张某借钱的用途是为了双方共同生活。故此，即便他们离了婚，两人须对他们夫妻关系存续期间借的债务仍应共同承担。

案例 7. 夫妻离婚分割房产　更名付房款谁在先

案情简介： 刘某和妻子张某离婚，法院一审判决房产归女方，女方给付男方 15 万元，于判决生效后 10 日内履行；男方将登记为自己姓名的房产证进行过户并更名，但判决未指定履行期限。

一审判决后，双方均未上诉，该判决生效。但张某在判决指定的期限未履行义务。张某表述其理由是要求男方先对房产进行过户并更名。对此，刘某认为，判决已经明确指定女方履行义务期间，但女方拒不履行，显然是违反了判决义务，遂申请人民法院对女方强制执行。

之后，法院对刘某和张某的执行案件进行了调解。最终双方达成和解：自双方签订和解协议时起 20 日内，女方将 15 万元打入法院账户，待男方协助将房产证更名和过户后，法院将款给付男方。随后，双方各自履行义务。

法律解读： 本案需要解决的问题是，谁应先履行。这个问题在实践中经常遇到。但由于判决未写明履行顺序，导致双方产生新的矛盾。上述案件应当先付房款，再由丈夫协助对房产进行更名比较合乎情理。女方没有付完房款就要求男方进行协助房产更名，男方显然担心女方更名后不付款。

案例 8. 孩子随了继父的姓　亲父不支付抚养费

案情简介：2014 年 8 月，丈夫王某和妻子刘某协议离婚。按照离婚协议，12 岁的儿子王某某由刘某抚养，丈夫王某每月出 1000 元抚养费。后来，刘某再婚。王某某的继父张某提出，家里的两个孩子天天在一起，姓两个姓会被外人会说东道西，建议刘某将王某某改姓张，刘某认为张某的说法在理。

于是，刘某将王某某改姓张，这引起了王某的恼怒，此后王某拒绝支付孩子的抚养费。刘某作为孩子的法定代理人，向法院起诉，要求王某给付抚养费。

法院经审理认为，尽管妻子未经过生父同意给孩子改姓不妥，但我国《婚姻法》第二十一条规定，父母对子女有抚养教育的义务；子女对父母有赡养扶助的义务。父母不履行抚养义务时，未成年的或不能独立生活的子女，有要求父母给付抚养费的权利。

新法速递：《民法典》第一千零六十七条规定：“父母不履行抚养义务的，未成年子女或者不能独立生活的成年子女，有要求父母给付抚养费的权利。成年子女不履行赡养义务的，缺乏劳动能力或者生活困难的父母，有要求成年子女给付赡养费的权利。”

值得注意的是，该条与《婚姻法》第二十一条相比，少了“父母对子女有抚养教育的义务；子女对父母有赡养扶助的义务”“禁止溺婴、弃婴和其他残害婴儿的行为”。《婚姻法》第三十七条规定：“离婚后，一方抚养的子女，另一方应负担必要的生活费和教育费的一部或全部，负担费用的多少和期限的长短，由双方协议；协议不成时，由人民法院判决。关于子女生活费和教育费的协议或判决，不妨碍子女在必要时向父母任何一方提出超过协议或判决原定数额的合理要求。”

新法速递：《民法典》第一千零八十五条规定：“离婚后，子女由一方直接抚养的，另一方应当负担部分或者全部抚养费。负担费用的多少和期限的长短，由双方协议；协议不成的，由人民法院判决。前款规定的协议或者判决，不妨碍子女在必要时向父母任何一方提出超过协议或者判决原定数额的合理要求。”

《最高人民法院关于人民法院审理离婚案件处理子女抚养问题的若干具体意见》第十九条规定：“父母不得因子女变更姓氏而拒付子女抚育费。父或母一方擅自将子女姓氏改为继母或继父姓氏而引起纠纷的，应责令恢复原姓氏。”

王某作为张某某的生父，依法应承担抚养张某某的义务，其不得以孩子变更姓名不予支付抚养费。法院最终依法责令张某某恢复原姓氏。

案例 9. 妻子人流丈夫离婚 索赔精神损害赔偿

案情简介：张某与丈夫李某感情不和，在分居生活 2 个月后发现自己怀了孕，但张某本想和李某提出离婚。

于是，张某便和她母亲商量，说出打掉孩子的想法，张某的母亲也觉得张某说的有理，便支持了女儿的决定。张某到医院做了人工流产，之后便向人民法院提起离婚诉讼。

李某听说张某把孩子打掉了，质问张某为什么流产不与其商量：“我父母天天盼孙子，你这是干得什么事。”

李某在盛怒之下，答辩同意离婚。但他认为张某私自堕胎侵害了丈夫的生育权，因此妻子理应赔偿自己的精神损害10万元。

法院经审理认为，虽然张某堕胎未与李某商量，在李某不知情的情况下实施，但法律并无禁止和限制此行为的法律规定。《最高人民法院关于适用〈中华人民共和国婚姻法〉若干问题的解释（三）》第九条规定："夫以妻擅自中止妊娠侵犯其生育权为由请求损害赔偿的，人民法院不予支持；夫妻双方因是否生育发生纠纷，致使感情确已破裂，一方请求离婚的，人民法院经调解无效，应依照婚姻法第三十二条第三款第（五）项的规定处理。"

生育权是一项特殊的人身权，男女双方均有生育权，同时也有不生育的权利。男方不得侵犯女方的人身自由权。故此，李某要求支付精神损失费10万元无法律依据，法院支持了张某离婚诉讼请求。

法律解读：在司法实践中，类似上述法律问题我接到很多咨询电话。从情理上说，对生育问题，夫妻应该商量一致为宜。但在商量不成或双方已无法商量时，女方有权自己决定是否生育，这是法律赋予生育自由的权利。故此，法院支持了女方的主张。

案例10. 婚前购房夫妻还贷　离婚房产如何分割

案情简介：张某某与妻子李某某于2010年再婚，双方各带一个孩子，二人婚后经常为孩子的事发生争吵，婚姻勉强维持了几年后，李某某于2016年到法院起诉离婚。

在离婚诉讼中，双方为分割房产生了较大争执。这是因为，张某某再婚前首付 16 万元购买了住房一套，该房当时购买价为 50 万元，但婚后李某某参与了还贷。

张某某方认为，自己交了首付，而且是在婚前购置，应属婚前财产。但李某某辩称，自己这几年一直共同还房贷，房子应该是共同的财产，请求法院对半分割。

张某某坚持房屋产权归自己，但承诺称可以把李某某支付的贷款退给她。

法院经过审理后认为，对于张某某和李某某诉争的房产系张某某婚前购买，应为其个人财产。但婚后张某某与李某某共同归还银行按揭贷款 16 万元，本案涉及到夫妻共同财产分割的问题。《最高人民法院关于适用〈中华人民共和国婚姻法〉若干问题的解释（三）》第十条规定："夫妻一方婚前签订不动产买卖合同，以个人财产支付首付款并在银行贷款，婚后用夫妻共同财产还贷，不动产登记于首付款支付方名下的，离婚时该不动产由双方协议处理。依前款规定不能达成协议的，人民法院可以判决该不动产归产权登记一方，尚未归还的贷款为产权登记一方的个人债务。双方婚后共同还贷支付的款项及其相对应财产增值部分，离婚时应根据婚姻法第三十九条第一款规定的原则，由产权登记一方对另一方进行补偿。"

法院据上述规定，对本案按上述法律规定进行了判决。

法律解读： 目前，上述类似案件在实践中大量出现。因此，最高人民法院为此出台司法解释。希望广大读者在涉及买房问题时，最好咨询法律专业人士。

三、电视台访谈
——详解《最高人民法院关于适用〈中华人民共和国婚姻法〉若干问题的解释（三）》涉房产权属问题

2012年年初，我做客河北省定州市电视台解答关于离婚分割房屋财产纠纷

主持人：近年来，随着房价的快速上涨，房子已经成了夫妻最重要的财产之一，一旦离婚，涉及房产离婚的纠纷也是日益凸显。《最高人民法院关于适用〈中华人民共和国婚姻法〉若干问题的解释（三）》出台并实施后，“婆婆笑了，丈母娘哭了”“老公变房东”等成为了网络热词。那么《最高人民法院关于适用〈中华人民共和国婚姻法〉若干问题的解释（三）》究竟在原来的基础上有了哪些改变？我们遇到一些财产分割的问题又该如何解决？我们请来了河北三和时代律师事务所香建永主任为我们重点阐述司法实践中离婚房产问题的表现形式及处理方式。

案例1. 王先生和妻子结婚10年，后因感情破裂双方协议离婚，但是现在却碰到了一个棘手的问题。原来王先生和妻子所居住的房子是王先生在婚前自己所购买的房产。离婚后，王先生的妻子认为这套房产是二人共同财产，要求离婚后分得一半房产，这让王先生很是苦恼。

主持人：香建永律师您看，在本案当中王先生在婚前所购买的房产，在结婚10年后是否能成为夫妻共同财产呢？

香建永：根据《婚姻法》的相关规定，一方婚前的财产属于个人财产，不因婚姻关系的延续转化为共同财产，双方另有约定的除外。

因此，原则上，除非双方有特殊约定，一方在婚前购置的房屋，属于个人财产，婚后购置的房产，属于夫妻共同财产。婚前一方支付全部房款，并取得房产证，此情形下，无论婚前还是婚后取得房产证，该房产都归属于付款方的个人财产，另一方无权要求对该房产及其增值进行分割。

主持人：在夫妻婚姻存续期间，是不是房产证上写上谁的名字，房屋产权即归谁所有？

香建永：根据《物权法》的相关规定，房产作为不动产，其物权的设立、变更、转让、消灭遵循物权登记原则，除非有证据证明房屋登记管理部门的不动产登记簿确有错误，否则房产登记在谁的名下就归谁所有。但是在更多体现人身价值的离婚和婚姻家庭财产纠纷中，由于婚姻和家庭本身是情感化的，因此决定了此类纠纷的特殊性，而不能机械地适用上述登记公示原则。

主持人：还有一种比较特殊的情况就是在婚前一方支付了全部的房款，但是在婚后才取得房产证，产权登记在个人名下的。这种情况下产权归属是怎样的？

香建永：我认为应认定为个人财产，因为根据《婚姻法》的规定，该房产既不是婚姻关系存续期间新增的财产，也不是双方生产、经营所得，性质上仍属于个人财产。

案例2. 李先生和刘女士认识不到3个月便闪电结婚。刚结婚小两口十分幸福，可是没想到时间越久两人觉得彼此越来越不合适，结婚两年后，双方决定离婚。两人在结婚前，李先生的父母出资为李先生购买了一套房产，并且产权登记在李先生名下作为婚房，现在两人要离婚，刘女士却要求分得一半房产。

主持人：那么在本案当中，婚前李先生的父母出资为儿子购买的房屋，产权登记在李先生名下的产权归属？

香建永：根据《最高人民法院关于适用〈中华人民共和国婚姻法〉若干问题的解释（三）》之前的相关规定，除非特别说明是赠予自己子女的财产，否则视为是赠予子女夫妻双方的财产，而上述解释完全颠覆了这种理念，规定父母对自己子女一方的赠予，除非有特别说明赠予子女夫妻双方，否则视为出资父母对自己子女的赠予，为其个人财产。婚后一方父母出资为子女购买的房产，产权登记在出资方子女名下的房产也属于夫妻一方的个人财产。

主持人：您说的“特别说明”怎么实现？是要去做公证吗？

香建永：如果双方有协议即可。

主持人：那么现在还有一种情况，就是说在婚后买的，男子双方已经领了结婚证了。婆婆一高兴，“给你们几十万让你们去买套房子”。结果“小两口”最后闹掰了。那么在这种情况下，在婚后买的房子产权归属谁？

香建永：《最高人民法院关于适用〈中华人民共和国婚姻法〉若干问题的解释（三）》第七条规定，婚后由一方父母出资为子女购买的不动产，产权登记在出资人子女名下的，可按照婚姻法第十八条第(三)项的规定，视为只对自己子女一方的赠与，该不动产应认定为夫妻一方的个人财产。按照此解释，毫无疑问房产所有权属于男方的财产。

案例 3. 小张在 2007 年贷款买了一套价值 35 万元的房子，支付了首付款 10 万元。2010 年小张认识了妻子小冯并在同年结婚。婚后二人住在这套房子里，共同偿还因买房所欠下的银行贷款。两年后二人感情不和准备离婚，却因为房产问题产生纠纷。

主持人：对婚前一方签订房产合同，并支付了首付款且有银行贷款，婚后夫妻共同还贷，房产登记在首付款支付方名下的房产归属，法律如何认定?

香建永：按照《最高人民法院关于适用〈中华人民共和国婚姻法〉若干问题的解释（三）》第十条的规定，可以理解为遵循协议自由原则，若不能达成协议的，法院可以判决房产归产权登记一方，此时对于房贷，尚未归还的为产权登记方的个人债务，婚后共同还贷的款项及增值部分，根据财产具体情况以及照顾子女和女方权益的原则，由产权登记一方对另一方进行补偿。

主持人：还有一种情况就是在结婚之前夫妻二人共同出资购房或者贷款、按揭买房的，婚前或者婚后获得房产证的，房产登记在一方名下的房产归属是怎样的?

香建永：我认为这个房产应属夫妻共同财产。虽然房产证写的一方名字，但在事实上，该房产是由双方出资或贷款，显然是夫妻共同财产。房产证没有反映出共同所有人，如果需要可以更正。总而言之，还是根据基础的事实，就是要考虑谁是财产真正的所有人，房产证毕竟还是个形式，如未反映真实内容的是可以变更的。

本篇小结 家庭是社会的细胞

做律师之后，我代理了诸多离婚案件，我感到离婚对一个人的人生是极为痛苦的经历，也是永远无法抹去的阴影。我发现有些女士离婚后开始抽烟，她们在人前强装笑脸，不愿再提及往日婚姻。对于孩子而言，父母的分开让孩子幼小的心灵遭受重创，孩子成为这段失败婚姻的受害者，这种痛楚甚至会影响他们的三观。

我曾苦口婆心地劝过很多想要离婚的当事人，在我的努力下，有一小部分当事人与自己的爱人和好了，但大部分还是以离婚终了。我曾代理过一起离婚案件，当事人之间尚有夫妻感情，但因双方父母发生过争吵导致家人矛盾升级。女方家长要求男方家长向女方公开道歉后，便让女儿回到男方家中。但男方家长不服软，双方僵持不下，女方起诉离婚。男方家长在律师和社区民事调解委员会工作人员的劝导下，向女方家长道了歉，夫妻遂言归于好，女方从法院撤回起诉。

我想说的是，家庭是社会的细胞，家庭的稳定会涉及社会方方面面。很多离婚案件在矛盾初期需要夫妻双方彼此冷静沟通，形成良性的互动，夫妻二人才能共渡难关，携手走过人生重重考验。

第六篇

劳动合同

（劳动者必读）

你了解自身打工时的法律身份吗？作为劳动者，你需要注重哪些问题？本篇作为本书的重要篇章，将对职场风险进行深度剖析，让遭遇职场纠纷的劳动者找到保护自身权益的最佳途径。

本篇题记

“纸上谈兵”的典故说的是赵括小时候就开始学习兵法，谈论用兵打仗的事，认为天下没有人能够抵挡他。他还跟他的父亲赵奢谈论用兵打仗的事，赵奢也难不倒他。但是赵奢并不认为赵括在军事上有高明之处。赵括的母亲问赵奢为什么如此认为，赵奢说：“打仗是你死我活的事，但是赵括却把它说得很容易。如果赵国不让赵括做将军也就罢了，如果一定让他担任将军，那么使赵国军队毁灭的一定是赵括。”

等到赵括真的当上了将军，将要启程的时候，赵括的母亲给赵王写了封信说：“赵括没有能力做将军，会毁灭赵国军队的。”

赵王并没有听从赵括母亲的劝告，仍任赵括为军队统领。赵括代替了廉颇后，更改了原有的纪律和规定，也轻易地换了军官。秦将白起听说了这件事后，便派出小股精干的部队假装失败，引诱赵括作出错误判断，同时截断赵军的粮道，还将赵国军队分成两段，致使赵国军队士卒大乱。四十多天之后，赵国军队士兵因无粮而饥饿。赵括带领精锐的兵士亲自上阵，赵括被秦军射死。赵括的军队大败，几十万兵士向秦军投降，但秦军把他们全部活埋了。

本篇主旨：有的人以为自身学过法律，就认为自己懂得诉讼的规律了。然而，在现实生活中，脱离实际一味地强调自己的优势，不考虑对方和现实中的各方面情况，势必会吃亏。这样的案例在现实生活中比比皆是。

一、劳动者须知42问

1. 童工是我国法律规定的劳动者吗？

法律解读：劳动者是指达到法定年龄，具有劳动能力，以从事某种社会劳动获得收入为主要生活来源，依据法律或合同的规定，在用人单位的管理下从事劳动并获取劳动报酬的自然人。

显然，未达到法定劳动年龄的童工，不是合法的劳动者。

2. 什么是用人单位？小商铺是不是用人单位？

法律解读：所谓用人单位是指中华人民共和国境内的企业、个体经济组织、民办非企业单位等组织。同时，也包括国家机关、事业单位、社会团体与劳动者建立劳动关系的组织。

小贴士

这里需要注意的是，个体工商户也是用人单位。例如，一个卖早点的小吃铺雇了工人给其干活，由于小吃部属于个体经济组织，故也属于用人单位。简言之，用人单位就是需要办理营业执照或者需要办理其他证照的（如事业单位、社会团体等）的组织。

3. 只有在公司或企业上班才需要订立劳动合同吗？

法律解读：我国《劳动法》规定，劳动关系是指用人单位与劳动者之间，依法所确立的劳动过程中的权利义务关系。因此，只要应该办理营业执照和相应证照的单位，无论是公司、企业还是小商铺都是用人单位，都应与劳动者签订劳动合同。

风险提示：对非法用工单位（应当办理营业执照而未办理或未依法登记的单位和组织），若劳动者出现工伤，法律规定了严厉的一次性赔偿标准用以保护劳动者权益。

4. 保姆与雇主的关系是劳动关系还是雇佣关系？

法律解读：雇佣关系一般是指雇佣人与雇工约定，雇工利用雇佣人提供的条件，在雇佣人的指示、监督下，以自身的技能为雇佣人提供劳务，并由雇佣人支付报酬的劳务法律关系。故此，保姆与雇主是雇佣关系，不是劳动关系。

风险提示：保姆以及个人雇工与雇主的关系是雇佣关系。应注意的是，个人雇工和用人单位的界限，一般就看其是不是需要办理营业执照等证照的组织。当然单位和组织也有雇佣关系，这还要根据具体情况做具体分析。

5. 建筑工程中的“清包”是否为劳动合同关系？

法律解读：《最高人民法院关于审理建设工程施工合同纠纷案件适用法律问题的解释》第七条规定：“具有劳务作业法定资质的承包人与总承包人、分包人签订的劳务分包合同，当事人以转包建设工程违反法律规定为由请求确认无效的，不予支持。”在实践中，以劳务作业进行工程承包的，俗称为“清包”。

建筑工程的“清包”是劳务关系，即清包单位与发包单位是劳务关系。需要注意的是，清包单位是用人单位，清包单位与其劳动者仍然是劳动关系。

所谓劳务关系是劳动者与用工者根据口头或书面约定，由劳动者向用工者提供一次性的或者是特定的劳动服务，用工者依约向劳动者支付劳务报酬的一种有偿服务的法律关系。

劳务关系是由两个或两个以上的平等主体，通过劳务合同建立的一种民事权利义务关系。该合同可以是书面形式，也可以是口头形式和其他形式。劳务关系适用的法律主要是《合同法》，双方之间的法律关系是合同关系，而不是《劳动法》规定的劳动关系。

6. 合伙承包建筑民房，合伙人与发包方是劳务关系吗?

法律解读：农村中这种情况较多。几个合伙人承包建筑民房，有利润平均分配。合伙人和发包方形成的是劳务关系，而不是劳动关系或者是雇佣关系。

也有例外，如果一个人承包了一处民房工程雇佣工人建设，这个人和工人之间是雇佣关系。

7. 雇主（包工头）没有建筑资质，工人在工作中受伤，可以让发包方承担赔偿责任吗?

法律解读：这是可以的。根据《最高人民法院关于审理人身损害赔偿案件适用法律若干问题的解释》第十一条第二款规定：“雇员在从事雇佣活动中因安全生产事故遭受人身损害，发包人、分包人知道或者应当知道接受发包或者分包业务的雇主没有相应资质或者安全生产条件的，应当与雇主承担连带赔偿责任。”

⊖ **风险提示**：在司法实践中，由于很多人不知道有此项法律规定，对包工头索赔不能后未追加发包人，致使自身的合法权益无法得到保护。

8. 劳动者在工作中受伤，劳动关系和雇佣关系是同命同价吗？

⊖ **法律解读**：（1）两种关系适用法律不同

雇佣关系中存在雇主责任、雇员责任，而劳动关系中存在工伤事故赔偿责任，二者虽同属于用工关系，但适用的法律不同。

目前，劳动关系工伤赔偿的主要依据是：2003 年 4 月 27 日国务院颁布的《工伤保险条例》中的相关规定，确立了我国工伤事故保险责任处理的基本原则和具体方法、对工伤事故的保险责任作出了明确、具体的规定。对雇佣关系，则依据的是《侵权责任法》和 2004 年 5 月 1 日施行的《最高人民法院关于审理人身损害赔偿案件适用法律若干问题的解释》。

附《最高人民法院关于审理人身损害赔偿案件适用法律若干问题的解释》相关规定：

第九条　雇员在从事雇佣活动中致人损害的，雇主应当承担赔偿责任；雇员因故意或者重大过失致人损害的，应当与雇主承担连带赔偿责任。雇主承担连带赔偿责任的，可以向雇员追偿。

前款所称“从事雇佣活动”，是指从事雇主授权或者指示范围内的生产经营活动或者其他劳务活动。雇员的行为超出授权范围，但其表现形式是履行职务或者与履行职务有内在联系的，应当认定为“从事雇佣活动”。

第十一条　雇员在从事雇佣活动中遭受人身损害，雇主应当承担赔偿责任。雇佣关系以外的第三人造成雇员人身损害的，赔偿权利人可以请求第三人承担赔偿责任，也可以请求雇主承担赔偿责任。雇主承担赔偿责任后，可以向第三人追偿。

雇员在从事雇佣活动中因安全生产事故遭受人身损害，发包人、分包人知道或者应当知道接受发包或者分包业务的雇主没有相应资质或者安全生产条件的，应当与雇主承担连带赔偿责任。

属于《工伤保险条例》调整的劳动关系和工伤保险范围的，不适用本条规定。

第十二条　依法应当参加工伤保险统筹的用人单位的劳动者，因工伤事故遭受人身损害，劳动者或者其近亲属向人民法院起诉请求用人单位承担民事赔偿责任的，告知其按《工伤保险条例》的规定处理。

因用人单位以外的第三人侵权造成劳动者人身损害，赔偿权利人请求第三人承担民事赔偿责任的，人民法院应予支持。

第十三条　为他人无偿提供劳务的帮工人，在从事帮工活动中致人损害的，被帮工人应当承担赔偿责任。被帮工人明确拒绝帮工的，不承担赔偿责任。帮工人存在故意或者重大过失，赔偿权利人请求帮工人和被帮工人承担连带责任的，人民法院应予支持。

第十四条　帮工人因帮工活动遭受人身损害的，被帮工人应当承担赔偿责任。被帮工人明确拒绝帮工的，不承担赔偿责任；

但可以在受益范围内予以适当补偿。

帮工人因第三人侵权遭受人身损害的，由第三人承担赔偿责任。第三人不能确定或者没有赔偿能力的，可以由被帮工人予以适当补偿。

（2）赔偿标准和赔偿数额差异较大（以死亡为例）

①雇佣的死亡补偿金赔偿标准。附《最高人民法院关于审理人身损害赔偿案件适用法律若干问题的解释》相关规定：

第二十七条　丧葬费按照受诉法院所在地上一年度职工月平均工资标准，以六个月总额计算。

第二十八条　被扶养人生活费根据扶养人丧失劳动能力程度，按照受诉法院所在地上一年度城镇居民人均消费性支出和农村居民人均年生活消费支出标准计算。被扶养人为未成年人的，计算至十八周岁；被扶养人无劳动能力又无其他生活来源的，计算二十年。但六十周岁以上的，年龄每增加一岁减少一年；七十五周岁以上的，按五年计算。

被扶养人是指受害人依法应当承担扶养义务的未成年人或者丧失劳动能力又无其他生活来源的成年近亲属。被扶养人还有其他扶养人的，赔偿义务人只赔偿受害人依法应当负担的部分。被扶养人有数人的，年赔偿总额累计不超过上一年度城镇居民人均消费性支出额或者农村居民人均年生活消费支出额。

第二十九条　死亡赔偿金按照受诉法院所在地上一年度城镇居民人均可支配收入或者农村居民人均纯收入标准，按二十年计算。但六十周岁以上的，年龄每增加一岁减少一年；七十五周岁以上的，按五年计算。

第三十条　赔偿权利人举证证明其住所地或者经常居住地城镇居民人均可支配收入或者农村居民人均纯收入高于受诉法

院所在地标准的，残疾赔偿金或者死亡赔偿金可以按照其住所地或者经常居住地的相关标准计算。

被扶养人生活费的相关计算标准，依照前款原则确定。

②工伤的死亡赔偿标准。附国务院《工伤保险条例》相关规定：

第三十九条　职工因工死亡，其近亲属按照下列规定从工伤保险基金领取丧葬补助金、供养亲属抚恤金和一次性工亡补助金：

（一）丧葬补助金为6个月的统筹地区上年度职工月平均工资；

（二）供养亲属抚恤金按照职工本人工资的一定比例发给由因工死亡职工生前提供主要生活来源、无劳动能力的亲属。标准为：配偶每月40%，其他亲属每人每月30%，孤寡老人或者孤儿每人每月在上述标准的基础上增加10%。核定的各供养亲属的抚恤金之和不应高于因工死亡职工生前的工资。供养亲属的具体范围由国务院社会保险行政部门规定；

（三）一次性工亡补助金标准为上一年度全国城镇居民人均可支配收入的20倍。

伤残职工在停工留薪期内因工伤导致死亡的，其近亲属享受本条第一款规定的待遇。

一级至四级伤残职工在停工留薪期满后死亡的，其近亲属可以享受本条第一款第（一）项、第（二）项规定的待遇。

第四十条　伤残津贴、供养亲属抚恤金、生活护理费由统筹地区社会保险行政部门根据职工平均工资和生活费用变化等情况适时调整。调整办法由省、自治区、直辖市人民政府规定。

小贴士

上述两种法律关系不同，适用法律不同，赔偿的标准差距较大。因此，我们只有明确地区分劳动关系和雇佣关系，才能最大限度地维护劳动者的合法权益。

（3）赔偿程序差别很大

①雇佣关系：可以直接到人民法院进行起诉。

②劳动关系：首先要经过劳动仲裁委员会的仲裁程序（仲裁前置程序），有了仲裁结果，不服此结果才可到人民法院起诉。

风险提示：很多人因不知道有此程序，本来属于劳动关系，却直接向人民法院起诉，结果被驳回，白白地耗费了人力、物力和精力。

9. 无营业执照等非法用工的单位劳动者出了工伤怎么办?

法律解读：人力资源和社会保障部《非法用工单位伤亡人员一次性赔偿办法》第二条规定："本办法所称非法用工单位伤亡人员，是指无营业执照或者未经依法登记、备案的单位以及被依法吊销营业执照或者撤销登记、备案的单位受到事故伤害或者患职业病的职工，或者用人单位使用童工造成的伤残、死亡童工。前款所列单位必须按照本办法的规定向伤残职工或者死亡职工的近亲属、伤残童工或者死亡童工的近亲属给予一次性赔偿。"

第五条规定："一次性赔偿金按照以下标准支付：一级伤残的为赔偿基数的16倍，二级伤残的为赔偿基数的14倍，三级伤残的为赔偿基数的12倍，四级伤残的为赔偿基数的10倍，五级伤残的为赔偿基数的8倍，六级伤残的为赔偿基数的6倍，七级伤残的为赔偿基数的4倍，八级伤残的为赔偿基数的3倍，九级伤残的为赔偿基数的2倍，十级伤残的为赔偿基数的1倍。前款所称赔偿基数，是指单位所在工伤保险统筹地区上年度职工年平均工资。”

第六条规定：“受到事故伤害或者患职业病造成死亡的，按照上一年度全国城镇居民人均可支配收入的20倍支付一次性赔偿金，并按照上一年度全国城镇居民人均可支配收入的10倍一次性支付丧葬补助等其他赔偿金。”

⊖ **风险提示**：在司法实践中，很多应该办营业执照而没有办的单位，劳动者出了工伤事故，往往按雇佣关系处理，其赔偿费用大打折扣。而我国相关法律法规为保护劳动者的权益，规定了十分有利于劳动者的条款，也以此警醒非法用工单位。然而，可惜的是，很多人对此一无所知，因而吃了亏。

10. 劳动者不与用人单位签订劳动合同，会出现哪些问题？

⊖ **法律解读**：在司法实践中，我们经常遇到这样的问题，农民工在工作过程中与用人单位发生纠纷，用人单位拖欠工资或者农民工出现工伤的情况，农民工想寻求司法救济，但到了劳动仲裁部门或者人民法院，均会让农民工出具与单位的劳动合同，证明劳动关系的存在。这是因为，劳动合同是最基本和最直接的证据，如果劳动者不能出示这个证据，那就需要出示其他证据或者证人予以证明，这样会费很大的周折。

现实中有这样一起案例，一名农民工在上下班的途中出了交通事故，被机动车撞伤，按照《劳动法》的规定应当视为工伤。但用人单位却认为，如果在单位发生的事单位负责，在外出了交通事故与单位无关，为此双方发生纠纷。然而，这位农民工没有和雇主签订《劳动合同》。怎么办呢？农民工为此找他的同事帮忙，可同事都怕给农民工作证自己会被老板开除，农民工最终费了很多周折，由劳动部门依职权调取相关证据确认他与用工单位的劳动关系。

由此看来，如果当时没有签订看似简单的劳动合同，要是遇到了纠纷时就成了问题，我们的合法权利就不能得到保障。因此，劳动者为用工单位工作，首先应和用工单位签订劳动合同，劳动者一定要有这样的意识。但有的人怕得罪老板，不敢提出签订劳动合同的事，也有的人是通过人介绍找了一份工作，好面子不好意思提出来，但不签订劳动合同往往会使劳动者的合法权益得不到有效保护。

11. 劳动者与用人单位签订合同的主要条款有哪些？

法律解读：《劳动法》第十九条规定："劳动合同应当以书面形式订立，并具备以下条款：（一）劳动合同期限；（二）工作内容；（三）劳动保护和劳动条件；（四）劳动报酬；（五）劳动纪律；（六）劳动合同终止的条件；（七）违反劳动合同的责任。劳动合同除前款规定的必备条款外，当事人可以协商约定其他内容。"

12. 劳动者与用人单位没有签订劳动合同，在法律上属于合法的劳动关系吗？

法律解读：虽然劳动者未与用人单位签订劳动合同，但属于事实上的劳动关系，仍然受到法律保护，用人单位不能据此免除为劳动者缴纳各项社会保险费的义务。

按照法律的规定，用人单位只要发生了用工行为并符合《劳动法》的规定，便与劳动者形成事实劳动关系，即使是没有签订劳动合同，劳动者也享有劳动法规定的各项权利。若单位没有缴纳社会保险费用，员工可以要求依法缴纳，劳动监察部门可以责令单位缴纳。

风险提示：在实践中，很多人认为劳动者与用人单位没有签订《劳动合同》就不属于劳动关系，这是错误的想法。用人单位没有与劳动者签订劳动合同，过错在用人单位。

13. 用人单位不与劳动者签订劳动合同，存在哪些法律风险？

法律解读：一是支付双倍工资。用人单位不签订劳动合同，存在向劳动者支付双倍工资的风险。

根据《劳动合同法》第八十二条第一款规定："用人单位自用工之日起超过一个月不满一年未与劳动者订立书面劳动合同的，应当向劳动者每月支付二倍的工资。"

二是订立了无固定期限（没有固定期限）的劳动合同。

《劳动合同法实施条例》第七条规定："用人单位自用工之日起满一年不与劳动者订立书面劳动合同的，自用工之日起满一个月的次日至满一年的前一日依照劳动合同法第八十二条的规定向劳动者每月支付两倍的工资，并视为自用工之日起满一年的当日已经与劳动者订立无固定期限劳动合同，应当立即与劳动者补订书面劳动合同。"

风险提示：用人单位不签订劳动合同，存在视为已经订立无固定期限劳动合同的风险。其意义在于自“视为”订立之日起到劳动者退休之前，用人单位与劳动者之间只存在解除劳动合同的问题，而不再有劳动合同终止的问题。

三是没有试用期。用人单位没有签订劳动合同，即丧失以试用期不合格为由辞退员工的权利。

倘若用人单位签订了劳动合同约定了试用期，企业就能在试用期内以不符合录用条件为由随时辞退员工并且不用支付经济补偿金，而如果没有签订书面的劳动合同，口头约定的试用期无效，也就不能以这一条为由辞退员工，带来的用工风险显而易见。

四是用人单位的商业秘密不易得到保护。《劳动合同法》第二十三条、第二十四条、第九十条规定用人单位可以与劳动者在劳动合同中约定保守用人单位商业秘密和知识产权的条款。对负有保密义务的劳动者，用人单位可以在劳动合同或者保密协议中与劳动者约定竞业限制条款，劳动者违反竞业限制约定的，应当按照约定向用人单位支付违约金。但如果双方没有签订劳动合同、约定保密条款或保密协议、明确保密范围和法律责任，用人单位就很难证明哪些属于商业秘密。若员工在与用人单位解除劳动合同后，违反竞业限制的规定到与本单位有竞争关系的其他用人单位工作，无须承担违约责任，这对企业的发展十分不利。

五是用人单位将被罚款。不签订劳动合同，用人单位可能面临罚款等行政处罚。即用人单位不签订书面劳动合同除了要支付双倍工资外，还可能受到劳动行政部门的罚款等。

例如，《北京市劳动合同规定》第五十一条规定：“用人单位违反本规定第八条规定，未与劳动者订立劳动合同的，由劳动和社会保障行政部门责令限期改正，逾期不改的，按照未签订劳动合同的人数，对用人单位处以每人500元罚款。”

现实生活中有些企业人员众多，若因此罚款也是笔不小的损失，应引起用人单位的重视。

14. 在岗时突发疾病，是否属于工伤？

法律解读：国务院《工伤保险条例》第十五条第一款规定，职工在工作时间和工作岗位，突发疾病死亡或者在48小时之内经抢救无效死亡的，视同工伤。

第十六条规定：“职工符合本条例第十四条、第十五条的规定，但是有下列情形之一的，不得认定为工伤或者视同工伤：（一）故意犯罪的；（二）醉酒或者吸毒的；（三）自残或者自杀的。”

案例：司法实践中，一位劳动者因中午喝酒导致下午上班时突发心脏病死亡，根据上述规定不得视同工伤。但应注意的是，法条规定饮酒须达到醉酒程度，即应符合国家规定的醉酒的量化标准。

15. 在建筑工地上工棚里休息，突发疾病死亡属于工伤吗？

法律解读：工棚，是工地上临时搭起来供工作或住宿用的简便房屋。工人死于工棚是否认定工伤应区分情况：

（1）如果在工棚里工作，视同工伤

依照《工伤保险条例》第十五条第一款规定，职工在工作时间和工作岗位，突发疾病死亡或者在48小时之内经抢救无效死亡的，视同工伤。可见，在工作时间，因为工作原因遭受事故伤害死亡的，符合《工伤保险条例》第十四条第一款规定，应当认定为工伤；工作时间前后，从事与工作有关的预备性或者收尾性工作受到事故伤害的，符合《工伤保险条例》第十四条第二款规定，应当认定为工伤。

这是两个层面：一是在工棚里工作才能认定工伤；二是因病死亡视同工伤。

（2）如果在工棚是住宿或者临时休息，不能视同工伤

工棚是住宿或者临时休息用的，工人死在工棚不能认定为工伤。

风险提示：在实践中，打工者在工棚里休息，突发疾病死亡，打工者要求老板赔偿，但该诉求难以实现。但是如果虽然也在工棚睡觉，却担任着值班任务则应另当别论。如门岗晚上是在岗房内睡觉，但因其处于工作状态，如出现上述情况，应视同工伤。

16. 喝了酒上班，受到伤害属于工伤吗？

法律解读：（1）目前适用的规定是2011年1月1日施行的国务院《工伤保险条例》，醉酒不认定为工伤。

（2）必须达到醉酒的程度，应符合国家规定的醉酒的量化标准，而不是只要喝了酒就等于醉酒。

17. 工人违章操作机器造成身体伤害属于工伤吗？

法律解读：这个问题需要引起公众重视，人们容易陷入错误的认识。举例而言，一名女工在毛纺厂开梳棉机时，她没有按照安全操作流程将长头发盘在工作帽里，头发不慎卷进机器，女工的部分头皮卷掉，其向工厂索有赔偿时，企业老板提

出该女工违反了厂内安全制度，有过错，应予少赔。

然而，这一说法显然得不到劳动仲裁部门和法院的支持。

国务院《工伤保险条例》第十四条第一款规定，职工在工作时间和工作场所内，因工作原因受到事故伤害的，应当认定为工伤。

《劳动法》在工伤认定上并没有规定工人有违章行为就不认定为工伤，但《工伤保险条例》第十六条规定了不得认定为工伤或者视同工伤的情景，即故意犯罪的、醉酒或者吸毒的、自残或者自杀的。

18. 在雇佣关系中，雇员在从事雇佣活动中有违章行为，是否减轻雇主的责任？

⊖ **法律解读：**雇佣关系和劳动关系区别很大，同样在劳动中受到伤害，赔偿时适用法律规定、程序、承担责任的划分等均有不同。

根据《最高人民法院关于审理人身损害赔偿案件适用法律若干问题的解释》第十一条规定，雇员在从事雇佣活动中遭受人身损害，雇主应当承担赔偿责任。该解释第九条规定：“雇员在从事雇佣活动中致人损害的，雇主应当承担赔偿责任；雇员因故意或者重大过失致人损害的，应当与雇主承担连带赔偿责任。雇主承担连带赔偿责任的，可以向雇员追偿。前款所称‘从事雇佣活动’，是指从事雇主授权或者指示范围内的生产经营活动或者其他劳务活动。雇员的行为超出授权范围，但其表现形式是履行职务或者与履行职务有内在联系的，应当认定为‘从事雇佣活动’。”

⊖ **风险提示：**关于雇员受害责任的抗辩事由，我国法律暂无规定。一般认为，雇员的故意或者重大过失可作为雇主免除责任的理由。

什么是重大过失和一般过失？所谓重大过失，一般认为是违反普通人的注意义务为重大过失。如果行为人仅用一般人的注意即可预见而怠于注意，就存在重大过失。比如，汽车制动失灵，一般人都不会去继续开此车上路，但这种情况下驾驶人仍开车上路即属于重大过失。

19. 上班为履行职责受他人伤害，应该找谁赔偿？

法律解读：某物业公司小区门卫在履行职务中，与业主发生争执，被业主打伤，应找谁赔偿？根据国务院《工伤保险条例》第十四条规定了职工在工作时间和工作场所内，因履行工作职责受到暴力等意外伤害的情形应当认定为工伤。《最高人民法院关于审理人身损害赔偿案件适用法律若干问题的解释》第十一条规定了雇员在从事雇佣活动中遭受人身损害，雇主应当承担赔偿责任。雇佣关系以外的第三人造成雇员人身损害的，赔偿权利人可以请求第三人承担赔偿责任，也可以请求雇主承担赔偿责任。雇主承担赔偿责任后，可以向第三人追偿。

风险提示：该门卫和物业公司属于劳动合同关系，物业公司应按照工伤标准和程序予以赔偿后，物业公司可依法向第三方追偿。

20. 超过退休年龄的人是否还能与单位签订劳动合同？

法律解读：一般来说，劳动者达到退休年龄后，不能再和单位签订新的劳动合同。但根据我国《劳动合同法》第四十四条中规定的，劳动者开始依法享受基本养老保险待遇的劳动合同终止。

这一规定表明，劳动者在享受基本养老待遇后才与用人单位终止劳动合同，而不是规定劳动者年满 60 岁即与用人单位终止劳动合同。所以劳动者年满 60 岁并不直接导致其与用单位劳动关系的终止。

因此，劳动者虽年满 60 岁，但由于单位未为其缴纳社会保险致劳动者不能享受退休待遇的，双方劳动关系依然合法有效。

风险提示：根据上述法律规定，对年满 60 岁的劳动者，在认定其与所在单位的用工关系时，应以其是否符合享受基本养老待遇并已实际办理退休手续为条件，而不能仅仅以是否达到退休年龄为判断标准。

如劳动者已享受基本养老保险待遇，则与其所在单位的用工关系为雇佣关系，否则其与所在单位仍为劳动关系。根据上述法律规定，对年满 60 岁的劳动者，在认定其与所在单位的用工关系时，应以其是否符合享受基本养老待遇并已实际办理退休手续为条件，而不能仅仅以是否达到退休年龄为判断标准。如劳动者已享受基本养老保险待遇，则其所在单位的用工关系为雇佣关系，否则其与所在单位仍为劳动关系。

21. 超过法定退休年龄的进城务工农民因工作原因伤亡的情况属于工伤吗？

法律解读：此案例发生在江苏南京，最高人民法院的答复可以回答这一问题，后附请示和答复相关内容。

江苏省高级人民法院关于杨通诉南京市人力资源和社会保障局终止工伤行政确认一案的请示

最高人民法院：

原告杨通诉被告南京市人力资源和社会保障局终止工伤行政确认一案，南京市玄武区人民法院于2011年12月10日向南京中院请示。南京中院于2012年3月7日以（2012）宁行他字第1号《关于杨通诉南京市人力资源和社会保障局工伤认定终止一案的请示》向我院书面请示。我院受理后，经审判委员会研究，对超过法定退休年龄的人员因工作遭受事故伤害能否认定工伤存在不同意见。因本案法律适用问题影响面较大，对于今后的案件审理具有指导意义，为保证法律适用的统一，特向贵院请示。

特此请示，望复。

二〇一二年八月十六日

最高人民法院关于超过法定退休年龄的进城务工农民在工作时间内因公伤亡的，能否认定工伤的答复

江苏省高级人民法院：

你院（2012）苏行他字第0902号《关于杨通诉南京市人力资源和社会保障局终止工伤行政确认一案的请示》收悉。经研究，答复如下：

同意你院倾向性意见。相同问题我庭2010年3月17日在给山东省高级人民法院的《关于超过法定退休年龄的进城务工农民因公伤亡的，应否适用〈工伤保险条例〉请示的答复》

（〔2010〕行他字第10号）中已经明确。即，用人单位聘用的超过法定退休年龄的务工农民，在工作时间内、因工作原因伤亡的，应当适用《工伤保险条例》的有关规定进行工伤认定。

此复。

二〇一二年十一月二十五日

22. 劳动者在上下班途中被汽车撞伤，能得到肇事方和单位的双重赔偿吗?

⊝ **法律解读：**《工伤保险条例》第十四条第六款规定，在上下班途中，受到非本人主要责任的交通事故，或者城市轨道交通、客运、轮渡、火车事故伤害的，应当认定为工伤。肇事方应当依据交通法规对受害人予以赔偿。由于该劳动者在用人单位属于劳动关系，所发生的交通事故应认定为工伤。故此，该劳动者应得到双重的赔偿。

⊝ **风险提示：**有些用人单位认为，既然交通事故已经赔偿了，单位就不用赔或者认为单位可补充赔偿不足部分。上述认知是不正确的。

实际上，这里面有两层保险在起作用：一是机动车“上”了交强险；二是劳动者已在用人单位缴纳了工伤保险。即使是上述肇事方和用人单位未缴纳保险，因均是强制性法律规定，也应按规定赔偿。

23. 上班途中，劳动者骑电动车撞到树上死亡，属于工伤吗?

⊝ **法律解读：**依据《工伤保险条例》第十四条第六款规定认定工伤有两个条件：一是上下班途中；二是受到机动车事故

伤害。

如果劳动者在上下班途中，是其他原因造成工伤，就不符合工伤认定的标准。

24. 职工在上班途中，因自己也有违章，造成交通事故受伤属于工伤吗？

㊀ **法律解读：**《工伤保险条例》第十四条第六款规定，职工在上下班途中，受到非本人主要责任的交通事故或者城市轨道交通、客运轮渡、火车事故伤害的应当认定为工伤。

劳动和社会保障部《关于实施〈工伤保险条例〉若干问题的意见》（劳社部函〔2004〕256号）中说明，受到机动车事故伤害的，既可以是职工驾驶或乘坐的机动车发生事故造成的，也可以是职工因其他机动车事故造成的。

㊀ **风险提示：**根据上述法律规定，凡是职工在上下班必经路线途中遭受非本人主要责任交通事故的，应认定为工伤。但如果职工在交通事故中负主要责任，就不能认定为工伤。

25. 建筑公司将部分工程发包给没有资质的包工头，包工头的雇员在工作中受伤，建筑公司有责任吗？

㊀ **法律解读：**根据劳动和社会保障部《关于确立劳动关系有关事项的通知》的规定，建筑施工、矿山企业等用人单位将工程（业务）或经营权发包给不具备用工主体资格的组织或自然人，对该组织或自然人招用的劳动者，由具备用工主体资格的发包方承担用工主体责任。

《最高人民法院关于审理工伤保险行政案件若干问题的规定》第三条规定：“社会保险行政部门认定下列单位为承担工

伤保险责任单位的，人民法院应予支持：（一）职工与两个或两个以上单位建立劳动关系，工伤事故发生时，职工为之工作的单位为承担工伤保险责任的单位；（二）劳务派遣单位派遣的职工在用工单位工作期间因工伤亡的，派遣单位为承担工伤保险责任的单位；（三）单位指派到其他单位工作的职工因工伤亡的，指派单位为承担工伤保险责任的单位；（四）用工单位违反法律、法规规定将承包业务转包给不具备用工主体资格的组织或者自然人，该组织或者自然人聘用的职工从事承包业务时因工伤亡的，用工单位为承担工伤保险责任的单位；（五）个人挂靠其他单位对外经营，其聘用的人员因工伤亡的，被挂靠单位为承担工伤保险责任的单位。前款第（四）、（五）项明确的承担工伤保险责任的单位承担赔偿责任或者社会保险经办机构从工伤保险基金支付工伤保险待遇后，有权向相关组织、单位和个人追偿。”

26. 劳动合同中约定“雇员出了工伤，用工单位概不负责”的条款有效吗？

法律解读：对此问题，最高人民法院作出了批复。

最高人民法院关于雇工合同“工伤概不负责”是否有效的批复

天津市高级人民法院：

你院(1987)第60号请示报告收悉。据报告称，你市塘沽区张学珍、徐广秋开办新村青年服务站，于1985年6月招雇张国胜（男，21岁）为临时工，招工登记表中注明“工伤概不负责”。次年11月17日，该站在天津碱厂拆除旧厂房时，因房梁折落，造成张国胜左踝关节挫伤，引起局部组织感染坏死，导致因脓毒性败血症而死亡。张国胜生前为治伤用去医疗费14151.15元。为此，张国胜的父母张连起、焦容兰向雇主张学珍等索赔，张等则以"工伤概不负责"为由拒绝承担民事责任。张连起、焦容兰遂向法院起诉。

经研究认为，对劳动者实行劳动保护，在我国宪法中已有明文规定，这是劳动者所享有的权利。张学珍、徐广秋身为雇主，对雇员理应依法给予劳动保护，但他们却在招工登记表中注明"工伤概不负责"。这种行为既不符合宪法和有关法律的规定，也严重违反了社会主义公德，应属于无效的民事行为。至于该行为被确认无效后的法律后果和赔偿等问题，请你院根据民法通则等法律的有关规定，并结合本案具体情况妥善处理。

⊖ **风险提示**：这个批复是1988年颁发的。如今，我国劳动法律制度日益完善，制定了《劳动合同法》《工伤保险条例》《劳动仲裁法》等一系列法律法规，为保护劳动者的合法权益提供了法律保障。

上述案例中出现的情况虽然很少发生，但司法实践中还有个别情况出现。

27. 法律规定每日加班时间和每周最长加班时间是多少？

⊖ **法律解读**：我国《劳动法》第四十一条规定："用人单位由于生产经营需要，经与工会和劳动者协商后可以延长工作时间，一般每日不得超过一小时；因特殊原因需要延长工作时间的，在保障劳动者身体健康的条件下延长工作时间每日不得超过三小时，但是每月不得超过三十六小时。"

⊖ **风险提示**：关于劳动者加班的事不仅是劳动法有限制性

规定的，而且是法律强制性法律规定，不可轻视。根据上述法律规定，单位加班应遵守以下规定：

其一，用人单位应与工会协商后方可进行；其二，用人单位应严格执行上述法律规定的时间，以保障劳动者的身心健康；其三，如不执行上述规定，职工可依劳动法维护自己的合法权益。

28. 合伙人履行职务的过程中受到人身伤害，其他合伙人承担责任吗？

法律解读：最高人民法院对该问题作出了批复。

最高人民法院关于个人合伙成员在从事经营活动中不慎死亡其他成员应否承担民事责任问题的批复

辽宁省高级人民法院：

你院（87）民监字 7 号关于个人合伙成员在从事经营活动中不慎死亡，其他成员应否承担民事责任的请示报告收悉。

据报告称：贾国仁、贾国满兄弟二人合伙经营汽车运输，雇司机开车，兄弟二人轮流领车运输。时值贾国满领车拉白灰，当其指挥倒车挂斗车时，由于雨后路滑，刹车后汽车仍向后滑动，贾国满被挤身亡。经查，司机对此事故没有责任。贾国满之妻苏文雅要求贾国仁给以经济补偿，承担她女儿的抚恤费用。一审、二审法院判决由贾国仁按分成比例承担抚恤金 1654 元。

研究认为：贾国满在兄弟二人合伙经营的汽车运输活动中，不慎被车挤死，对这次事故的发生，贾国仁没有过错，不应负赔偿责任。但贾国满为合伙人的共同利益，在经营运输活动中，不慎被车挤死，其兄作为合伙经营的受益人之一，给予死者家属适当的经济补偿，既合情理，也符合有关法律规定的精神。至于具体补偿多少，请根据实际情况酌定。

深度解读：1987年有此批复，根据该批复，部分合伙人为合伙人的共同利益，在执行合伙事务中受伤，其他人作为合伙经营的受益人，给予受伤合伙人适当的经济补偿，既合情理，也符合有关法律规定的精神。至于具体补偿的比例和数额，根据实际情况酌定。

29. 企业在订立劳动合同时应告知劳动者哪些内容？

法律解读：《劳动合同法》第八条规定："用人单位招用劳动者时，应当如实告知劳动者工作内容、工作条件、工作地点、职业危害、安全生产状况、劳动报酬，以及劳动者要求了解的其他情况；用人单位有权了解劳动者与劳动合同直接相关的基本情况，劳动者应当如实说明。"

30. 企业在订立劳动合同时应核实劳动者的哪些方面？

法律解读：（1）劳动者身份；

（2）劳动者学历、资格及工作经历；

（3）劳动者与其他用人单位是否还存有劳动关系；

（4）劳动者身体健康状况。

小贴士

用人单位应核实劳动者的个人资料的真实性，如学历证明、资格证明、从业经历、身份证件等资料。同时，用人单位应查明劳动者与原单位是否签订过劳动合同，如签订过劳动合同是否已经解除。

31. 劳动者在与企业订立劳动合同时应注意哪些事项?

⊖ **法律解读:**（1）不要签空白合同。如果签了空白合同，用人单位就可随意填写合同内容，一旦发生纠纷，难以说清其中原委，实践中很多人因此吃了亏。

（2）将工作期限、工作内容、工作条件、工作地点、职业危害、安全生产状况、劳动报酬等一一填写清楚。

（3）自己一定要保管一份劳动合同。劳动合同自己不保管，有了纠纷，企业不出示，劳动者会十分被动。

（4）在签署劳动合同时，双方当事人均须在场当面签字。一般情况下先让劳动者签字，再由用人单位法定代表人或委托人签字，后统一盖章。盖章要做到最后一页盖章，其余每页还要盖上骑缝章。这样确保书面合同签字的真实性和有效性，防止劳动合同被篡改。

（5）签订的两份劳动合同，一份劳动合同交给劳动者保管，并有劳动者领取的签收凭单。另一份劳动合同则由用人单位保存并及时归档。

⊖ **风险提示:** 在司法实践中，劳动者的自我保护意识不强，不重视劳动合同的订立和保管。然而，一旦这样的劳动者与单位出现纠纷，需要费尽周折取证。有的劳动者甚至还需要到劳动仲裁机关对劳动关系进行仲裁，费时费力不说，若证据不足，自身的合法权益就无法得到保障。

32. 劳动者在什么情况下可以解除劳动合同?

⊖ **法律解读:** 劳动者与用人单位解除合同，有两类情况:

（1）正常情况下在一定条件下的解除

劳动者与用人单位协商一致的；劳动者提前30日以书面形式通知用人单位的；劳动者在试用期内提前3日通知用人单位的。

（2）不正常情况下无条件的解除

有下列情形之一的，劳动者可以随时通知用人单位解除劳动合同：

①在试用期内的；

②用人单位以暴力、威胁或者非法限制人身自由的手段强迫劳动的；

③用人单位未按照劳动合同约定提供劳动保护或者劳动条件的；

④用人单位未及时足额支付劳动报酬的；

⑤用人单位未依法为劳动者缴纳社会保险费的；

⑥用人单位的规章制度违反法律、法规的规定，损害劳动者权益的；

⑦用人单位以欺诈、胁迫的手段或者乘人之危，使劳动者在违背真实意思的情况下订立或者变更劳动合同的；

⑧用人单位在劳动合同中免除自己的法定责任、排除劳动者权利的；

⑨单位违反法律、行政法规强制性规定的；

⑩单位以暴力、威胁或者非法限制人身自由的手段强迫劳动者劳动的；

⑪违章指挥、强令冒险作业危及劳动者人身安全的；

⑫法律、行政法规规定劳动者可以解除劳动合同的其他情形的。

⊖ **风险提示：** 劳动法为了保护劳动者的权利，规定了劳动者与用人单位解除合同的权利。作为劳动者应当知晓上述法律赋予的权利，才能依法保障自己的合法权益。

33. 在什么情况下订立劳动合同无效？

⊖ **法律解读：** 根据《劳动法》第十八条的规定，无效劳动合同的表现形式为：违反法律、行政法规的劳动合同；采取欺诈、威胁等手段订立的劳动合同。

《劳动合同法》第二十六条规定，下列劳动合同无效或者部分无效：（1）以欺诈、胁迫的手段或者乘人之危，使对方在违背真实意思的情况下订立或者变更劳动合同的；（2）用人单位免除自己的法定责任、排除劳动者权利的；（3）违反法律、行政法规强制性规定的。

⊖ **风险提示：** 所谓合同无效，就是合同自始就不产生法律效力，无效的合同自始无效，无须解除。对订立无效合同有过错的一方应当赔偿对方因此所受到的损失，双方都有过错的，应当各自承担相应的责任。

以下，为我国《合同法》对无效合同的规定：

第五十六条　无效的合同或者被撤销的合同自始没有法律约束力。合同部分无效，不影响其他部分效力的，其他部分仍然有效。

第五十七条　合同无效、被撤销或者终止的，不影响合同中独立存在的有关解决争议方法的条款的效力。

第五十八条　合同无效或者被撤销后，因该合同取得的财产，应当予以返还；不能返还或者没有必要返还的，应当折价补偿。有过错的一方应当赔偿对方因此所受到的损失，双方都有过错的，应当各自承担相应的责任。

新法速递：《民法典》第一编 总则

第一百五十三条 违反法律、行政法规的强制性规定的民事法律行为无效。但是，该强制性规定不导致该民事法律行为无效的除外。

违背公序良俗的民事法律行为无效。

第一百五十四条 行为人与相对人恶意串通，损害他人合法权益的民事法律行为无效。

第一百五十五条 无效的或者被撤销的民事法律行为自始没有法律约束力。

第一百五十六条 民事法律行为部分无效，不影响其他部分效力的，其他部分仍然有效。

第一百五十七条 民事法律行为无效、被撤销或者确定不发生效力后，行为人因该行为取得的财产，应当予以返还；不能返还或者没有必要返还的，应当折价补偿。有过错的一方应当赔偿对方由此所受到的损失；各方都有过错的，应当各自承担相应的责任。法律另有规定的，依照其规定。

34. 用人单位侵害劳动者的权利怎么办？

法律解读：我国《劳动法》第九十一条规定："用人单位有下列侵害劳动者合法权益情形之一的，由劳动行政部门责令支付劳动者的工资报酬、经济补偿，并可以责令支付赔偿金：（一）克扣或者无故拖欠劳动者工资的；（二）拒不支付劳动者延长工作时间工资报酬的；（三）低于当地最低工资标准支付劳动者工资的；（四）解除劳动合同后，未依照本法规定给予劳动者经济补偿的。"

风险提示：如果用人单位有上述违法行为，侵害了劳动者的合法权益，劳动者可依据上述法律规定，向劳动行政部门反映，由该部门依法采取行政手段责令用人单位解决。

35. 女职工的劳动权益有哪些?

法律解读：我国《劳动法》对女工的特殊保护有下列条款：

第五十八条　国家对女职工和未成年工实行特殊劳动保护。

第五十九条　禁止安排女职工从事矿山井下、国家规定的第四级体力劳动强度的劳动和其他禁忌从事的劳动。

第六十条　不得安排女职工在经期从事高处、低温、冷水作业和国家规定的第三级体力劳动强度的劳动。

第六十一条　不得安排女职工在怀孕期间从事国家规定的第三级体力劳动强度的劳动和孕期禁忌从事的劳动。对怀孕七个月以上的女职工，不得安排其延长工作时间和夜班劳动。

第六十二条　女职工生育享受不少于九十天的产假。

第六十三条　不得安排女职工在哺乳未满一周岁的婴儿期间从事国家规定的第三级体力劳动强度的劳动和哺乳期禁忌从事的其他劳动，不得安排其延长工作时间和夜班劳动。

36. 国家规定的女职工特殊劳动保护有哪些?

法律解读：国务院《女职工劳动保护特别规定》条款如下：

第一条　为了减少和解决女职工在劳动中因生理特点造成的特殊困难，保护女职工健康，制定本规定。

第二条　中华人民共和国境内的国家机关、企业、事业单位、社会团体、个体经济组织以及其他社会组织等用人单位及其女职工，适用本规定。

第三条　用人单位应当加强女职工劳动保护，采取措施改善女职工劳动安全卫生条件，对女职工进行劳动安全卫生知识培训。

第四条　用人单位应当遵守女职工禁忌从事的劳动范围的规定。用人单位应当将本单位属于女职工禁忌从事的劳动范围的岗位书面告知女职工。女职工禁忌从事的劳动范围由本规定附录列示。国务院安全生产监督管理部门会同国务院人力资源社会保障行政部门、国务院卫生行政部门根据经济社会发展情况，对女职工禁忌从事的劳动范围进行调整。

第五条　用人单位不得因女职工怀孕、生育、哺乳降低其工资、予以辞退、与其解除劳动或者聘用合同。

第六条　女职工在孕期不能适应原劳动的，用人单位应当根据医疗机构的证明，予以减轻劳动量或者安排其他能够适应的劳动。对怀孕7个月以上的女职工，用人单位不得延长劳动时间或者安排夜班劳动，并应当在劳动时间内安排一定的休息时间。怀孕女职工在劳动时间内进行产前检查，所需时间计入劳动时间。

第七条　女职工生育享受98天产假，其中产前可以休假15天；难产的，增加产假15天；生育多胞胎的，每多生育1个婴儿，增加产假15天。女职工怀孕未满4个月流产的，享受15天产假；怀孕满4个月流产的，享受42天产假。

第八条　女职工产假期间的生育津贴，对已经参加生育保险的，按照用人单位上年度职工月平均工资的标准由生育保险基金支付；对未参加生育保险的，按照女职工产假前工资的标准由用人单位支付。女职工生育或者流产的医疗费用，按照生育保险规定的项目和标准，对已经参加生育保险的，由生育保险基金支付；对未参加生育保险的，由用人单位支付。

第九条　对哺乳未满1周岁婴儿的女职工，用人单位不得延长劳动时间或者安排夜班劳动。用人单位应当在每天的劳动时间内为哺乳期女职工安排1小时哺乳时间；女职工生育多胞胎的，每多哺乳1个婴儿每天增加1小时哺乳时间。

第十条　女职工比较多的用人单位应当根据女职工的需要，建立女职工卫生室、孕妇休息室、哺乳室等设施，妥善解决女职工在生理卫生、哺乳方面的困难。

第十一条　在劳动场所，用人单位应当预防和制止对女职工的性骚扰。

第十二条　县级以上人民政府人力资源社会保障行政部门、安全生产监督管理部门按照各自职责负责对用人单位遵守本规定的情况进行监督检查。工会、妇女组织依法对用人单位遵守本规定的情况进行监督。

第十三条　用人单位违反本规定第六条第二款、第七条、第九条第一款规定的，由县级以上人民政府人力资源社会保障行政部门责令限期改正，按照受侵害女职工每人1000元以上5000元以下的标准计算，并处以罚款。

用人单位违反本规定附录第一条、第二条规定的，由县级以上人民政府安全生产监督管理部门责令限期改正，按照受侵害女职工每人1000元以上5000元以下的标准计算，处以罚款。用人单位违反本规定附录第三条、第四条规定的，由县级以上人民政府安全生产监督管理部门责令限期治理，处5万元以上30万元以下的罚款；情节严重的，责令停止有关作业，或者提请有关人民政府按照国务院规定的权限责令关闭。

第十四条　用人单位违反本规定，侵害女职工合法权益的，女职工可以依法投诉、举报、申诉，依法向劳动人事争议调解仲裁机构申请调解仲裁，对仲裁裁决不服的，依法向人民法院提起诉讼。

第十五条　用人单位违反本规定，侵害女职工合法权益，造成女职工损害的，依法给予赔偿；用人单位及其直接负责的主管人员和其他直接责任人员构成犯罪的，依法追究刑事责任。

第十六条　本规定自公布之日起施行。1988 年 7 月 21 日国务院发布的《女职工劳动保护规定》同时废止。

附录：女职工禁忌从事的劳动范围

一、女职工禁忌从事的劳动范围：

（一）矿山井下作业；

（二）体力劳动强度分级标准中规定的第四级体力劳动强度的作业；

（三）每小时负重 6 次以上、每次负重超过 20 公斤的作业，或者间断负重、每次负重超过 25 公斤的作业。

二、女职工在经期禁忌从事的劳动范围：

（一）冷水作业分级标准中规定的第二级、第三级、第四级冷水作业；

（二）低温作业分级标准中规定的第二级、第三级、第四级低温作业；

（三）体力劳动强度分级标准中规定的第三级、第四级体力劳动强度的作业；

（四）高处作业分级标准中规定的第三级、第四级高处作业。

三、女职工在孕期禁忌从事的劳动范围：

（一）作业场所空气中铅及其化合物、汞及其化合物、苯、镉、铍、砷、氰化物、氮氧化物、一氧化碳、二硫化碳、氯、己内酰胺、氯丁二烯、氯乙烯、环氧乙烷、苯胺、甲醛等有毒物质浓度超过国家职业卫生标准的作业；

（二）从事抗癌药物、己烯雌酚生产，接触麻醉剂气体等的作业；

（三）非密封源放射性物质的操作，核事故与放射事故的应急处置；

（四）高处作业分级标准中规定的高处作业；

（五）冷水作业分级标准中规定的冷水作业；

（六）低温作业分级标准中规定的低温作业；

（七）高温作业分级标准中规定的第三级、第四级的作业。

（八）噪声作业分级标准中规定的第三级、第四级的作业；

（九）体力劳动强度分级标准中规定的第三级、第四级体力劳动强度的作业；

（十）在密闭空间、高压室作业或者潜水作业，伴有强烈振动的作业，或者需要频繁弯腰、攀高、下蹲的作业。

四、女职工在哺乳期禁忌从事的劳动范围：

（一）孕期禁忌从事的劳动范围的第一项、第三项、第九项；

（二）作业场所空气中锰、氟、溴、甲醇、有机磷化合物、有机氯化合物等有毒物质浓度超过国家职业卫生标准的作业。

37. 当女职工的合法权益受到侵害时，如何保护？

法律解读：《女职工劳动保护特别规定》第十四条规定："用人单位违反本规定，侵害女职工合法权益的，女职工可以依法投诉、举报、申诉，依法向劳动人事争议调解仲裁机构申请调解仲裁，对仲裁裁决不服的，依法向人民法院提起诉讼。"

38. 劳动争议仲裁和到法院提起诉讼是一回事吗?

法律解读：这是两种解决劳动争议的不同方式，但二者又相互联系。

劳动争议仲裁，是指劳动争议仲裁委员会根据当事人的申请，依法对劳动争议在事实上作出判断、在权利义务上作出裁决的一种法律制度。

劳动争议的诉讼，是指劳动争议当事人不服劳动争议仲裁委员会的裁决，在规定的期限内向人民法院起诉，人民法院依法受理后，依法对劳动争议案件进行审理的活动。

民事诉讼是以司法方式解决平等主体之间的纠纷，是由人民法院代表国家行使审判权解决民事争议。它既不同于群众自治组织性质的人民调解委员会以调解方式解决纠纷，也不同于劳动争议仲裁委员会以仲裁的方式解决纠纷。

小贴士

劳动争议仲裁委员会是依法设立的，经国家授权依法独立仲裁处理劳动争议案件的专门机构。

《劳动争议调解仲裁法》第十九条规定："劳动争议仲裁委员会由劳动行政部门代表、工会代表和企业方面代表组成。劳动争议仲裁委员会组成人员应当是单数。劳动争议仲裁委员会依法履行下列职责：（一）聘任、解聘专职或者兼职仲裁员；（二）受理劳动争议案件；（三）讨论重大或者疑难的劳动争议案件；（四）对仲裁活动进行监督。劳动争议仲裁委员会下设办事机构，负责办理劳动争议仲裁委员会的日常工作。"

39. 如果打劳动合同官司，能直接向法院起诉吗？

法律解读：一般的劳动争议，首先要通过劳动争议仲裁程序，这称为仲裁前置程序的规定。

（1）进行仲裁前置程序的案件

《劳动争议调解仲裁法》第二条规定："中华人民共和国境内的用人单位与劳动者发生的下列劳动争议，适用本法：（一）因确认劳动关系发生的争议；（二）因订立、履行、变更、解除和终止劳动合同发生的争议；（三）因除名、辞退和辞职、离职发生的争议；（四）因工作时间、休息休假、社会保险、福利、培训以及劳动保护发生的争议；（五）因劳动报酬、工伤医疗费、经济补偿或者赔偿金等发生的争议；（六）法律、法规规定的其他劳动争议。"

上述劳动争议应当仲裁前置。

（2）劳动仲裁前置的例外

《最高人民法院关于审理劳动争议案件适用法律若干问题的解释（二）》第三条规定："劳动者以用人单位的工资欠条为证据直接向人民法院起诉，诉讼请求不涉及劳动关系其他争议的，视为拖欠劳动报酬争议，按照普通民事纠纷受理。"

风险提示：绝大部分的劳动纠纷案件还是要经过劳动仲裁的前置程序。因为我国目前实行的是"一裁两审"制度。"一裁"就是劳动仲裁，"两审"就是法院的一审和二审。

因此，劳动争议案件首先要考虑到劳动仲裁委员会进行仲裁，如果劳动者直接到法院起诉将会被驳回。

40. 单位是否可以用实物发工资？

法律解读：不可以。根据《劳动法》第五十条的规定："工资应当以货币形式按月支付给劳动者本人。不得克扣或者无故拖欠劳动者的工资。"

劳动部《工资支付暂行规定》第五条的规定："工资应当以法定货币支付、不得以实物及有价证券替代货币支付。"

小贴士

实践中，有的单位以企业经营不景气为由，向职工发产品抵顶工资，这是不合法的行为。

41. 单位为防止职工偷盗，下班时能否搜身？

法律解读：不能搜身。我国《宪法》第三十七条中规定，中华人民共和国公民的人身自由不受侵犯。禁止非法拘禁和以其他方法非法剥夺或者限制公民的人身自由，禁止非法搜查公民的身体。

小贴士

某些企业为了防止偷盗，在门岗对职工进行搜身，这是违背宪法和法律的行为，职工遇到此情况应当予以拒绝，并依法维护正当的合法权益。

42. 劳动合同有哪几个种类？

法律解读：我国《劳动合同法》中有关劳动合同的相关

条款：

第十二条　劳动合同分为固定期限劳动合同、无固定期限劳动合同和以完成一定工作任务为期限的劳动合同。

第十三条　固定期限劳动合同，是指用人单位与劳动者约定合同终止时间的劳动合同。用人单位与劳动者协商一致，可以订立固定期限劳动合同。

第十四条　无固定期限劳动合同，是指用人单位与劳动者约定无确定终止时间的劳动合同。用人单位与劳动者协商一致，可以订立无固定期限劳动合同。有下列情形之一，劳动者提出或者同意续订、订立劳动合同的，除劳动者提出订立固定期限劳动合同外，应当订立无固定期限劳动合同：（一）劳动者在该用人单位连续工作满十年的；（二）用人单位初次实行劳动合同制度或者国有企业改制重新订立劳动合同时，劳动者在该用人单位连续工作满十年且距法定退休年龄不足十年的；（三）连续订立二次固定期限劳动合同，且劳动者没有本法第三十九条和第四十条第一项、第二项规定的情形，续订劳动合同的。用人单位自用工之日起满一年不与劳动者订立书面劳动合同的，视为用人单位与劳动者已订立无固定期限劳动合同。

第十五条　以完成一定工作任务为期限的劳动合同，是指用人单位与劳动者约定以某项工作的完成为合同期限的劳动合同。用人单位与劳动者协商一致，可以订立以完成一定工作任务为期限的劳动合同。

二、合同范本

1. 劳动合同范本

劳动合同

根据《劳动法》《劳动合同法》等相关法律，经甲乙双方平等协商，自愿签订本合同，并共同遵守本合同所列条款。

一、劳动合同期限

第一条　本合同期限类型为＿＿＿＿＿＿期限合同。

本合同生效日期＿＿＿年＿＿月＿＿日，终止日期＿＿＿年＿＿月＿＿日，其中试用期自＿＿＿年＿＿月＿＿日至＿＿＿年＿＿月＿＿日止。

⊖ **风险提示：**试用期包含在劳动合同期限内，《劳动合同法》中对试用期长短的限制根据合同期限的长短来规定，例如：

1. 劳动合同期限3个月以上不满1年的，试用期不得超过一个月；

2. 劳动合同期限1年以上不满3年的，试用期不得超过2个月；

3. 劳动合同期限3年以上的和无固定期限的劳动合同，试用期不得超过6个月。

二、工作内容和义务

第二条　乙方同意根据甲方工作需要，担任____________岗位工作。甲方可依照有关规定，经与乙方协商，对乙方的工作职务和岗位进行调整。

第三条　乙方应按照甲方的要求，按时完成规定的工作数量，达到规定的质量标准，并履行下列义务：

1.遵守国家宪法、法律、法规。

2.遵守甲方的规章制度。

3.维护甲方的荣誉和利益。

4.忠于职守，勤奋工作。

5.履行保守甲方商业秘密，不得利用甲方的商业秘密为本人或其他经济组织和个人谋取不正当的经济利益。

三、劳动保护和劳动条件

第四条　甲方安排乙方每日工作时间不超过八小时，平均每周不超过四十小时。甲方由于工作需要，经与工会和乙方协商后可以延长工作时间的，一般每日不得超过一小时，因特殊原因需要延长工作时间的，在保障乙方身体健康的条件下延长工作时间每日不得超过三个小时，每月不得超过三十六小时。

1.执行综合计算工时制度的，平均日和周工作时间不超过标准工作时间。

2.执行不定时工时制度的，工作和休息、休假乙方自行安排。

3.甲方安排乙方执行____________工时制度。

第五条　甲方延长乙方工作时间，应安排乙方同等时间倒休或依法支付加班加点工资。

第六条　甲方为乙方提供必要的劳动条件和劳动工具，制定工作规范和劳动安全卫生制度及其标准。甲方应按照国家或当地政府有关部门的规定组织安排乙方进行健康检查。

第七条　甲方负责对乙方进行政治思想、职业道德、业务技术、劳动安全卫生及有关规章制度的教育和培训。

四、劳动报酬

第八条　甲方的工资分配应遵循按劳分配原则，实行同工同酬。

第九条　在法定工作时间内，乙方完成规定的工作任务，甲方每月____日以货币形式足额支付乙方工资，工资不低于________元，其中试用期间工资为________元。

第十条　甲方安排乙方加班或延长工作时间的，按《劳动法》第四十四条和国家有关规定支付工资报酬。

第十一条　由于甲方的原因，使乙方不能在法定工作时间内提供劳动的，甲方保证支付乙方的生活费不低于________元。

五、保险福利待遇

第十二条　甲乙双方应按国家和当地人民政府关于社会保险的有关规定交纳职工养老、失业和大病医疗统筹及其他社会保险费用。

甲方应为乙方填写《职工养老保险手册》。双方解除、终止劳动合同后，《职工养老保险手册》按有关规定转移。

第十三条　乙方患病或非因工负伤，其医疗期和医疗期满后，按照劳动部制发的《企业职工患病或非因工负伤医疗期规定》执行。

乙方患病或非因工负伤，其医疗和生活费用按照________执行。

第十四条　乙方因工负伤的工资和医疗保险等待遇按国家和当地人民政府有关规定执行。

第十五条　甲方为乙方提供以下福利待遇：

____。

六、劳动纪律

第十六条　乙方应遵守甲方依法制定的规章制度。严格遵守劳动安全卫生、工作制度和工作规范。爱护甲方的财产，遵守职业道德。积极参加甲方组织的培训，提高思想和职业技能。

第十七条　乙方违反劳动纪律，甲方可依据本单位规章制度，给予必要的纪律处分，直至解除本合同。

七、劳动合同的变更、解除、终止、续订

第十八条　订立本合同所依据的法律、行政法规、规章发生变化，本合同应变更相关内容。

第十九条　订立本合同所依据的客观情况发生重大变化，致使本合同无法履行的，经双方协商同意，可以变更本合同相关的内容。

第二十条　经甲乙双方协商一致，本合同可以解除。

第二十一条　合同期内，甲方委派乙方到境内外甲方所属机构工作的，原有劳动合同仍然有效，但应和企业签订有关境内外工作的协议。经甲方批准，乙方到境内外非甲方所属机构担任一定阶段工作的，可由乙方与该机构签订有关协议。

第二十二条　乙方有下列情形之一，甲方可以解除本合同：

1. 在试用期间，被证明不符合录用条件的。

2. 以欺诈手段订立本合同的。

3. 严重违反劳动纪律或甲方利益造成重大损害的。

4. 严重失职、营私舞弊，对甲方利益造成重大损害的。

5. 泄露甲方商业秘密，给甲方造成严重损失的。

6. 被依法追究刑事责任的。

7. 不能胜任劳动合同约定的工作，经过培训或调整工作岗位仍不能胜任工作的。

8. 乙方患病或非因工负伤、医疗期满后，不能从事原工作也不能从事甲方另行安排的工作的。

9. 劳动合同订立时依据的客观情况发生重大变化，致使劳动合同无法履行，经当事人协商不能就变更劳动合同达成协议的。

第二十三条　甲方按照第二十二条第7、8、9款的规定解除本合同时，应提前三十日以书面形式通知乙方。

第二十四条　甲方濒临破产进行法定整顿期间或者生产经营发生严重困难，应提前三十日向工会或者全体职工说明情况，听取工会或者职工的意见，并向劳动行政部门报告后，可以解除合同。

第二十五条　乙方有下列情形之一，甲方不能依据本合同第二十二条第7、8、9款和第十四条终止、解除本合同：

1. 患职业病或者因工负伤，医疗终结，经市、区、县劳动鉴定委员会确认丧失或者部分丧失劳动能力的。

2. 患病或非因工负伤，在规定的医疗期的。

3. 女职工在孕期、产期、哺乳期内的。

4. 距法定退休年龄十年以内的职工。

5. 复员退伍义务兵和建设征地农转工人中初次参加工作未满三年的。

6. 法律、行政法规规定的其他情形。

第二十六条　乙方欲解除劳动合同，应当提前三十日以书面形式通知甲方，甲方在乙方完成在手业务以及清理完所办理的债权债务的情况下，可解除劳动合同。

第二十七条　有下列情形之一，乙方可以随时通知甲方解除本合同：

1. 在试用期内的。

2. 甲方以侵害乙方合法人身权利手段强迫劳动的。

3. 甲方不能按照本合同的规定支付劳动报酬或者提供劳动条件的。

4. 甲方违反国家有关规定，劳动安全卫生条件恶劣，严重危害乙方身体健康的。

5. 法律、法规规定的其他情形。

第二十八条　本合同期限届满，劳动关系即终止。甲乙双方经协商同意，可以续订劳动合同。双方当事人应当在本合同期满前____天向对方表示续订意向。

第二十九条　订立无固定期限劳动合同的，乙方达到法定退休年龄或甲乙双方约定的其他终止条件出现，本合同终止。

八、违反劳动合同的责任

第三十条　甲方根据本合同第二十条、二十二条第7、8、9款、第二十四条解除劳动合同的，应按劳动部制发的《违反和解除劳动合同的经济补偿办法》给乙方经济补偿。

第三十一条　有下列情形之一，并对乙方造成损害的，甲方应当承担赔偿责任，并按劳动部《违反有关劳动合同规定的赔偿办法》执行：

1. 由于甲方原因订立无效劳动合同，包括劳动合同部分无效的。

2. 甲方故意拖延不订立劳动合同，即招用后不按规定订立劳动合同以及劳动合同到期后十日内未办理续订劳动合同手续的。

3. 甲方违反劳动法的规定侵害女职工和未成年工合法权益的。

4.违反劳动法的规定或本合同规定的条件解除劳动合同的。

第三十二条　甲方有下列情形之一，乙方除要求甲方补足工资报酬、经济补偿外，还可以按国家和当地政府有关规定，要求甲方支付赔偿金：

1. 克扣或者故意拖欠支付乙方工资的。

2. 拒不支付乙方延长工作时间工资报酬的。

3. 支付乙方报酬低于本地最低工资标准的。

4. 解除劳动合同后，未按本合同第三十条支付经济补偿的。

第三十三条　甲方依据本合同第二十二条第8款解除劳动合同，除给乙方经济补偿外，甲方应根据劳动部制发的《违反和解除劳动合同的经济补偿办法》发给乙方医疗补助费。

第三十四条　乙方有第二十二条第3、4、5款情形的，甲方除解除本合同外，可保留依法索赔的权利。

第三十五条　乙方不得在掌握甲方商业秘密的保密期限内提出解除劳动合同或自动离职，经协商解除合同后，亦不得在____________期限内自行或在与甲方有竞争关系的单位从事和原在职时相同或有关的经营活动。

第三十六条　乙方违反本合同规定的条件解除劳动合同或者违反本合同约定的保密事项，给甲方造成经济损失的，应按本合同约定或损失数额承担赔偿责任。

第三十七条　乙方违反本合同规定的条件解除劳动合同的，应承担相应的经济赔偿。如果在公派境内外培训或出境实习后为甲方工作期限在____________年以内发生的，应偿还甲方有关的费用。

九、当事人约定的其他内容

十、劳动争议处理

第三十八条　因履行本合同发生的劳动争议，当事人可以向本单位劳动争议调解委员会申请调解，调解不成，当事人一方要求仲裁的，应当自劳动争议发生之日起六十日内向__________劳动争议仲裁委员会申请仲裁。当事人一方也可以直接向劳动争议仲裁委员会申请仲裁，对裁决不服的，可以向人民法院提起诉讼。

十一、其他

第三十九条　甲方以下规章制度________________对合同当事人双方均具有约束力。

第四十条　本合同未尽事宜，按国家、当地人民政府有关规定执行。

第四十一条　本合同一式____份，甲乙双方各执____份。合同自签订之日起生效，具有同等法律效力。

甲方（公章）：　　　　　　乙方（签字）：

法定代表人（签字）：

签约日期：________年____月____日

2. 辞职申请书范本（劳动者用本）

辞职申请书

尊敬的公司领导：

您好！首先感谢您能在百忙之中抽出时间阅读我的辞职申请。

本人是公司某某部门某某岗位某某员工，因为__________原因不能继续在贵公司就职，特向贵公司领导申请辞职，请予批准！

最后衷心祝愿公司事业蒸蒸日上，祝各位领导同事工作顺利，身体健康！

此致

敬礼

申请人：__________

申请日期：__________

3.劳动者解除劳动合同范本（劳动者用本）

解除劳动合同

甲方：__________

乙方：__________

甲乙双方于______年___月___日签订劳动合同，合同期至______年___月___日止。现甲乙双方同意提前解除劳动合同关系。经双方协商一致，签订本协议如下：

第一条　乙方因甲方________原因，要求提前解除与甲方的劳动合同。经协商，双方同意自______年___月___日起解除双方的劳动合同，并由甲方给予乙方相应的补偿。并且双方的权利义务终止。

第二条　因为甲方的原因导致劳动合同的提前解除，甲方除了应当支付乙方工资至______年___月___日止；缴纳乙方的社保、公积金到______年___月___日止；还要给予乙方一定的经济补偿金。

第三条　乙方在合同解除后几日内办理完各项交接工作，

离职手续。甲方向乙方提供包括解除劳动合同在内的相关证明。

第四条　乙方自愿放弃除此协议之外的其他诉求。

第五条　本协议一式两份，双方各执一份从签订之日起具有同等的法律效力。

甲方：________________

________年____月____日

乙方：________________

________年____月____日

4. 劳动仲裁申请书范本

劳动仲裁申请书

申请人：xx，女，汉族，1971 年 5 月 11 日出生，住址：xxx，身份证号：xxx，电话：xxx。

被申请人：河北 xx 食品有限公司，住所地：____________，邮编：____________。

法定代表人：xxx 职务：xxx 电话：xxxx

仲裁请求：

1. 请求裁决解除被申请人与申请人之间的劳动合同关系；

2. 请求裁决被申请人向申请人支付 6 个月经济补偿金________元；

3. 请求裁决被申请人为申请人补缴 2012 年 1 月至 2018 年 10 月社会保险费。

事实与理由：

2012 年 1 月，申请人经被____________单位录用，工作内容是开车床。劳动合同履行期间，申请人入厂至今，被申请人未给申请人缴纳社会保险金，严重损害申请人劳动保障权益。为维持自身权益，特提出解除劳动合同，同时，要求被申请人支付相应的经济补偿金及补缴社会保险金，以上请求，请仲裁委予以支持。

此致

XXXX劳动仲裁委员会

申请人：________

________年____月____日

三、劳动合同篇案例

案例 1. 拒绝支付员工薪金，老板是否会被判刑?

案情简介：一家建筑公司承包了一家房地产开发公司开发的一处小区的三栋住宅楼工程。因开发商管理不善，且资金链断裂，不能给付工程承包款，建筑公司不能给其雇佣的50余名农民工发放工资。

为了逃避支付工资，建筑公司将其所有的办公用房和土地以及全部资产虚假转让。相关执法单位找不到建筑老板，公司也无资产进行变卖。

经有关机关调查，该公司将资产全部恶意虚假转让。相关执法单位认为该案涉嫌犯罪，便将案件移送至公安机关。后经公安机关侦查，认定建筑公司的行为已涉嫌拒不支付劳动报酬犯罪，遂对建筑公司的主要人员进行了刑事拘留。经过法院审理，该公司法定代表人和会计被依法判刑，建筑公司支付了农民工的劳动报酬。

法律解读：《最高人民法院关于审理拒不支付劳动报酬刑事案件适用法律若干问题的解释》第二条规定："以逃避支付劳动者的劳动报酬为目的，具有下列情形之一的，应当认定为刑法第二百七十六条之一第一款规定的'以转移财产、逃匿等方法逃避支付劳动者的劳动报酬’：（一）隐匿财产、恶意清偿、虚构债务、虚假破产、虚假倒闭或者以其他方法转移、处分财产的；（二）逃跑、藏匿的；（三）隐匿、销毁或者篡改账目、职工名册、工资支付记录、考勤记录等与劳动报酬相关的材料的；（四）以其他方法逃避支付劳动报酬的。”

由于建筑公司的行为符合上述法律规定的情形，公司法定代表人和会计被依法追究刑事责任。

案例 2. 离职从事同行工作，原东家能否追责任？

案情简介：甲在一个村镇上经营蛋糕房，他雇佣当地人乙为其打工。乙在蛋糕房打工两年多的时间，不仅掌握了做生日蛋糕和各种糕点的技术，连进货渠道和客户也掌握了。

甲为了防止乙也在该镇开蛋糕房，便与乙签订了书面约定，只要甲开店，乙就不得在该镇开蛋糕房。乙工作一段时间后，抱怨自己给甲打工挣钱太少，便辞职在该镇附近开了一家蛋糕房。由于此镇面积不大，客源较少，乙拉走了甲的部分客户，致使甲收入明显减少，甲的蛋糕店无法经营。

甲想起与乙有言在先，便找到乙说这件事。然而，乙对甲说：“这事谁也挡不住谁，这就叫竞争。”甲一气之下将乙起诉至法院，要求乙赔偿甲的损失 10 万元。

法庭经过审理认为，根据《劳动法》的规定，甲乙既有约定，应当遵守。但永久不让乙开店亦违反法律规定。经法庭调解，乙赔偿甲 3 万元的损失。

法律解读：劳动者违反忠诚义务所应当承担的法律责任。

《劳动合同法》第二十四条规定：“竞业限制的人员限于

用人单位的高级管理人员、高级技术人员和其他负有保密义务的人员。竞业限制的范围、地域、期限由用人单位与劳动者约定，竞业限制的约定不得违反法律、法规的规定。在解除或者终止劳动合同后，前款规定的人员到与本单位生产或者经营同类产品、从事同类业务的有竞争关系的其他用人单位，或者自己开业生产或者经营同类产品、从事同类业务的竞业限制期限，不得超过二年。”

可见法律对此有明文规定。

案例 3. 上班首日手指钻伤，工伤赔偿能否支持?

案情简介：某企业生产五金工具。2016 年 3 月，企业负责人招聘十几名新工人，甲被分到加工车间开钻床，由于甲对车床性能不熟悉，操作不熟练，甲的手被钻床钻伤。甲当即被同事送往医院治疗。经过医院治疗后，甲的食指前部仍不能打弯，经司法鉴定甲为十级伤残。

甲要求企业按照工伤赔偿。企业老板乙答复说：“你刚上班，还没有订立劳动合同。再者，是你自己没有注意安全，与企业无关。你没有给企业创造资产，要求赔偿不合理。”乙为此只得到劳动仲裁部门解决赔偿问题，最终该企业按照《劳动法》的规定对乙进行了赔偿。

法律解读：上述案例中企业老板的说法是错误的。其理由是：其一，企业正式招工，职工应招来企业上班，已经确立了双方的劳动合同关系，尽管还没有订立劳动合同，但已成立事实上的劳动关系。其二，上班无论时间长短，只要符合工伤条件即应按工伤对待。其三，职工的手是在工作场合、工作时间、地点并受企业指派工作中受到的伤害。

综上所述，企业应按工伤予以赔偿。

案例 4. 公司让签空白合同，合同内容是否有效？

案情简介： 甲公司有 16 名职工，其中有 5 名员工已超过 10 年工作期限。按照法律规定，公司应和这 5 名职工签订无固定期限的劳动合同。但是公司为了规避这一问题，就以时间紧为由，让职工填写空白合同（员工只在签字处签字，内容由单位填写）。

由于员工并不重视签订合同的事，都在空白合同上签了字。签订合同 1 年后，公司找到这些员工，说你们的合同到期，公司研究决定不再和你们续订合同了。

这 5 名员工恍然大悟，知道自己上了甲公司的当。

之后，员工咨询律师得知甲公司的行为违反了法律的规定，属于无效合同。最终，5 名员工经法律程序撤销了该合同，并与企业重新订立了无固定期限的劳动合同。

小贴士

我在此提醒劳动者，在签订劳动合同时一定要慎重，仔细看合同内容，对不同意的条款要提出修改意见，从而维护自己的合法权益。

法律解读：《劳动合同法》第二十六条规定：“下列劳动合同无效或者部分无效：（一）以欺诈、胁迫的手段或者乘人之危，使对方在违背真实意思的情况下订立或者变更劳动合同的；（二）用人单位免除自己的法定责任、排除劳动者权利的；（三）违反法律、行政法规强制性规定的。对劳动合同的无效或者部分无效有争议的，由劳动争议仲裁机构或者人民法院确认。”

甲企业让职工签订空白劳动合同，内容由单位填写，因填写的内容违背职工意思表示和法律规定，这份劳动合同因欺诈和违反法律强制性规定而无效。

案例 5. 警卫上班超市买烟，途中被撞算工伤吗？

案情简介： 2017 年 6 月，企业警卫甲在门岗值班时，过马路到一家小超市内买烟。回来路上，甲未注意观察路况被一辆汽车撞伤，后经司法鉴定甲为九级伤残。肇事汽车赔偿甲后，甲又找到企业老板，要求工伤赔偿。在交警处理交通事故中，甲向交警表述其是去买烟造成的车祸。

公司老板对甲说：“你买烟不属于工作内容，何况你脱岗去马路对面卖烟，离开了工作场合，这种情况不属于工伤。”

甲辩解说：“我买烟时间不过 5 分钟，也没有耽误工作。如果我不上班，也出不了这事。”

为此，双方发生争执。甲到劳动部门申请仲裁要求企业赔偿，但劳动部门依法驳回了甲的仲裁请求。

法律解读： 关于什么情形属于工伤，法律有明文规定。国务院《工伤保险条例》第十四条规定了职工应当认定为工伤的情形：

（1）在工作时间和工作场所内，因工作原因受到事故伤害的；

（2）工作时间前后在工作场所内，从事与工作有关的预备性或者收尾性工作受到事故伤害的；

（3）在工作时间和工作场所内，因履行工作职责受到暴力等意外伤害的；

（4）患职业病的；

（5）因工外出期间，由于工作原因受到伤害或者发生事故下落不明的；

（6）在上下班途中，受到非本人主要责任的交通事故或者城市轨道交通、客运轮渡、火车事故伤害的；

（7）法律、行政法规规定应当认定为工伤的其他情形。

在此案中，因警卫甲的行为不符合“在工作时间和工作场所内，因工作原因受到事故伤害的”规定，故劳动部门驳回其仲裁申请。

案例 6. 违反安全规章制度，头部受伤算工伤吗?

案情简介：乙在棉纺厂粗纱车间当挡车工，根据该厂规章制度，所有职工上班一律戴帽子，并将头发用帽子盖住，以防出现安全事故。乙因帽子洗了就未戴工作帽。

由于乙留的是长发，在操作中机器卷住了她的头发，致使她头部受伤，当即送往医院治疗。后乙要求甲公司按工伤赔偿其损失，但该公司不允。

该公司的理由是乙违章作业，造成工伤完全是乙的原因，公司不负责任。乙及家人认为，毕竟乙是在上班时受到的伤害，尽管自己有违章行为，毕竟是给公司劳动，不按工伤不公平。

双方为此发生争议。乙只得向劳动仲裁部门提起劳动仲裁申请，要求按工伤赔偿。劳动部门认为，乙在工作中受伤，应当按工伤待遇赔偿。甲公司的理由不成立，尽管乙有违章行为，但法律并无此规定，故甲公司应按工伤标准赔偿，遂支持了乙的仲裁申请。

法律解读：棉纺厂的理由为什么不成立？根据国务院《工伤保险条例》第十六条规定："职工符合本条例第十四条、第十五条的规定，但是有下列情形之一的，不得认定为工伤或者视同工伤：（一）故意犯罪的；（二）醉酒或者吸毒的；（三）自残或者自杀的。"

尽管乙有违章行为，但并不属于自残行为，不符合上述三种不认定为工伤的情形，故应当依法认定为工伤。

案例 7. 下班途中小聚饮酒，酒后被撞算工伤吗？

案情简介：某机械厂油漆工人张顺（化名）的家距单位 3 千米，下班后，几个工友与张顺约好到机械厂的不远处一小饭馆喝酒。张顺在饭馆和工友们喝了一个多小时，他自己一个人喝了好几两白酒。小聚结束后，张顺骑自行车回家。

张顺骑车到一个十字路口时，被一辆三轮车撞伤腿部。交警到现场进行了处理，后张顺和三轮车主进行了和解。

张顺听说这也属于工伤，便找到机械厂，要求按工伤赔偿。但厂方经过了解，得知张顺下班后并未及时回家，而是到饭馆去喝酒，认为这不符合法律规定的工伤条件。

为此，张顺到劳动部门进行工伤认定。工伤认定部门认为，张顺被撞伤是下班后到小饭馆吃饭喝酒后发生的。根据国务院《工伤保险条例》第十四条第六款的规定，即职工在上下班途中，受到非本人主要责任的交通事故或者城市轨道交通、客运轮渡、火车事故伤害的应当认定为工伤。

据此，赵顺下班后并未回家，而是和工友们下饭馆喝酒，其情况已不符合法律规定认定工伤的情形，因而工伤认定部门才对张顺的请求不予支持。

法律解读：在实践中，当事人往往在法律规定的“上下班途中”的“途中”二字理解上产生歧义。按一般的理解，应当是下班后从单位到家的路上为“途中”。本案张顺下班后，没有直接回家，而是下班后到小饭馆吃饭喝酒后发生的事故，显然已不符合法律规定的认定工伤的情形。当然在实践中还有很多较复杂的情况，只能视情况而定。

案例 8. 上班途中被车撞伤，可否得到“双重赔偿”？

案情简介：周某在某汽车配件公司库房工作。2016 年 5 月，周某在上班途中被一拖拉机撞伤腿部，造成小腿部骨折。交警部门认定拖拉机车主尹小辉（化名）负主要责任，周某负次要责任。

经过和拖拉机车主协商，尹小辉赔偿周某医药费伤残补助金等计 7 万元损失。后周某又找到某汽车配件公司，要求按工伤赔偿损失。

公司老板称：“周某的伤是交通事故，又不是在我公司上班出的事。何况肇事方已经赔了他钱，再向我公司要钱，他还要两份啊？”对此，他对周某提出赔偿的请求予以拒绝。

周某只得到劳动部门认定工伤，并提出工伤伤残鉴定，劳动部门认定为工伤，周某的伤被鉴定为九级伤残。后来，周某又到仲裁委员会递交了仲裁申请。

《最高人民法院关于审理人身损害赔偿案件适用法律若干问题的解释》第十二条规定：“依法应当参加工伤保险统筹的

用人单位的劳动者，因工伤事故遭受人身损害，劳动者或者其近亲属向人民法院起诉请求用人单位承担民事赔偿责任的，告知其按《工伤保险条例》的规定处理。因用人单位以外的第三人侵权造成劳动者人身损害，赔偿权利人请求第三人承担民事赔偿责任的，人民法院应予支持。”据此，周某要求公司赔偿其各项损失 13 万元。

经过劳动仲裁委员会开庭审理并经过调解，最终双方达成工伤赔偿协议，某汽车配件公司赔偿周某损失 8.5 万元。

法律解读： 用工单位遇到上述情况总是觉得委屈，但是，这是为了保护劳动者的利益而设置的规定。作为用人单位，为了预防此类案件，应给劳动者上工伤保险，就不会有此担忧。

案例 9. 承揽工人修理车床，受到损害如何认定?

案情简介： 张某是个体工商户，其从事自动化车床修理。2015 年 4 月 2 日，某农机厂车床坏了，聘请张某去修理机器。

张某修好机器后，其出车间时，碰到一位熟人聊了一会儿，正要走出车间时，车间内吊车的钢丝绳被拉断，吊物从空中掉下，幸亏未砸着人。然而，张某被溅起的水泥渣击伤了头部。

工人们立即将张某送到了医院治伤。医药费等全部是农机厂出的。出院后，张某要求农机厂按工伤赔偿。

农机厂认为，张某属于承揽义务，不属于单位职工，不属于工伤。且张某活已干完，如果张某不在车间聊天，就不会受到伤害，对此事件张某也有责任。

张某认为，他到车间是按照农机厂的要求进的车间，并不是闲逛来的，他也是在工作期间。他是在车间出的事故，就应该按工伤赔偿。

双方协商未果，张某到劳动部门认定工伤，结果劳动部门对张某的伤不予认定为工伤，劳动部门并建议到法院按侵权解决。张某随后到法院起诉农机厂，要求按侵权处理，双方在法院的主持下达成了调解。

法律解读：工伤的前提是单位员工和单位有劳动关系。上述案例中张某与农机厂是加工承揽合同关系，不属于劳动关系。尽管张某是在劳动中出了事故，但他与农机厂应按照民事侵权法律规定解决，而不能认定为工伤。

案例10.劳动者工作满10年，能否不签无固定期限劳动合同？

案情简介：辛瑞芳（化名）已在某市一家建筑公司工作满10年了。2015年5月，建筑公司与全部员工重新签订了劳动合同。但此劳动合同是空白合同，公司要求职员签上名字和时间即可。

两年后，劳动合同到期，建筑公司便要求辛瑞芳离职。辛瑞芳说："我干了这么多年，你们怎么说让走就走呢？"公司人力资源部对她说："你的合同已经到期了。"

辛瑞芳想起两年前签订的劳动合同是空白合同，辛瑞芳找到律师进行了咨询，并在律师的代理下到劳动仲裁委员会进行仲裁，请求劳动仲裁委员会宣告该劳动合同无效，并重新签订劳动合同，将工作期限改为为无固定期限的劳动合同。

建筑公司在仲裁庭答辩称，双方已经签了劳动合同，是申请人自愿签订的，白纸黑字写的清楚，辛瑞芳已是成年人，应当知道订立合同的后果。"谁也没有强制她签订，如果她不服可以做字迹鉴定，既然订立了合同怎么又不承认了？"公司代理人强硬地说。

辛瑞芳则称，按照法律规定，其在公司已工作满10年，依法应当订立无固定期限的劳动合同。而公司让职工签订空白合同，本身就是欺诈行为，而且也违反了法律的强制性规定，该合同应是无效合同。

辛瑞芳还申请了两位工友作证，证明公司两年前让员工签订空白合同的事实。劳动仲裁委经过审理，根据《劳动合同法》第十四条的规定，无固定期限劳动合同，是指用人单位与劳动者约定无确定终止时间的劳动合同。用人单位与劳动者协商一致，可以订立无固定期限劳动合同。劳动者在该用人单位连续工作满10年的，劳动者提出或者同意续订、订立劳动合同的，除劳动者提出订立固定期限劳动合同外，应当订立无固定期限劳动合同。

劳动仲裁委员会据此认定，建筑公司让辛瑞芳填写空白合同违反法律规定，该公司在其不知情的情况下，让辛瑞芳填写两年工作期限违背了法律规定，应宣告该合同无效。建筑公司应当与辛瑞芳签订无固定期限的劳动合同。

风险提示：所谓无固定期限，就是没有具体年限。简而言之，即为长期合同工。法律这么规定，是为了保护在单位上班10年以上的老职工。如用工单位无特殊情况（破产、解散、被注销等情况或雇员自身原因），不能随意辞退10年以上的老职员。

20 世纪 90 年代，我开始从事法律事务，我清晰地记得我代理的第一个案子是一起工伤案件。我的一个老乡在外地一家大型桥梁施工企业当临时工时，因钢丝绳断裂导致他的两腿被桥梁物砸断。家属与单位协商赔偿事宜，单位说临时工只能赔付医药费，其他的补偿很少。当时劳动方面的案件较少，代理此案之后我到处寻找相关法律规定，一名老律师给我提供了劳动部的一个规定。根据此规定，我写了一份材料，并计算出赔偿数额。我的老乡拿着材料和文件去和企业交涉，该企业按规定了进行了赔偿。原本企业坚持只给 2000 元补偿，经过这次交涉，企业支付家属 4 万元的补偿。通过这个案子，我收获了作为一名的律师成就感——为老百姓解忧。

在司法实践中，也有让我忧心的事情。很多劳动者对劳动合同不重视，随意在劳动合同上签字，损失惨重的案例比比皆是。我印象最深的一案是三名 40 多岁的女职工在一家单位上班 10 年有余，因为单位解散她们被转移到另一单位上班，但新单位并不情愿接收她们。三人刚上班时，新单位就让她们与新单位签了个协议。可叹的是，她们没有看协议内容，就在上面签上了名字。这个协议实质内容是与劳动者解除劳动关系，而且一些内容是后来填上去的，其中还有一份是三人的辞职申请书。于是，三位女员工很快就被新单位解雇了。她们对新单位解雇不服，对新单位提起了劳动仲裁，但新单位拿出了她们亲笔签订的解除劳动合同协议以及辞职申请书。这个案件经过仲裁和诉讼，由于三名女职工在解除合同协议上的签字，法院最终没有支持她们的诉讼请求，这场纠纷最终以败诉收场。

还有很多打工者缺乏订立劳动合同的意识，诉讼维权费尽周折。比如，我代理的一位当事人在上下班途中被车撞伤，在劳动仲裁时单位否认其是单位的职工，当事人的同事因为害怕被单位开除不敢出庭作证。由于双方没有签订劳动合同缺乏证据，难以确定双方劳动关系。后经过仲裁庭调解，单位给了一些补偿，但却声称是出于人道主义考虑，而不是因为工伤。听到这些言论，当事人也悔恨当初为何不与单位签订劳动合同。

因此，我再次提醒劳动者，在进入一个工作单位时要提出订立劳动合同的要求，这样一旦与用人单位发生纠纷就有了维权依据，不至于为四处寻找证据而苦恼。简而言之，一纸劳动合同，就是劳动者的法律护身符。

第七篇

民事合同

在诉讼中，有的代理人或当事人罔顾案件双方的实际情况，僵化地背诵几条法律规定就去应诉，而不是在尊重案件事实和法律的前提下，灵活地处理案件。当事人在案件中应该提出鉴定申请时而未提出，在应向法院提出查封冻结财产申请时而未申请，在有调解机会时未去大力促成调解，该让步时不让步而丧失了调解的最佳机会。以上种种情况，均有可能导致当事人利益受损。

打赢一场官司，必须下功夫制订正确的诉讼方案和行动路线，并根据情况适时地予以调整，才能在诉讼中掌握主动权。

因此，认真对待合同签署的细节，生活的路才是平坦的。

本篇题记

《三国演义》第九十六回——失街亭节选

孔明大惊曰："孟达做事不密，死固当然。今司马懿出关，必取街亭，断吾咽喉之路。"便问："谁敢引兵去守街亭？"言未毕，参军马谡曰："某愿往。"孔明曰："街亭虽小，干系甚重：倘街亭有失，吾大军皆休矣。汝虽深通谋略，此地奈无城郭，又无险阻，守之极难。"谡曰："某自幼熟读兵书，颇知兵法。岂一街亭不能守耶？"孔明曰："司马懿非等闲之辈；更有先锋张郃，乃魏之名将：恐汝不能敌之。"谡曰："休道司马懿、张郃，便是曹睿亲来，有何惧哉！若有差失，乞斩全家。"孔明曰："军中无戏言。"谡曰："愿立军令状。"孔明从之。谡遂写了军令状呈上。孔明曰："吾与汝二万五千精兵，再拨一员上将，相助你去。"即唤王平分付曰："吾素知汝平生谨慎，故特以此重任相托。汝可小心谨守此地，下寨必当要道之处，使贼兵急切不能偷过。安营既毕，便画四至八道地理形状图本来我看。凡事商议停当而行，不可轻易。如所守无危，则是取长安第一功也。戒之！戒之！"二人拜辞引兵而去。[1]

……

却说马谡、王平二人兵到街亭，看了地势。马谡笑曰："丞相何故多心也？量此山僻之处，魏兵如何敢来！"王平曰："虽然魏兵不敢来，可就此五路总口下寨；却令军士伐木为栅，以图久计。"谡曰："当道岂是下寨之地？此处侧边一山，四面皆不相连，且树木极广，此乃天赐之险也：可就山上屯军。"平曰："参军差矣。若屯兵当道，筑起城垣，贼兵总有十万，不能偷过；今若弃此要路，屯兵于山上，倘魏兵骤至，四面围定，将何策保之？"谡大笑曰："汝真女子之见！兵法云：'凭高视下，势如劈竹。'若魏兵到来，吾教他片甲不回！"平曰："吾累随丞相经阵，每到之处，丞相尽意指教。今观此山，乃绝地也：若魏兵断我汲水之道，军士不战自乱矣。"谡曰："汝莫乱道！孙子云：'置之

1 罗贯中：《三国演义》，人民文学出版社 1973 年版，第 785 页。

死地而后生。’若魏兵绝我汲水之道，蜀兵岂不死战？以一可当百也。吾素读兵书，丞相诸事尚问于我，汝奈何相阻耶！”平曰：“若参军欲在山上下寨，可分兵与我，自于山西下一小寨，为掎角之势。倘魏兵至，可以相应。”马谡不从。忽然山中居民，成群结队，飞奔而来，报说魏兵已到。王平欲辞去，马谡曰：“汝既不听吾令，与汝五千兵自去下寨。待吾破了魏兵，到丞相面前须分不得功！”王平引兵离山十里下寨，画成图本，星夜差人去禀孔明，具说马谡自于山上下寨。[1]

……

却说孔明自令马谡等守街亭去后，犹豫不定。忽报王平使人送图本至。孔明唤入，左右呈上图本。孔明就文几上折开视之，拍案大惊曰：“马谡无知，坑陷吾军矣！”左右问曰：“丞相何故失惊？”孔明曰：“吾观此图本，失却要路，占山为寨。倘魏兵大至，四面围合，断汲水道路，不须二日，军自乱矣。若街亭有失，吾等安归？”长史杨仪进曰：“某虽不才，愿替马幼常回。”孔明将安营之法，一一分付与杨仪。——正待要行，忽报马到来，说：“街亭、列柳城，尽皆失了！”孔明跌足长叹曰：“大事去矣！——此吾之过也！”[2]

深度解读：以上是《三国演义》中马谡失街亭的一段内容，形象展现了马谡的军事教条主义思想。马谡被委以重任，守卫战略要地街亭，却兵败被斩。

为什么马谡指挥街亭之战会失败？主要存在以下四方面问题：

一是骄傲自满，且有严重的轻敌思想。当诸葛亮给他布置任务并叮嘱他街亭的重要战略地位和对手司马懿不是等闲之辈时。马谡却说：“某自幼熟读兵书，颇知兵法。岂一街亭不能守耶？”这表现得有多么狂妄自大，何等轻敌！这正是骄兵必败的道理。

二是固守军事教条，不顾实际情况，制定了在山上安营扎寨的错误战略方案。马谡不是根据地形、敌我情况、我方的战略意

1 罗贯中：《三国演义》，人民文学出版社 1973 年版，第 786 页。

2 罗贯中：《三国演义》，人民文学出版社 1973 年版，第 789 页。

图和任务制定战略方案，而是教条地运用兵法，作出违反客观情况的部署，导致战役惨败。

三是刚愎自用，缺乏民主作风。王平作为副将，提出了正确的战略方案，无疑是真知灼见。如王平提出："却令军士伐木为栅，以图久计。"因为山下道路是魏军必经之路，如军队就此驻扎，且设置障碍，则魏军无法通过此路。而马谡根本不听，一意孤行，反而耻笑王平"汝真女子之见！"，自行主张在山上屯兵。

四是认识错误，对事物缺乏实事求是的判断。马谡决定在山上屯兵时，王平劝其说："吾累随丞相经阵，每到之处，丞相尽意指教。今观此山，乃绝地也。若魏兵断我汲水之道，军土不战自乱矣。"谡曰："汝莫乱道！孙子云：'置之死地而后生。'若魏兵绝我汲水之道，蜀兵岂不死战？以一可当百也。"试想，兵卒如无水喝、无饭吃，其战斗力必将大大下降，有什么力量可以一当百？马谡却在此错误认识的指导下，人为地去制造这种使军队丧失战斗力的情况，这显然是认识缺陷。

总之，马谡作为一个战役的总指挥，其用兵存在诸多问题，失败是必然的了。

本篇主旨：街亭是战略要地，诸葛亮称为"咽喉之地"，一旦失守，整个蜀军就暴露在魏军之前。故此，街亭之战决定着整个战局的胜败。街亭失败最终致使诸葛亮演绎"空城计"及挥泪斩马谡。

在民事诉讼中也是如此，案件的诉讼方向、路线、证据、向法院提出的申请等均可能对案件输赢起到决定性作用。故此，为打赢一场官司，必须下功夫制定正确的诉讼方案和行动路线，并适时地予以调整，才能在诉讼中掌握主动权。

一、民事合同中38个必读法律点

1. 关于契约

㊀ **深度解读**："契约"，是指依照法律订立的正式的证明出卖、抵押、租赁等关系的文书。买卖房地产或者大宗买卖均须立契约，"空口无凭，立字为证"往往用在契约的最后，强调契约书面形式，就像现在合同里写"双方应遵守协议，不得违约"是一个道理。

2. 什么是合同?

㊀ **法律解读**：我国《合同法》第二条规定："本法所称合同是平等主体的自然人、法人、其他组织之间设立、变更、终止民事权利义务关系的协议。婚姻、收养、监护等有关身份关系的协议，适用其他法律的规定。"

㊀ **新法速递**：《民法典》第四百六十四条规定："合同是民事主体之间设立、变更、终止民事法律关系的协议。婚姻、收养、监护等有关身份关系的协议，适用有关该身份关系的法律规定；没有规定的，可以根据其性质参照适用本编规定。"

合同中的平等主体，是指民事主体的参与者在法律地位上是平等的。比如，政府机关工作人员下班后人员去市场买菜，他同卖菜商贩的地位平等，双方公平买卖，否则就违背市场经济所确定的公平交易的原则。

然而，民事法律关系与行政法律关系有重大区别。比如，负责管理市场的执法局人员，对卖菜的商贩依法管理，两者所形成的行政法律关系地位是不平等的。执法人员以行政手段执法，行政相对人应服从其管理。

因此，主体平等是民事合同的最重要的原则之一，合同一方不能强制另一方订立民事合同。

3. 婚姻关系是合同关系吗？

法律解读：婚姻是为社会制度所确认的男女两性互为配偶的结合。婚姻关系是社会关系的特定形式，是人与人之间的一种特定的社会联系和交往方式。但是，不能否认夫妻之间对婚姻有约定，但这种约定是十分复杂的，也是受着《婚姻法》的制约，同时也是难以用一纸书面合同完全写明的。

在现实生活中，有法律工作者起草了《婚约合同》，他把婚约分为要约—承诺—登记—履行几个阶段，同时还有双方具体相互遵守的内容。这种合同看起来有点调侃的意思。在生活中，即使签署了这样的合同，也难以相互约束。

需要注意的是，夫妻关系必须依法进行婚姻登记才能生效，未登记而同居的关系不受婚姻法保护。婚姻登记涉及夫妻间的相互继承、相互扶养、财产分割等诸多法律事宜。

4. 契约、合同、协议的内涵在法律上有区别吗？

法律解读：契约、协议、合同究竟有无区别？从字面上理解，合同两字都含“一”和“口”两字，说明合同各方应平等对话；协议两字都含有“言”字，含有合同各方平等发言的寓意。契约二字契是契合的意思（也包含所有权的意思），约是约定。

实际上，这三个词的内涵没有实质的区别，只是名称不同。契约是老祖宗传下来的正宗的名称，而合同和协议两个名称则是舶来品。

还有一些人认为，合同一般用于重大的事务和比较正式的约定，而协议是比较小的事，或是私人的事，其效力低于合同。

笔者认为，上述说法没有法律依据，契约、合同、协议三个名词的内涵并无区别。

5. 当事人的口头约定是合同吗？能在法律上生效吗？口头协议不是合同，这种观点对吗？

⊖ **法律解读**：《民法总则》第一百三十五条规定：“民事法律行为可以采用书面形式、口头形式或者其他形式；法律、行政法规规定或者当事人约定采用特定形式的，应当采用特定形式。”

⊖ **新法速递**：《民法典》第一百三十五条规定：“民事法律行为可以采用书面形式、口头形式或者其他形式；法律、行政法规规定或者当事人约定采用特定形式的，应当采用特定形式。”

《合同法》第十条规定：“当事人订立合同，有书面形式、口头形式和其他形式。法律、行政法规规定采用书面形式的，应当采用书面形式。当事人约定采用书面形式的，应当采用书面形式。”

⊖ **新法速递**：《民法典》第四百六十九条规定：“当事人订立合同，可以采用书面形式、口头形式或者其他形式。书面形式是合同书、信件、电报、电传、传真等可以有形地表现所载内容的形式。以电子数据交换、电子邮件等方式能够有形地表现所载内容，并可以随时调取查用的数据电文，视为书面形式。”

根据上述法律规定，口头协议也是合同的一种表现形式，属于合同的一种。

其实，民间绝大多数约定采用的是口头协议。口头协议的优势在于方便、快捷、及时、效率高，但缺点也不可忽略——没有形成书面文件，举证困难。

一般来说，及时结清的交易采用口头协议——一手交钱一手交货，即时履行、方便快捷。如到菜市场买菜，就不用签署书面合同。但其买卖过程和订立合同程序相同，也有要约—承诺—成交的程序。实践中，对于标的额较大、合同内容复杂、履行期限较长的合同，为慎重起见，各方当事人最好签署书面合同。否则，一旦发生纠纷会因举证不能而陷入败诉的局面。

6. 合同中甲方和乙方的民事地位以及权利义务有区别吗？

法律解读：在实践中，很多人认为甲方和乙方的民事地位不同，有的人在订立协议时，很在意这个称呼，尤其是在建筑承包合同中，人们习惯地称发包方为甲方，承包方为乙方，但这仅是习惯而已，并不存在民事地位谁高谁低的差异。

为什么叫甲方、乙方呢？有的合同当事人众多，还会增加丙方、丁方等，但实际上就是代称。有的单位名字很长，以甲乙代称，仅是为了文字简洁、好区分，并无其他意思。

7. 法定代表人代表法人订立合同，但合同上没有加盖法人的公章，只有法定代表人的签字，该合同是否生效?

法律解读：一般而言，合同虽没有加盖单位的公章，但有法定代表人的签名，该合同有效。法定代表人代表法人行使职权，以法人名义对外作出的行为应由法人承担责任，加盖公章并非合同生效的必备条件。

《民法总则》第六十一条规定："依照法律或者法人章程的规定，代表法人从事民事活动的负责人，为法人的法定代表人。法定代表人以法人名义从事的民事活动，其法律后果由法人承受。法人章程或者法人权力机构对法定代表人代表权的限制，不得对抗善意相对人。"

新法速递：《民法典》第六十一条规定："依照法律或者法人章程的规定，代表法人从事民事活动的负责人，为法人的法定代表人。法定代表人以法人名义从事的民事活动，其法律后果由法人承受。法人章程或者法人权力机构对法定代表人代表权的限制，不得对抗善意相对人。"

《合同法》第三十二条规定："当事人采用合同书形式订立合同的，自双方当事人签字或者盖章时合同成立。"该法第四十四条规定："依法成立的合同，自成立时生效。法律、行政法规规定应当办理批准、登记等手续生效的，依照其规定。"

新法速递：《民法典》第四百九十条第一款规定："当事人采用合同书形式订立合同的，自当事人均签名、盖章或者按指印时合同成立。在签名、盖章或者按指印之前，当事人一方已经履行主要义务，对方接受时，该合同成立。"

《民法典》第五百零二条规定："依法成立的合同，自成立时生效，但是法律另有规定或者当事人另有约定的除外。依照法律、行政法规的规定，合同应当办理批准等手续的，依照其规定。未办理批准等手续影响合同生效的，不影响合同中履行报批等义务条款以及相关条款的效力。应当办理申请批准等手续的当事人未履行义务的，对方可以请求其承担违反该义务的责任。依照法律、行政法规的规定，合同的变更、转让、解除等情形应当办理批准等手续的，适用前款规定。”

法定代表人在合同上签字是有条件的：

一是必须是以法人的名义签订合同，合同上应有单位的名称；

二是合同约定了法人的权利和义务，而不是约定法定代表人个人的权利和义务；

三是对法定代表人特殊情况下签订的合同需要考虑。比如，在下列情况下，法定代表人的签字对合同是否产生法律效力就要根据情况而定。

根据《合同法》第五十条的规定：“法人或者其他组织的法定代表人、负责人超越权限订立的合同，除相对人知道或者应当知道其超越权限的以外，该代表行为有效。”

新法速递：《民法典》第五百零四条规定：“法人的法定代表人或者非法人组织的负责人超越权限订立的合同，除相对人知道或者应当知道其超越权限外，该代表行为有效，订立的合同对法人或者非法人组织发生效力。”

在合同一方当事人明知对方的法定代表人超越权限而仍与其签订合同的情况下，只有法定代表人签名但没有盖章的合同对该法人代表的单位没有约束力。

8. 已加盖单位公章的合同是否必然有效?

法律解读:《合同法》第三十二条规定，当事人采用合同书形式订立合同的，自双方当事人签字或者盖章时合同成立。从形式上说，如果是单位在合同上加盖公章即是合同成立，但并不意味着必然有效。合同是否有效，还要看是否符合法律规定。

新法速递:《民法典》第四百九十条第一款规定:“当事人采用合同书形式订立合同的，自当事人均签名、盖章或者按指印时合同成立。在签名、盖章或者按指印之前，当事人一方已经履行主要义务，对方接受时，该合同成立。”

《合同法》第五十二条规定:“有下列情形之一的，合同无效:(一)一方以欺诈、胁迫的手段订立合同，损害国家利益;(二)恶意串通，损害国家、集体或者第三人利益;(三)以合法形式掩盖非法目的;(四)损害社会公共利益;(五)违反法律、行政法规的强制性规定。”

新法速递:《民法典》第一编　总则

第一百四十四条　无民事行为能力人实施的民事法律行为无效。

第一百四十六条　行为人与相对人以虚假的意思表示实施的民事法律行为无效。

以虚假的意思表示隐藏的民事法律行为的效力，依照有关法律规定处理。

第一百五十三条　违反法律、行政法规的强制性规定的民事法律行为无效。但是，该强制性规定不导致该民事法律行为无效的除外。

违背公序良俗的民事法律行为无效。

第一百五十四条　行为人与相对人恶意串通，损害他人合法权益的民事法律行为无效。

可见，如果存在上述违法情形，即便是合同加盖了公章，也属于无效合同。

实践中很多人认为，盖了单位公章的合同还能没有法律效力吗？实际上这是误解。合同有效和无效并不取决于盖没盖公章，而是取决于合同是否合法。

比如，村民委员会未经相关部门批准，将集体所有的土地使用权出让、转让或者出租用于非农业建设的，即便盖上公章也会因违法而无效。此外，如果村民委员会违反民主程序，将集体土地发包，也会导致合同无效。

9. 合同中写明了合同履行地，是否暗含了合同发生纠纷由哪个法院管辖的内容？

法律解读：这一点是肯定的。合同履行地是确定由哪个法院管辖的重要依据。合同履行地就是合同按照约定或者实际实施的地点。《民事诉讼法》第二十三条规定："因合同纠纷提起的诉讼，由被告住所地或者合同履行地人民法院管辖。"

因此，要确定合同纠纷由哪个法院管辖，就应首先确定被告住所地或合同履行地。

关于履行地的法律规定：

《最高人民法院关于适用〈中华人民共和国民事诉讼法〉的解释》第十八条规定，合同约定履行地点的，以约定的履行地点为合同履行地。合同对履行地点没有约定或者约定不明确，争议标的为给付货币的，接收货币一方所在地为合同履行地。交付不动产的，不动产所在地为合同履行地。其他标的，履行义务一方所在地为合同履行地。即时结清的合同，交易行为地为合同履行地。合同没有实际履行，当事人双方住所地都不在合同约定的履行地的，由被告住所地人民法院管辖。

该解释第十九条规定：“财产租赁合同、融资租赁合同以租赁物使用地为合同履行地。合同对履行地有约定的，从其约定。”

10. 买卖合同中约定了运费的负担者，是否暗含了合同发生纠纷由哪个法院管辖的内容？

法律解读：在买卖合同中，运费的支付能间接地证明合同履行地问题。

首先，我们应知道什么是合同履行地。以买卖合同为例，卖方将货物交付买方的地点就是合同履行地。如甲买了台电脑，买方付款后从商店柜台取走，商店就是合同履行地。如果商家将电脑送到买方家里，买方家里就是合同履行地。说的更明确一点就是，买卖标的物所有权何时转移，转移地就是履行地。如果甲乙双方买卖机器，合同未约定合同履行地，但是卖方用车将机器运至买方工厂，履行地就应该认定是买方工厂。

其次，由哪个法院管辖案件，对当事人有一定的影响。这是因为，距离法院的远近，将增加一方在路程中的费用以及耗费更多时间。如辽宁省大连市某公司和海南省某公司做生意，如出现纠纷是归大连市某法院管辖，还是归海南省某法院管辖对当事人会有很大区别。

因此在实践中，人们越来越重视合同中关于管辖的约定。很多人在合同最后写明，发生纠纷由哪个法院管辖。但也有很多合同并不写明管辖，而是在合同中暗含了由哪个法院管辖的要素。一旦双方发生纠纷，即可依据该要素确定由哪个法院管辖。

11. 什么人有订立合同的行为能力？

新法速递：《民法典》第一编　总则

第十七条　十八周岁以上的自然人为成年人。不满十八周岁的自然人为未成年人。

第十八条　成年人为完全民事行为能力人，可以独立实施民事法律行为。

十六周岁以上的未成年人，以自己的劳动收入为主要生活来源的，视为完全民事行为能力人。

第十九条　八周岁以上的未成年人为限制民事行为能力人，实施民事法律行为由其法定代理人代理或者经其法定代理人同意、追认；但是，可以独立实施纯获利益的民事法律行为或者与其年龄、智力相适应的民事法律行为。

第二十条　不满八周岁的未成年人为无民事行为能力人，由其法定代理人代理实施民事法律行为。

第二十一条　不能辨认自己行为的成年人为无民事行为能力人，由其法定代理人代理实施民事法律行为。

八周岁以上的未成年人不能辨认自己行为的，适用前款规定。

小贴士

随着2021年1月1日《民法典》正式实施，《民法总则》与《民法通则》都将废止，对限制民事行为能力的人的规定将以《民法典》为准，即8周岁以上的未成年人为限制民事行为能力人。

什么是民事权利能力？是民事法律赋予民事主体从事民事活动，从而享受民事权利和承担民事义务的资格。自然人有权利能力，可以享有财产权利。一个刚出生的小孩可以拥有房产、汽车等财产，其还可以享有其他权利如被抚养权。

但有了权利能力不等于有行为能力。民事行为能力，是指民事主体能以自己的行为取得民事权利、承担民事义务的资格。

民事权利能力是民事行为能力的前提，民事行为能力是民事权利能力实现的条件。权利能力表明了作为民事主体的资格，行为能力则表明了民事主体能以自己的行为为民事行为的资格。

因此，只有具备民事行为能力，才能签署与之相适应的合同。

12. 限制行为能力人能够订立哪些合同呢？

法律解读：16 周岁以上不满 18 周岁的公民，以自己的劳动收入为主要生活来源的，视为完全民事行为能力人，可以独立进行民事活动。

限制行为能力人订立以下两种合同是有效的：一是与其年龄、智力、精神健康状况相适应而订立的合同；二是纯获利益的合同。

限制行为能力人所订立的其他合同，属于效力待定的合同，即在订立时不能确定是有效还是无效。这些合同，要等待限制民事行为能力人的法定代理人追认。法定代理人追认的为有效合同，若法定代理人明确表示拒绝追认或者经相对人催告后在规定期限内不答复的，视为拒绝追认合同的效力，此时合同无效。

所谓效力待定的合同是限制行为能力人订立合同后，是否有效还需要法定代理人追认。我国《合同法》第四十七条第一款规定："限制民事行为能力人订立的合同，经法定代理人追认后，该合同有效，但纯获利益的合同或者与其年龄、智力、精神健康状况相适应而订立的合同，不必经法定代理人追认。”这种追认在法律上称追认权。

⊖ **新法速递：**《民法典》第一百四十五条规定：“限制民事行为能力人实施的纯获利益的民事法律行为或者与其年龄、智力、精神健康状况相适应的民事法律行为有效；实施的其他民事法律行为经法定代理人同意或者追认后有效。

“相对人可以催告法定代理人自收到通知之日起三十日内予以追认。法定代理人未作表示的，视为拒绝追认。民事法律行为被追认前，善意相对人有撤销的权利。撤销应当以通知的方式作出。”

13. 正在监狱服刑的人有权订立合同吗？

⊖ **法律解读：**我国《民法总则》第十三条规定：“自然人从出生时起到死亡时止，具有民事权利能力，依法享有民事权利，承担民事义务。”该法第十四条规定：“自然人的民事权利能力一律平等。”

⊖ **新法速递：**《民法典》第十三条规定：“自然人从出生时起到死亡时止，具有民事权利能力，依法享有民事权利，承担民事义务。”

《民法典》第十四条规定：“自然人的民事权利能力一律平等。”

从上述法律规定可以看出，正在服刑人员除人身自由被依法剥夺（有的服刑人员被判处剥夺政治权利）外，其他权利和普通公民没有区别，他们可以依法行使民事权利，履行民事义务，包括签署民事合同。

14. 醉酒的人签署的合同有效吗?

法律解读: 在法庭上，常常出现这种情况，当原告拿出借条和还款保证书时，被告却辩称这张借条是其所写，但是被告并不欠原告的款，是被告喝醉了打的借条。

被告的这种辩解能成立吗? 醉酒不能成为行为人免除民事责任或否定其真实意思表示的理由。当然，该借条是否成立，还要结合其他综合因素予以认定。借款人对借条的真实性和内容没有异议，只是辩解称是其在醉酒状态下所写，该理由没有法律上的意义，这种辩称也难以得到法院的支持。

借条本身的意义就在于确认债权债务关系，避免将来可能发生的争议，也有防止反悔、避免举证困难的意义。如果被告抗辩借贷行为尚未实际发生并能作出合理说明，法院应当结合借贷金额、款项交付、当事人的经济能力、当地或者当事人之间的交易方式、交易习惯、当事人财产变动情况以及证人证言等事实和因素综合判断查证借贷事实是否发生。

15. 以传销的方式订立的合同有效吗?

法律解读: 这种合同是无效的。《合同法》第五十二条规定:“有下列情形之一的，合同无效:（一）一方以欺诈、胁迫的手段订立合同，损害国家利益;（二）恶意串通，损害国家、集体或者第三人利益;（三）以合法形式掩盖非法目的;（四）损害社会公共利益;（五）违反法律、行政法规的强制性规定。”

新法速递: 《民法典》第一百五十三条规定:“违反法律、行政法规的强制性规定的民事法律行为无效。但是，该强制性规定不导致该民事法律行为无效的除外。违背公序良俗的民事法律行为无效。”

传销是一种违反国家规定，扰乱市场秩序，情节严重的行为，符合上述法律规定的情形，所订立的合同无效。此外，传销行为是法律禁止的行为，以传销方式订立的合同因违反法律强制性规定属于无效合同，不产生法律效力。

16. 当事人在合同上只签字不按手印有效吗？

→ **法律解读**：《最高人民法院关于适用〈中华人民共和国合同法〉若干问题的解释（二）》第五条规定：“当事人采用合同书形式订立合同的，应当签字或者盖章。当事人在合同书上摁手印的，人民法院应当认定其具有与签字或者盖章同等的法律效力。”

因此，签字与按手印有同等法律效力。增加按手印是为了增加可信度的一项措施，但其不是强制性规定，即当事人签字但没有按手印也产生法律效力。

17. 双方当事人在合同上签字，未经过公证，该合同有法律效力吗？

→ **法律解读**：我国《公证法》第二条规定：“公证是公证机构根据自然人、法人或者其他组织的申请，依照法定程序对民事法律行为、有法律意义的事实和文书的真实性、合法性予以证明的活动。”

从上述规定可以看出，公证是依申请进行，并不是所有合同都必须经过公证才产生法律效力，但经过公证的法律文书的合法性和真实性强，具有较高的证明力。其表现在：

其一，对民事法律行为和有法律意义的文书、事实经过公证证明，其真实性、合法性即产生法律上的证据效力。人民法院审理案件时，可以直接采纳，但有相反证据足以推翻公证证明的除外。

其二，依照法律规定必须公证证明的法律行为，则公证证明就成为这些法律行为生效的必要条件。

其三，债权文书，如债权人和债务人对权利义务关系没有争议、并经公证证明具有强制执行效力的。当债务人拒不履行时，债权人可以直接向人民法院申请强制执行，不需要向人民法院起诉要求作出裁判。

18. 哪些文书、合同可以进行公证？

法律解读：我国《公证法》第十一条规定："根据自然人、法人或者其他组织的申请，公证机构办理下列公证事项：（一）合同；（二）继承；（三）委托、声明、赠与、遗嘱；（四）财产分割；（五）招标投标、拍卖；（六）婚姻状况、亲属关系、收养关系；（七）出生、生存、死亡、身份、经历、学历、学位、职务、职称、有无违法犯罪记录；（八）公司章程；（九）保全证据；（十）文书上的签名、印鉴、日期，文书的副本、影印本与原本相符；（十一）自然人、法人或者其他组织自愿申请办理的其他公证事项。法律、行政法规规定应当公证的事项，有关自然人、法人或者其他组织应当向公证机构申请办理公证。"

19. 哪些情况下，公证机构不予办理公证？

法律解读：我国《公证法》第三十一条规定："有下列

情形之一的，公证机构不予办理公证：（一）无民事行为能力人或者限制民事行为能力人没有监护人代理申请办理公证的；（二）当事人与申请公证的事项没有利害关系的；（三）申请公证的事项属专业技术鉴定、评估事项的；（四）当事人之间对申请公证的事项有争议的；（五）当事人虚构、隐瞒事实，或者提供虚假证明材料的；（六）当事人提供的证明材料不充分或者拒绝补充证明材料的；（七）申请公证的事项不真实、不合法的；（八）申请公证的事项违背社会公德的；（九）当事人拒绝按照规定支付公证费的。”

20. 公证能替代抵押物登记吗？

法律解读：公证替代不了抵押物登记，因为根据《担保法》第四十一条的规定，“当事人以本法第四十二条规定的财产抵押的，应当办理抵押物登记，抵押合同自登记之日起生效”。

新法速递：《民法典》第四百零二条规定：“以本法第三百九十五条第一款第一项至第三项规定的财产或者第五项规定的正在建造的建筑物抵押的，应当办理抵押登记。抵押权自登记时设立。”

《民法典》第四百零三条规定：“以动产抵押的，抵押权自抵押合同生效时设立；未经登记，不得对抗善意第三人。”

常见误区：许多人对上述抵押登记的法律规定缺乏认知。抵押合同只是在合同中出现，但双方当事人并没有按上述法律规定进行抵押登记致使抵押合同并未生效。也有人认为，把抵押合同到公证处进行公证，不就等于抵押了吗？这种认识也是错误的。因为，公证替代不了抵押登记。

《担保法》第四十二条规定："办理抵押物登记的部门如下：（一）以无地上定着物的土地使用权抵押的，为核发土地使用权证书的土地管理部门；（二）以城市房地产或者乡（镇）、村企业的厂房等建筑物抵押的，为县级以上地方人民政府规定的部门；（三）以林木抵押的，为县级以上林木主管部门；（四）以航空器、船舶、车辆抵押的，为运输工具的登记部门；（五）以企业的设备和其他动产抵押的，为财产所在地的工商行政管理部门。"

新法速递：《民法典》第三百九十五条规定："债务人或者第三人有权处分的下列财产可以抵押：（一）建筑物和其他土地附着物；（二）建设用地使用权；（三）海域使用权；（四）生产设备、原材料、半成品、产品；（五）正在建造的建筑物、船舶、航空器；（六）交通运输工具；（七）法律、行政法规未禁止抵押的其他财产。抵押人可以将前款所列财产一并抵押。"

当事人在进行民事法律行为和签署具有法律意义的文书时，应考虑自己的目的是什么，而后依据法律规定到相关部门办理相应登记，为保护自身权益不受损害最好向专业律师咨询。否则，费力耗财且浪费时间，最重要的是达不到预期效果。

21. 合同的主要条款都有哪些？

法律解读：我国《合同法》第十二条规定："合同的内容由当事人约定，一般包括以下条款：（一）当事人的名称或者姓名和住所；（二）标的；（三）数量；（四）质量；（五）价款或者报酬；（六）履行期限、地点和方式；（七）违约责任；（八）解决争议的方法。当事人可以参照各类合同的示范文本订立合同。”

⊖ **新法速递：**《民法典》第四百七十条规定：“合同的内容由当事人约定，一般包括下列条款：（一）当事人的姓名或者名称和住所；（二）标的；（三）数量；（四）质量；（五）价款或者报酬；（六）履行期限、地点和方式；（七）违约责任；（八）解决争议的方法。当事人可以参照各类合同的示范文本订立合同。”

上述法律规定列举了合同主要条款。当事人在订立合同时，应根据合同的性质和当事人的特别约定起草合同条款。

合同是把双方的约定形成书面文件，作为依据，共同遵守。但一些合同订立得过于简单、词不达意，且缺少上述规定的主要条款，如买卖合同价格约定的不明或货物数量不清，此后都容易引发纠纷。

⊖ **常见误区：**合同未写签订日期或出现产生歧义的字词。例如，在租赁合同中约定，如在地上建附着物，租赁到期时附着物按当时的价格进行补偿。这里的当时就属于约定不明，一旦产生纠纷，双方的分歧点在于当时是指签合同时还是租赁到期时。此类案件在现实生活中比比皆是，应引起人们的注意。

22. 合同缺少主要条款，该合同有效吗？

⊖ **法律解读：**合同不因缺失主要条款而无效。确切地说，合同缺乏个别主要条款并不是导致合同无效的法定事由。因为根据《合同法》规定若合同主要条款约定不明，合同当事人可以通过补充协议、结合合同有关条款或者交易习惯等方式进行确定，但并不能因此否认合同的法律效力。

《合同法》第六十一条规定：“合同生效后，当事人就质量、价款或者报酬、履行地点等内容没有约定或者约定不明确的，可以协议补充；不能达成补充协议的，按照合同有关条款或者交易习惯确定。”

新法速递：《民法典》第五百一十条规定：“合同生效后，当事人就质量、价款或者报酬、履行地点等内容没有约定或者约定不明确的，可以协议补充；不能达成补充协议的，按照合同相关条款或者交易习惯确定。”

《合同法》第六十二条规定：“当事人就有关合同内容约定不明确，依照本法第六十一条的规定仍不能确定的，适用下列规定：（一）质量要求不明确的，按照国家标准、行业标准履行；没有国家标准、行业标准的，按照通常标准或者符合合同目的的特定标准履行。（二）价款或者报酬不明确的，按照订立合同时履行地的市场价格履行；依法应当执行政府定价或者政府指导价的，按照规定履行。（三）履行地点不明确，给付货币的，在接受货币一方所在地履行；交付不动产的，在不动产所在地履行；其他标的，在履行义务一方所在地履行。（四）履行期限不明确的，债务人可以随时履行，债权人也可以随时要求履行，但应当给对方必要的准备时间。（五）履行方式不明确的，按照有利于实现合同目的的方式履行。（六）履行费用的负担不明确的，由履行义务一方负担。”

新法速递：《民法典》第五百一十一条规定：“当事人就有关合同内容约定不明确，依据前条规定仍不能确定的，适用下列规定：（一）质量要求不明确的，按照强制性国家标准履行；没有强制性国家标准的，按照推荐性国家标准履行；没有推荐性国家标准的，按照行业标准履行；没有国家标准、行业标准的，按照通常标准或者符合合同目的的特定标准履行。

（二）价款或者报酬不明确的，按照订立合同时履行地的市场价格履行；依法应当执行政府定价或者政府指导价的，依照规定履行。（三）履行地点不明确，给付货币的，在接受货币一方所在地履行；交付不动产的，在不动产所在地履行；其他标的，在履行义务一方所在地履行。（四）履行期限不明确的，债务人可以随时履行，债权人也可以随时请求履行，但是应当给对方必要的准备时间。（五）履行方式不明确的，按照有利于实现合同目的的方式履行。（六）履行费用的负担不明确的，由履行义务一方负担；因债权人原因增加的履行费用，由债权人负担。"

《合同法》第二百零六条规定："借款人应当按照约定的期限返还借款。对借款期限没有约定或者约定不明确，依照本法第六十一条的规定仍不能确定的，借款人可以随时返还；贷款人可以催告借款人在合理期限内返还。"

新法速递：《民法典》第六百七十五条规定："借款人应当按照约定的期限返还借款。对借款期限没有约定或者约定不明确，依据本法第五百一十条的规定仍不能确定的，借款人可以随时返还；贷款人可以催告借款人在合理期限内返还。"

综上所述，如果合同主要条款约定不明，上述法律条文规定了如何去确定适用的规则。实际上就是规定了用什么办法来弥补合同主要条款缺失如何处理的问题。如果提起诉讼，法院会依照上述法律规定进行判决。

23. 重大误解订立的合同，你了解吗？

法律解读：误解是指认识与对象的不一致，即行为人对民事行为的内容或其他有关情况产生认识上的错误，以至于外在意思表示与内心意志不一致。比如，双方谈买卖，甲说的公斤，乙说的是市斤，结果出现偏差。

《民法总则》第一百四十七条规定："基于重大误解实施的民事法律行为，行为人有权请求人民法院或者仲裁机构予以撤销。"

⊝ **新法速递：**《民法典》第一百四十七条规定："基于重大误解实施的民事法律行为，行为人有权请求人民法院或者仲裁机构予以撤销。"

《合同法》第五十四条规定："下列合同，当事人一方有权请求人民法院或者仲裁机构变更或者撤销：（一）因重大误解订立的；（二）在订立合同时显失公平的。一方以欺诈、胁迫的手段或者乘人之危，使对方在违背真实意思的情况下订立的合同，受损害方有权请求人民法院或者仲裁机构变更或者撤销。当事人请求变更的，人民法院或者仲裁机构不得撤销。"

⊝ **新法速递：**《民法典》第一编　总则

第一百四十七条　基于重大误解实施的民事法律行为，行为人有权请求人民法院或者仲裁机构予以撤销。

第一百四十八条　一方以欺诈手段，使对方在违背真实意思的情况下实施的民事法律行为，受欺诈方有权请求人民法院或者仲裁机构予以撤销。

第一百四十九条　第三人实施欺诈行为，使一方在违背真实意思的情况下实施的民事法律行为，对方知道或者应当知道该欺诈行为的，受欺诈方有权请求人民法院或者仲裁机构予以撤销。

第一百五十条　一方或者第三人以胁迫手段，使对方在违背真实意思的情况下实施的民事法律行为，受胁迫方有权请求人民法院或者仲裁机构予以撤销。

第一百五十一条　一方利用对方处于危困状态、缺乏判断能力等情形，致使民事法律行为成立时显失公平的，受损害方有权请求人民法院或者仲裁机构予以撤销。

一般情况下，重大误解由以下要件构成：

一是必须为作出意思表示的当事人因为误解作出了意思表示；

二是必须是对合同的内容发生了重大误解；

三是误解是由误解方自己的过错造成的，而不是因为受到对方的欺骗或不正当影响造成的；

四是误解直接影响到当事人所应享受的权利，有可能对误解人造成较大损失。

24. 显失公平订立的合同能依法撤销吗？

法律解读：所谓显失公平的合同，是指一方在签署合同时因情况紧迫或缺乏经验而签署的明显对自己重大不利的合同。

《民法总则》第一百五十一条规定：“一方利用对方处于困境、缺乏判断能力或者对自己信赖等情形，致使民事法律行为成立时显失公平的，受损害方有权请求人民法院或者仲裁机构予以撤销。”

新法速递：《民法典》第一百五十一条规定：“一方利用对方处于危困状态、缺乏判断能力等情形，致使民事法律行为成立时显失公平的，受损害方有权请求人民法院或者仲裁机构予以撤销。”

显失公平的合同主要具有以下法律特征：一是这种合同在双方当事人之间明显不公平；二是一方获得的利益超过了法律所允

许的限度；三是受害的一方在签署合同时缺乏经验或情况紧迫。

造成显失公平的原因为受害人缺乏经验或情况紧迫。比如，汽车坏在半路，涉事人此时有急事，打电话找来专门修理汽车的人对汽车进行修理。正常修理价格为 300 元，但修车人要 3000 元。涉事人急着赶路，也不好重新再找修车的人，只好允诺。

“敲竹杠”是对显失公平合同的一个典型归纳。如果事后，涉事人觉得憋屈，以显失公平将修车人起诉到法院，法院应当根据上述法律的规定，认定修车人是否属于显失公平行为。如果属于显失公平，法院就会判决修车人按照正常的收费价格收费，将修车人多收的费用予以退还。

上述案例属于典型急迫情况。在现实生活中，显失公平的合同表现多样。如何分辨它们维护自身权益？只要符合法律规定的上述情形，显失公平的一方就可以依法请求法院撤销该合同并请求对方赔偿损失。

25. 合同诈骗罪与民事欺诈有哪些区别？

⊖ **法律解读 1.** 什么是民事欺诈？

根据《民法总则》及相关司法解释规定，民事欺诈行为，是指在设立、变更、终止民事权利和民事义务的过程中，故意告知对方虚假情况，或者故意隐瞒真实情况，诱使对方做出错误表示的行为。行为导致的法律后果是民事行为无效，从行为开始就没有法律约束力。

根据《消费者权益保护法》第五十五条第一款的规定：“经营者提供商品或者服务有欺诈行为的，消费者可以要求增加赔偿其受到的损失，增加赔偿的金额为消费者购买商品的价格或者接受服务的费用的三倍；增加赔偿的金额不足五百元的，为五百元。法律另有规定的，依照其规定。”

合同诈骗和民事欺诈两者是性质、概念不同的法律术语。合同诈骗，是指签订合同的一方当事人弄虚作假，诱使对方当事人在违背其真实意思表示的情况下，签订合同的行为。

法律解读 2. 什么是合同诈骗罪？

合同诈骗罪，是指在签订、履行合同过程中，采取虚构事实或者隐瞒真相等欺骗手段，骗取对方当事人的财物，数额较大的行为。

《刑法》第二百二十四条的规定："有下列情形之一，以非法占有为目的，在签订、履行合同过程中，骗取对方当事人财物，数额较大的，处三年以下有期徒刑或者拘役，并处或者单处罚金；数额巨大或者有其他严重情节的，处三年以上十年以下有期徒刑，并处罚金；数额特别巨大或者有其他特别严重情节的，处十年以上有期徒刑或者无期徒刑，并处罚金或者没收财产：（一）以虚构的单位或者冒用他人名义签订合同的；（二）以伪造、变造、作废的票据或者其他虚假的产权证明作担保的；（三）没有实际履行能力，以先履行小额合同或者部分履行合同的方法，诱骗对方当事人继续签订和履行合同的；（四）收受对方当事人给付的货物、货款、预付款或者担保财产后逃匿的；（五）以其他方法骗取对方当事人财物的。”

这里所说的其他方法是指在签订、履行经济合同过程中使用的上述四种方法以外，以经济合同为手段、以骗取货物、货款、预付款、定金以及其他财物为目的的一切手段。行为人只要实施上述一种诈骗行为，即可构成合同诈骗罪。

法律解读 3. 民事欺诈与合同诈骗罪的区别

一是主观目的不同。民事欺诈是为了用于经营，借以创造履行能力而为欺诈行为以诱使对方陷入认识错误并与其订立合同，不具有非法占有公私财物的目的，只希望通过实施欺诈行为获取对方的一定经济利益，而合同诈骗罪是以签订经济合同为名，达到非法占有公私财物的目的。

二是欺诈财物的数额不同。《最高人民检察院、公安部关于经济犯罪案件追诉标准的规定》第六十九条规定了合同诈骗的追诉标准和情形，即个人诈骗公私财物，数额在5000元至2万元以上的。单位直接负责的主管人员和其他直接责任人员以单位名义实施诈骗，诈骗所得归单位所有的，数额在5万元至20万元以上的。

⊖ **法律解读4.** 法律救济途径

其一，遭遇合同诈骗，被害人可到犯罪地公安机关的经侦部门控告，要求追究对方的刑事责任；

其二，遭遇民事欺诈，当事人可到人民法院提起民事诉讼解决纷争；

其三，《消费者权益保护法》规定，经营者提供商品或者服务有欺诈行为的，消费者可以要求增加赔偿受到的损失，增加赔偿的金额为消费者购买商品的价格或者接受服务的费用的三倍。如果商家对消费者有欺诈行为，消费者可到消费者保护协会以及工商行政部门寻求行政救济。

26. 什么是格式合同？

⊖ **法律解读：**《合同法》第三十九条规定："采用格式条款订立合同的，提供格式条款的一方应当遵循公平原则确定当事人之间的权利和义务，并采取合理的方式提请对方注意免除或者限制其责任的条款，按照对方的要求，对该条款予以说明。

格式条款是当事人为了重复使用而预先拟定，并在订立合同时未与对方协商的条款。”

新法速递：《民法典》第四百九十六条规定：“格式条款是当事人为了重复使用而预先拟定，并在订立合同时未与对方协商的条款。采用格式条款订立合同的，提供格式条款的一方应当遵循公平原则确定当事人之间的权利和义务，并采取合理的方式提示对方注意免除或者减轻其责任等与对方有重大利害关系的条款，按照对方的要求，对该条款予以说明。提供格式条款的一方未履行提示或者说明义务，致使对方没有注意或者理解与其有重大利害关系的条款的，对方可以主张该条款不成为合同的内容。”

从学理上讲，格式合同也称定式合同、标准合同、附从合同。在我国有的学者称之为标准合同，有的则称为附从合同或者定式合同。格式合同，是指全部由格式条款组成的合同，只有部分是以格式条款的形式反映出来的，则称为普通合同中的格式条款。也有学者将格式合同定义为“一方当事人或者政府部门、社会团体预先拟订或印制成固定格式以供使用的条款”。

这种合同的重要特征是对方只能表示全部同意或者不同意的合同，不能对条款进行修改或删除。现实生活中的保险单、银行存款合同、车票、船票、飞机票、提单、仓单、出版合同等都属于格式合同。

27. 在签订格式合同时应注意什么？

法律解读：格式合同的特征表现为对方不能修改，如同意就签订，否则就不签订。法律要求制定格式条款的当事人必须提请对方注意免除或者限制其责任的条款，并按照对方的要求对该条款予以说明。如对于保险合同中的保险条款，购买保险的人必须阅读保险条款，尤其是对“特别提示”部分，应仔细反复阅读。对不自己不清楚的地方，投保人可以要求保险工作人员作出解释。

但是在现实生活中，认真阅读格式合同的人并不多，这源于人们的法律意识淡薄，格式合同条款字小内容多。

小贴士

对于格式合同应采取谨慎的态度，仔细阅读格式合同全部内容，趋利避害，以便了解自身权利和义务。不然，白纸黑字写在合同上了，若没有严格按合同履行责任，则为违约，责任自担。

28. 一方用打印好的合同让对方签字，是否属于格式合同？

法律解读：具体问题具体分析。一般合同是双方协商的结果，格式条款是当事人为了重复使用而预先拟定，并在订立合同时未与对方协商的条款。这种条款，对方不能修改，且是已经预先拟定的，近似于霸王条款。

小贴士

如若一方打印好合同，但另一方可以修改，后双方再行协商；或者一方打印后，另一方认可签了字，均不属于格式合同。

29. 格式合同规定及合同无效的情形

法律解读 1.《合同法》对格式合同的规定

第三十九条　采用格式条款订立合同的，提供格式条款的一方应当遵循公平原则确定当事人之间的权利和义务，并采取合理的方式提请对方注意免除或者限制其责任的条款，按照对方的要求，对该条款予以说明。格式条款是当事人为了重复使用而预先拟定，并在订立合同时未与对方协商的条款。

第四十条　格式条款具有本法第五十二条和第五十三条规定情形的，或者提供格式条款一方免除其责任、加重对方责任、排除对方主要权利的，该条款无效。

第四十一条　对格式条款的理解发生争议的，应当按照通常理解予以解释。对格式条款有两种以上解释的，应当作出不利于提供格式条款一方的解释。格式条款和非格式条款不一致的，应当采用非格式条款。

新法速递：《民法典》第三编　合同

第四百九十六条　格式条款是当事人为了重复使用而预先拟定，并在订立合同时未与对方协商的条款。

采用格式条款订立合同的，提供格式条款的一方应当遵循公平原则确定当事人之间的权利和义务，并采取合理的方式提示对方注意免除或者减轻其责任等与对方有重大利害关系的条款，按照对方的要求，对该条款予以说明。提供格式条款的一方未履行提示或者说明义务，致使对方没有注意或者理解与其有重大利害关系的条款的，对方可以主张该条款不成为合同的内容。

第四百九十七条　有下列情形之一的，该格式条款无效：

（一）具有本法第一编第六章第三节和本法第五百零六条规定的无效情形；

（二）提供格式条款一方不合理地免除或者减轻其责任、加重对方责任、限制对方主要权利；

（三）提供格式条款一方排除对方主要权利。

第四百九十八条　对格式条款的理解发生争议的，应当按照通常理解予以解释。对格式条款有两种以上解释的，应当作出不利于提供格式条款一方的解释。格式条款和非格式条款不一致的，应当采用非格式条款。

法律解读 2.《合同法》关于合同无效的规定

第五十二条　有下列情形之一的，合同无效：（一）一方以欺诈、胁迫的手段订立合同，损害国家利益；（二）恶意串通，损害国家、集体或者第三人利益；（三）以合法形式掩盖非法目的；（四）损害社会公共利益；（五）违反法律、行政法规的强制性规定。

第五十三条　合同中的下列免责条款无效：（一）造成对方人身伤害的；（二）因故意或者重大过失造成对方财产损失的。

新法速递：《民法典》第三编　合同

第五百零八条　本编对合同的效力没有规定的，适用本法第一编第六章的有关规定。

《民法典》第一编　总则 第六章 民事法律行为

第一百四十四条　无民事行为能力人实施的民事法律行为无效。

第一百四十六条　行为人与相对人以虚假的意思表示实施的民事法律行为无效。

以虚假的意思表示隐藏的民事法律行为的效力，依照有关法律规定处理。

第一百五十三条　违反法律、行政法规的强制性规定的民事法律行为无效。但是，该强制性规定不导致该民事法律行为无效的除外。

违背公序良俗的民事法律行为无效。

第一百五十四条　行为人与相对人恶意串通，损害他人合法权益的民事法律行为无效。

法律提示：合同约定如不能按时还款，出借方可堵借款方公司大门直到还款为止；或者物业公司订立条款约定业主不按时交物业费，物业公司可以对业主限制用水用电等，上述行为均属于法律禁止的行为。

30. 店堂告示、通知以及声明有无法律效力？

法律解读：《消费者权益保护法》第二十六条规定："经营者在经营活动中使用格式条款的，应当以显著方式提请消费者注意商品或者服务的数量和质量、价款或者费用、履行期限和方式、安全注意事项和风险警示、售后服务、民事责任等与消费者有重大利害关系的内容，并按照消费者的要求予以说明。经营者不得以格式条款、通知、声明、店堂告示等方式，作出排除或者限制消费者权利、减轻或者免除经营者责任、加重消费者责任等对消费者不公平、不合理的规定，不得利用格式条款并借助技术手段强制交易。格式条款、通知、声明、店堂告示等含有前款所列内容的，其内容无效。"

小贴士

合法的店堂告示、通知、声明是有法律效力的。比如，店堂上写着"本店店小利微，概不赊账！”“禁止吸烟”等，这些店堂告示是有效的。如果店内写的是“本店商品，出门不退”，则该店堂告示是违法的告示。因为如果商品质量有瑕疵，商店依法应当予以退换。比如，一家茶叶店口头声明——本店茶叶出售后概不退换，这一声明就是无效的。

31. 悬赏广告说了不算行吗?

法律解读：悬赏广告，是指以广告的方式公开表示对于完成一定行为的人给予报酬的意思表示。因此，广告人对于完成该行为的人，负有给付报酬的义务。悬赏广告主要有两层意义：一是指悬赏广告的意思表示，即悬赏广告人意思表示的外化；二是指此意思表示与指定行为的完成结合而成立的法律行为，即悬赏广告人以广告的方法声明对完成一定行为的人给予报酬的意思表示，基于该意思表示，悬赏人对完成指定行为的人负有给付报酬的义务。

悬赏广告一经成立后，即在广告人（债务人）和完成指定行为的行为人（债权人）之间产生债的关系。具体可以产生以下法律效力：

一是报酬请求权。行为人依指定行为的完成，有权请求广告人支付报酬。

二是数人完成指定行为时的报酬请求权。由于悬赏广告是向不特定的人发出的，因此数人完成指定行为的情形则不可避免。遇此情形，应当如何给付报酬？对此，应当分别情况予以探讨。

三是报酬请求权的消灭。广告人给付报酬的义务，除广告已为有效撤回外，可以因广告所定期间已过、指定行为未实现、报酬给付不能以及报酬请求权已实现而消灭。

32. 什么是乘人之危订立的合同？在法律上能成立吗？

⊖ **法律解读：**乘人之危订立合同，是指一方当事人乘对方处于危难之机，为谋取不正当利益，迫使对方违背自己的真实意愿与己订立合同。

乘人之危的条件为：

其一，一方当事人陷于危难处境，如处于自然灾害的严重危困之中或濒临破产的境地，迫切需要救助。危难除了指经济上窘迫或具有某种迫切需要以外，也包括个人及其家人生命危险、健康恶化等危难。

其二，行为人利用了对方当事人的危难困境，趁火打劫，提出苛刻条件，对方出于无奈而违背真实意愿与之订立合同。

其三，乘人之危行为人主观心态为故意。行为人不了解对方危难处境而与之订立合同。客观上，一方当事人的危难处境促使了合同成立，对这类合同不能认定为乘人之危订立的合同。比如，李某家中有病人急需金钱，主动提出以低价将房屋卖给王某，由于是李某提出的要约，该合同不能以乘人之危为由予以变更或者撤销。

其四，乘人之危订立合同，一般是为了取得过分的利益。这种利益称为不正当利益。这种不正当利益是在严重损害对方利益基础上产生的，所以这一条件也可表述为被乘危难人蒙受重大损失。

虽然获取过分利益为乘人之危行为人订立合同的目的，但认定乘人之危的合同时，并不以已经获取过分利益为条件。

乘人之危订立合同，一般是当事人为了取得不正当利益，俗称借机发财，这种合同致使他人蒙受重大损失。实际上，乘人之危的合同违反了公平原则和道德准则，也违反了公平交易的原则。故此，乘人之危的合同理性应得到法律的否定，在法律上受害人可以依法撤销合同。

33. 租赁合同最长租期是多少年?

法律解读：有关《合同法》关于租赁合同的规定

第二百一十四条　租赁期限不得超过二十年。超过二十年的，超过部分无效。租赁期间届满，当事人可以续订租赁合同，但约定的租赁期限自续订之日起不得超过二十年。

第二百一十五条　租赁期限六个月以上的，应当采用书面形式。当事人未采用书面形式的，视为不定期租赁。

新法速递：《民法典》第三编　合同

第七百零五条　租赁期限不得超过二十年。超过二十年的，超过部分无效。

租赁期限届满，当事人可以续订租赁合同；但是，约定的租赁期限自续订之日起不得超过二十年。

第七百零七条　租赁期限六个月以上的，应当采用书面形式。当事人未采用书面形式，无法确定租赁期限的，视为不定期租赁。

小贴士

租赁物包括的范围很广，如住宅、土地、仓库、工厂、车间、机器、设备、汽车、自行车等。实践中许多租房合同还是超过了 20 年，但超过部分法院就会确认该合同无效。

有些土地承包合同也写成租地合同是错误的，因为土地发包、承包、转包、转让都是由《农村土地承包法》规定的，其标的是农村土地，用途也只能是农业。

34. 什么是融资租赁合同？

法律解读：《合同法》中有关融资租赁的规定

第二百三十七条　融资租赁合同是出租人根据承租人对出卖人、租赁物的选择，向出卖人购买租赁物，提供给承租人使用，承租人支付租金的合同。

第二百三十八条　融资租赁合同的内容包括租赁物名称、数量、规格、技术性能、检验方法、租赁期限、租金构成及其支付期限和方式、币种、租赁期间届满租赁物的归属等条款。融资租赁合同应当采用书面形式。

新法速递：《民法典》第三编　合同

第七百三十五条　融资租赁合同是出租人根据承租人对出卖人、租赁物的选择，向出卖人购买租赁物，提供给承租人使用，承租人支付租金的合同。

第七百三十六条　融资租赁合同的内容一般包括租赁物的名称、数量、规格、技术性能、检验方法，租赁期限，租金构成及其支付期限和方式、币种，租赁期限届满租赁物的归属等条款。

融资租赁合同应当采用书面形式。

小贴士

融资租赁合同的主体为三方当事人，即出租人、承租人和出卖人。融资租赁合同要求出租人为其融资购买承租人所需的设备，然后由供货商直接将设备交给承租人。实际上就是第三者的资金介入，把买卖转化为租赁，解决了买方资金紧张的问题。

法律为什么规定融资租赁合同应当采用书面形式？因为和租赁合同不同，情况比较复杂，合同履行期限长，如仅采用口头形式产生纠纷，证据难以取得。

35. 租赁房屋不可不知的法律点

法律解读：租房合同应注意的事项有以下五个方面：

一是看房东的产权证明。查看房东已经取得相应的产权证明（如房地产权证、不动产权证等），以免发生纠纷。

二是要签署书面租房合同，口头承诺在发生纠纷时无法举证。

在双方谈妥的情况下，订立租房合同。一些房东在看房期间表现得十分耐心和热情，并满口答应家具家电一应配齐并保证使用，因而许多租户在签订合同时，并没有将房东的口头承诺写进合同。但在实际履行过程中，房东却不承认自己说过的话，坚称以签订的合同为准，此时租户因没有证据证明，使自己陷入被动。

三是签合同注意事项。目前房屋租赁合同一般是一年一签，不过租户的实际租期却有长有短并不固定，如果是长于一年的，可以在合同中约定提前一至两个月与房东预约签订续签合同。如果实际租期不满一年，房东却要求签一年的，租户可以在合同中约定有权转租，这样可避免损失。

四是明确房租和水电煤气费及有线电视费、物业费的支付额度、方式和时间。双方确定使用时产生的水电煤气费用的交付方式及时间，取得电卡、水卡等支付凭证，以免后期使用出现不必要的麻烦。

五是签租房合同要清点屋内设施，并附清单由双方签字。

小贴士

在实践中，租赁房屋开始的时候，双方都注意签订书面合同。但是，往往租户和房主熟识后，会忽略续签订书面合同。

需要注意的是，如果不订立书面合同，就属于事实合同。法律规定，在此情况下，双方均可随时解除合同，但要给对方准备时间。因此，提醒大家，还是要订立书面协议为妥。

36. 农村土地承包合同最长多少年？

法律解读：对于家庭承包，根据《农村土地承包法》第二十一条规定："耕地的承包期为三十年。草地的承包期为三十年至五十年。林地的承包期为三十年至七十年。前款规定的耕地承包期届满后再延长三十年，草地、林地承包期届满后依照前款规定相应延长。"

上述法律规定的期限是指家庭承包方式，也可称责任田。《农村土地承包法》第四十八条规定："不宜采取家庭承包方式的荒山、荒沟、荒丘、荒滩等农村土地，通过招标、拍卖、公开协商等方式承包的，适用本章规定。"

其他方式的承包，其承包期限最长按上述法律规定，但也可以承包较短时间，如 3 年，但不能超过 30 年。

37. 承包户能否在承包的土地上建房?

法律解读:《农村土地承包法》第六十四条规定:“土地经营权人擅自改变土地的农业用途、弃耕抛荒连续两年以上、给土地造成严重损害或者严重破坏土地生态环境,承包方在合理期限内不解除土地经营权流转合同的,发包方有权要求终止土地经营权流转合同。土地经营权人对土地和土地生态环境造成的损害应当予以赔偿。”

一些农民认为,自己承包了土地自己说了算,就在承包的土地上建房、挖坑等;还有一些人将承包的土地转包给他人建厂房搞经营,这些行为都违反了《土地管理法》和《农村土地承包法》的规定。即使农民和他人订立了合同也是无效合同,上述行为将会受到村委会和相关部门制止,合同双方也会因此遭受经济损失。

38. 土地承包的合同主要条款是什么?

法律解读:《农村土地承包法》第二十二条规定:“发包方应当与承包方签订书面承包合同。承包合同一般包括以下条款:(一)发包方、承包方的名称,发包方负责人和承包方代表的姓名、住所;(二)承包土地的名称、坐落、面积、质量等级;(三)承包期限和起止日期;(四)承包土地的用途;(五)发包方和承包方的权利和义务;(六)违约责任。”

如果承包的不属于责任田,是其他承包方式,其土地承包合同必须写明土地承包的承包费和交纳方式,还要写明承包到期不交回土地的违约责任。

二、民事合同篇案例

案例 1. 假合同的真面目　信笺标注露马脚

案情简介：2015 年 5 月，某村民委员会以土地侵权为由起诉了本村村民甄小青（化名），要求该村民返还集体土地 5 亩，并请求赔偿占用该地 5 年的损失。

村民甄小青称此地是上届村委会 2010 年发包给他的，有土地承包合同为证，因而他不构成侵权，法院应依法驳回原告的诉讼请求。

甄小青向法庭交了一份由村委会盖章的《土地承包合同》。村委会的诉讼代理人吴律师发现，该合同是碳素笔手写在信笺上的，且字是压章的，即盖章后写的字。

据村委会干部反映，因该村上届班子换届，有的干部离职后，拿着盖着村公章的空白信的现象时有发生。即使是空白信，因公章为真，案件的争议点集中在了合同的真实性上。

村委会的代理律师经过反复琢磨这张合同，发现合同下面边页上有汉语拼音、有数字，像是年月日的代号。经过询问村干部，说他们的信笺是几年前相邻县的印刷厂到村里推销的。

律师为此到该印刷厂调查，该印刷厂证实信笺上底部的字印有年月日，那些数字标明了信笺出版时间，且出版物的底子公安局有备案。后来，律师又到该县公安局调查并取得了证据。

找到切实有力的证据后，律师向法庭递交了该证据，并在开庭中说明，通过证据证明，本案原告递交的土地承包合同上签订的时间是2001年2月23日，但这份信笺出版日期是2013年3月，结合合同字压章，由此证明该合同是伪造的。法院根据律师提交的证据，认定合同不真实，进而支持了村委会的诉讼请求。

法律点评：在诉讼中，往往出现一些假的证据。但是，假证据总会留下伪造的痕迹。这就需要当事人仔细甄别、全面排查，这样才能使假证据露出真相。

案例2. 买集体土地旧房　合同无效担损失

案情简介：2006年，某市个体工商户张大力（化名）以2.5万元购买某村一处废弃的养老院。张大力与村委会签订了购买房屋及土地协议，张大力将该地租给一家机械厂。机械厂产生的污染以及噪声，影响了周边村民生活。

2013年，新组建的村委会决定解除原村委会与张大力的协议，但张大力强烈反对。双方协商未果，村委会将张大力起诉到法院。

张大力辩称本案所涉土地和房屋是其依法购买的，且双方有合同，其权利应受到法律保护。如今，他已将土地和房屋租给他人，村委会要求宣告合同无效、收回土地，其坚决不同意。

法院经审理后认为，《土地管理法》第二条规定：“中华人民共和国实行土地的社会主义公有制，即全民所有制和劳动群众集体所有制。全民所有，即国家所有土地的所有权由国务院代表国家行使。任何单位和个人不得侵占、买卖或者以其他形式非法转让土地。土地使用权可以依法转让。国家为了公共利益的需要，可以依法对土地实行征收或者征用并给予补偿。国家依法实行国有土地有偿使用制度。但是，国家在法律规定的范围内划拨国有土地使用权的除外。”

法院据此以本案房屋及土地买卖合同违反法律的强制性规定，判决确认该合同无效。

法律点评：农村集体土地是受到法律特别保护的，但上述案例中的情况在实践中时有发生。还有的人认为只要土地承包户同意或村委会同意，即可租赁耕地进行工业活动或者建房等。基于这种错误认识，致使其在拆除违法建筑中蒙受损失。

案例 3. 未经过民主程序　承包协议则无效

案情简介：2015 年，村民张海江（化名）想承包本村集体村边的 12 亩土地种植树苗。因该地耕种方便，且靠近树苗交易市场，有地理优势，很多村民都想承包这块土地。

张海江为了能够承包成功，便请村委会主任吃饭。后村主任私自答应将该土地承包给他，并代表村委会和他签订了合同。合同对承包期和承包费用等进行了约定。

当张海江在这块地上种树时，很多村民到村委会询问村干部原由，但村干部对此一无所知。第二年村委会换届，村民委员会组成了新的班子，很多村民向村委会提出解除这块地的承包合同的要求，并将这块地进行公开竞标承包。

村干部找到张海江提出解除合同的想法，但张海江说：“我的合同上有村委会盖的公章，这个公章是代表村委会的，这个合同不能否定！”

村干部听了这话，觉得也有点理，但为了解决问题，便咨询了律师。律师认为，该承包合同因违背民主公开程序属无效合同，村委会可以向法院提起诉讼，请求法院判决村委会与张海江签订的土地承包合同无效。

张海江进行了答辩，认为村委会不能出尔反尔，且土地承包合同有效。

法院经审理认为，《村民委员会组织法》的规定，涉及村民利益的土地承包经营方案经村民会议讨论决定方可办理。由于本案所涉《土地承包合同》，未经村委会和村民代表大会通过，也未公开进行，违反了法律的强制性规定，故依法认定无效。

法律点评：在实践中，有些人认为承包土地合同只要盖上村民委员会的公章就有法律效力，但这一认识是错误的。因为村民委员会是代表全体村民行使权利，《村民委员会组织法》规定了村民委员会的权利和义务。土地承包合同如未经过民主程序，有可能会因为土地承包价格和期限等导致不公平，引发其他集体成员的不满。故此，农村土地承包应经过公开透明并且符合相关法律规定的程序，才是合法有效的合同。

案例 4. 乡村修路缺资金　抵押耕地使用权

案情简介：2019 年，某市小李庄村委会需要硬化路面，但缺乏资金进行这一项目的整改。某建筑商刘中田（化名）同意垫资修建，但必须有抵押。小李庄村委会经过研究决定以本村十亩耕地作为抵押进行修路，村委会便与刘中田签订了修路及抵押协议。

双方约定在3年的时间内，村委会还清修路款，年息2分。如到期不能还，位于村南的10亩土地归刘中田使用，每年每亩的土地适用价格按300元折算，直至还清修路款为止。

合同中对修公路的细节及土地的丈量等均进行了约定。村委会3年后没有还上修路款，但因该土地另由村民张立军（化名）承包不予腾出。

刘中田便将村委会和张立军起诉到法院，要求张立军腾地交由他耕种。

法院经过审理后认为，根据《担保法》的规定，土地所有权、耕地、宅基地、自留地、自留山等集体所有的土地使用权不得抵押。

刘中田与村委会签订的以村集体土地使用权作抵押的合同，因违反了我国法律的强制性规定，该约定无效。刘中田可主张村委会支付修路款。后来，刘中田变更了诉讼请求，其修路款的主张得到了法院支持。

→ **新法速递**：《民法典》第三百九十九条规定："下列财产不得抵押：（一）土地所有权；（二）宅基地、自留地、自留山等集体所有土地的使用权，但是法律规定可以抵押的除外；（三）学校、幼儿园、医疗机构等为公益目的成立的非营利法人的教育设施、医疗卫生设施和其他公益设施；（四）所有权、使用权不明或者有争议的财产；（五）依法被查封、扣押、监管的财产；（六）法律、行政法规规定不得抵押的其他财产。"

→ **法律点评**：在本案中，村委会干部因村委会资金紧张，又想搞村内建设，往往想利用集体土地变成钱。一般人都知道，集体土地不能买卖，但有些人就开始变通，如有的人将耕地抵押，有的村将村委会的旧房子带土地转让，有的合同名为长期租赁土地实为买卖土地，凡此种种均是法律所禁止的无效法律行为。

案例 5. 土地抵押的合同　没有登记不生效

案情简介：东方开发有限公司（化名）向个体工商户张晓宇（化名）借款 1000 万元，以 10 亩国有土地使用权做抵押，双方签订了借款抵押合同。合同对借款期限、利息、抵押条款等均进行了约定。但是，双方未到相关部门进行登记。

因开发商欠他人款项，未到与张晓宇约定的还款日，双方签订抵押合同项下的 10 亩土地被查封。张晓宇知晓后，便到查封的法院提出异议，称他对被查封的土地已进行抵押，应有优先受偿权。

法院经审理后认为，《担保法》第四十一条规定："当事人以本法第四十二条规定的财产抵押的，应当办理抵押物登记，抵押合同自登记之日起生效。"

该法第四十二条第一款规定："办理抵押物登记的部门如下：（一）以无地上定着物的土地使用权抵押的，为核发土地使用权证书的土地管理部门。"

张晓宇虽然与东方公司签订了抵押协议，但未在土地管理部门进行登记，该合同未生法律效力，故驳回了张晓宇的异议申请。

新法速递：《民法典》第四百零二条规定："以本法第三百九十五条第一款第一项至第三项规定的财产或者第五项规定的正在建造的建筑物抵押的，应当办理抵押登记。抵押权自登记时设立。"

《民法典》第四百零三条规定："以动产抵押的，抵押权自抵押合同生效时设立；未经登记，不得对抗善意第三人。”

法律点评：在实践中，很多人对土地、房产抵押认识模糊，认为只要写在合同上就有法律效力，等诉讼时才知道上述抵押需到相关部门登记才能生效。法律之所以规定登记制度，是为了起到公示作用，更有效地保护债权人利益。

案例 6. 买房人欢心收房　开发商变卦涨价

案情简介：2014 年，刘亚聪（化名）等人以每平方米 4700 元的价格购买一套商品房，并与开发商签订了《商品房买卖合同》，并按照约定交付首付款。

合同约定交房日期为 2017 年 5 月。到了交房日，开发商突然通知——因土地价格、商品房价格上涨等不可抗力因素，且开发商已亏本，2016 年 11 月之前签订购房合同，一律每平方米涨 2000 元。

刘亚聪等多业主为此找到开发商协商未果，遂到法院提起诉讼。法院经审理后认为，刘亚聪等业主作为购买方与开发商签订了《商品房买卖合同》，该合同合法有效，且刘亚聪等人均履行了付款义务，出售方应按照合同履行义务。开发商提出的土地价格上涨是开发商应预料中的情况不属于法律规定的不可抗力情形，应按照原合同约定继续履行。

法律点评：合法的合同生效后是受到法律保护的，除非发生法律规定（如不可抗力）或合同约定的情况。但不可抗力和商业风险是两回事。土地涨价、建筑材料价格涨幅均不属于不可抗力，仍属于商业风险范围。

案例 7. 发包方未能拨款　建筑商依约堵门

案情简介：某市材料厂扩建厂区，需要建设车间和办公楼等设施。材料厂遂与建筑公司签订了《建设工程合同》。该合同约定了双方的权利和义务，承包方式为承包方包工包料并垫资至厂房主体封顶，发包方开始拨付款项。

建筑公司为了防止发包方不按期拨付工程款，便在合同中约定："如甲方不按期拨款，乙方有权发动民工堵甲方的大门，并阻止其进行生产，甲方不得干涉，造成的损失甲方自负，乙方不予赔偿，直到付款为止。"

合同签订后，承包方按约定施工。但厂房主体封顶后，承包方向发包方要钱。但发包方称目前企业资金紧张，请求延迟15天。建筑公司老板想起合同中有不给钱可堵甲方企业大门的条款。为此，建筑公司咨询了专业律师。

律师认为，《合同法》第五十三条规定："合同中的下列免责条款无效：（一）造成对方人身伤害的；（二）因故意或者重大过失造成对方财产损失的。"

根据此条法律规定，尽管双方合同中有约定工人可以堵大门，但法律对此有强制性规定，更何况这种性质是扰乱社会秩序的犯罪行为，是我国刑法所禁止的。

故此，这种事情不能去做。建筑公司老板听了律师的一席话，觉得有道理，便和材料厂协商，过了10天，发包方就拨付了工程款，问题就此解决了。

新法速递：《民法典》第五百零六条规定："合同中的免责条款无效：（一）造成对方人身损害的；（二）因故意或者重大过失造成对方财产损失的。"

法律点评：实践中经常看到此类协议，如不能到期还债将房屋抵顶，不能到期还债将宅基地一块抵顶；物业合同约定如业主不交物业费，物业公司可采取断水、断电等措施。此类约定以给对方造成损失为条件，违反了法律规定，因而是无效的约定。

案例 8. 借用资质干工程　实际承包人索款

案情简介：刘志强（化名）是一位工程承包商，然而他没有取得建筑施工企业资质，一直挂靠在一家名为天柱建筑公司（化名）下，他定期向该公司缴纳管理费。

2012 年，他以天柱建筑公司的名义承包了某村农村改造工程，约定 2015 年工程交工。国家对施工方的补贴款由天柱建筑公司支取了 430 万元，但天柱建筑公司只给了他 300 万元。发包方的 10 户农户共欠刘志强 130 万元。

在多次索要无果的情况下，刘志强只得向法院分别起诉他挂靠的公司和发包方。在审理中，发包方答辩称合同是天柱建筑公司与发包方签订的，与刘志强无关。

刘志强则强调他挂靠天柱建筑公司，所有的工程均是他包工包料建筑的，天柱建筑公司没有投入一分钱，只是走天柱建筑公司的手续而已。刘志强当庭举出了相关证据。对这一事实，天柱建筑公司认可。

法院经审理后认为，《最高人民法院关于审理建设工程施工合同纠纷案件适用法律问题的解释》第一条规定："建设工程施工合同具有下列情形之一的，应当根据合同法第五十二条第（五）项的规定，认定无效：（一）承包人未取得建筑施工企业资质或者超越资质等级的；（二）没有资质的实际施工人借用有资质的建筑施工企业名义的；（三）建设工程必须进行招标而未招标或者中标无效的。”该解释第二条规定：“建设工程施工合同无效，但建设工程经竣工验收合格，承包人请求参照合同约定支付工程价款的，应予支持。”

法院认为，刘志强挂靠天柱建筑公司，其是实际施工人，其签订的工程建设合同无效，但建设工程经竣工验收合格。法院据此最终作出了判决，支持了刘志强的诉讼请求。

法律点评：借用建筑施工资质或挂靠建筑公司的实际施工人在现实中出现的情况较多。为此，最高人民法院对实际施工人在建设工程纠纷中有明确的法律规定。由于借用他人资质，实际施工人在法律上的地位并不理直气壮，往往两头受气。如果和被挂靠的公司出现矛盾，在经济上可能吃大亏。

案例 9. 租户房内造爆竹　房主因此入囹圄

案情简介：2016 年，佟某某为制造爆竹，找到较为偏远的半山区小村一户人家，户主叫尹某某。佟某某向尹某某说明租房的用途，并承诺给他较高的租金，但要求他必须保密。

佟某某雇人制造爆竹，销售时被公安机关发现，佟某某被刑事拘留。佟某某称其是在尹某某家生产，公安机关遂将尹某某刑事拘留。

最终，尹某某被法院以非法制造、买卖、运输、邮寄、储存枪支、弹药、爆炸物罪被判处有期徒刑 1 年，缓刑 2 年。佟某某的租金 1 万元尚未交纳，尹某某向法院提起民事诉讼向佟某某追索租金。

法院经过审理认为，《合同法》第五十二条规定："有下列情形之一的，合同无效：（一）一方以欺诈、胁迫的手段订立合同，损害国家利益；（二）恶意串通，损害国家、集体或者第三人利益；（三）以合法形式掩盖非法目的；（四）损害社会公共利益；（五）违反法律、行政法规的强制性规定。"

尹某某与佟某某签订的租房合同，因违反法律强制性规定无效。且因双方的行为均已构成犯罪，该租房费不受法律保护，法院遂驳回了尹某某的诉讼请求。

新法速递：《民法典》第一编　总则

第一百四十四条　无民事行为能力人实施的民事法律行为无效。

第一百四十六条　行为人与相对人以虚假的意思表示实施的民事法律行为无效。

以虚假的意思表示隐藏的民事法律行为的效力，依照有关法律规定处理。

第一百五十三条　违反法律、行政法规的强制性规定的民事法律行为无效。但是，该强制性规定不导致该民事法律行为无效的除外。

违背公序良俗的民事法律行为无效。

第一百五十四条　行为人与相对人恶意串通，损害他人合法权益的民事法律行为无效。

法律点评：出租房屋一定要用于合法用途，如果发现出租房屋被用于违法犯罪，应及时解除租房合同并报警。本案中，尹某某明明知道租房者制造爆炸物，却同意将房屋出租，为他人制造爆炸物提供场所，构成了共同犯罪。

案例 10. 父将房赠与儿子　赠与协议可撤销

案情简介：古稀之年的石某某是位退休职工，他的老伴已去世。石某某有三个儿子，均已成家。石某某考虑养老问题，愿意和小儿子共同生活。

为了让小儿子高兴，他于 2014 年 7 月便写了赠与协议，将位于某市某小区的一套单元房赠给小儿子。石某某在与小儿子生活期间，与一位 60 多岁詹老太关系密切，詹某经常到石家来，后詹某和石某某逐渐发展成情人关系。

小儿子两口子发现后很反感。詹某来一次，小儿子夫妇就和石某某争吵一次。为此，石某某闷闷不乐，因心情不好，头晕住进医院。

此时，石某某已后悔将房屋赠与小儿子，他想收回房屋，大儿子和二儿子也支持父亲的想法。于是，石某某便向小儿子要回赠与协议，小儿子不但不给，还与父亲闹翻了。

石某某只得到法院起诉小儿子要求撤销他自己写的赠与协议。法院在开庭中询问石某某房屋是否已办过户手续。石某某称其未办理过户手续。

小儿子坚持要房，法院经过调解未果。法院依据《合同法》第一百八十五条以及第一百八十六条第一款的规定，即赠与合同是赠与人将自己的财产无偿给予受赠人，受赠人表示接受赠与的合同。赠与人在赠与财产的权利转移之前可以撤销赠与。法院据此判决撤销了石某某的赠与协议。

新法速递：《民法典》第六百五十七条规定："赠与合同是赠与人将自己的财产无偿给予受赠人，受赠人表示接受赠与的合同。"

《民法典》第六百五十八条规定："赠与人在赠与财产的权利转移之前可以撤销赠与。经过公证的赠与合同或者依法不得撤销的具有救灾、扶贫、助残等公益、道德义务性质的赠与合同，不适用前款规定。"

法律点评： 按照法学理论，赠与合同是单方面义务的合同，即一方将属于自己的财产无偿给付对方，赠与方只是履行义务，另一方同意接受即可。但是，为了保护赠与人的权利，对于权利尚未转移的财物，赠与人可以反悔和撤销赠与。比如，虽然口头上说了，但还未给东西的时候，属于财产权利未转移，此种情况下可以撤销赠与，给赠与人反悔机会。

本篇小结 签好每一份合同，让生活的路更平坦

俗话说：开门七件事，柴米油盐醋茶。我们的生活处处离不开合同，超市购物涉及买卖合同，饭店吃饭涉及服务合同，乘坐出租车涉及旅客运输合同。

作为律师，我在做普法宣传时，多次提醒公众购买商品时注意索要发票或购物小票，尤其是插座、电线之类可能会危及人身安全的物品，以及购买种子、除草剂等生产资料类物品。因为插座质量不合格致使人触电受伤，此时如有发票即可作为证据使用。否则没有发票，消费者则缺乏证据证明产品的购买出处。

现实中的案件让人警醒。一个农场在某种子销售门市部购买了麦种，因种子质量问题导致上千亩小麦出苗率低。农场向种子销售门市部索赔，对方却不承认种子是他们提供的。此案走到诉讼程序，由于农场买种子时没开发票，因缺乏证据此案败诉。

另一起案件也说明了索要发票的重要性——某加

油站因汽油质量出现问题，导致多辆汽车发动机出现毛病受到损失，车主到相关部门投诉，结果相关部门进行了调解，制订了解决方案，即在油品出现问题期间车主开了发票并且出现问题的汽车，一律予以补偿；没开发票的汽车，因缺乏证据，不予补偿。

凡此种种，举不胜举。还是那句话，口头承诺应落实为书面内容。当然，录音、录像等也能作为证据使用。

还有的人在签合同时并不重视合同内容，不仔细阅读相关条款，也常常出现问题。如甲购买钢材在家中建房，他看好一家有信誉的大厂的钢材，因怕涨价便交了定金。让出售方乙在定金条上写，今收到：买钢材 3 吨，定金 5000 元，并写明了每吨的价格和 3 吨总价款。第五天去提货时，钢材价格已经上涨。甲提货，并把定金条拿出。但乙却领着某甲去另一个钢材库提货。甲说："那天看的是那边的货呀！"乙说："那货涨价了。"甲一看，这钢材论质量和他看过的货差多了，坚持要原来看上的钢材，但乙不允许，双方为此发生争执。由于甲在交定金时未让卖方写上产品名称，才导致此结果。之所以出现上述情况，就是因为定金条中未写明品牌。

我遇到过很多人，在签约时不在意，等纠纷发生了反过来才看清合同，后悔晚矣。因此，在生活中签署每一份合同都要采取谨慎的态度。故此，我们只有认真对待签署合同的每一个细节，生活的路才是平坦的。

第八篇

房屋买卖

房屋不是一般的商品，涉及地理位置、楼层、物业、房屋面积、房屋构造、楼间距、采光、房产证办理、房屋交付、更名、楼盘宣传和实际效果。

此外，房屋的拆迁安置、回迁、房屋中介、银行按揭贷款、定金、预付款、房屋抵押、二手房买卖等一系列法律问题，可以说房屋买卖合同法律关系是存在变数最多的法律关系之一，也是消费者最难把握的特殊买卖合同之一。

本篇针对房屋买房过程中常见的法律纠纷进行深入阐述和解读。

本篇题记

《孙子兵法》《虚实篇》节选：形之而知死生之地，角之而知有余不足之处。故形兵之极，至于无形；无形，则深间不能窥，智者不能谋。因形而措胜于众，众不能知；人皆知我所以胜之形，而莫知吾所以制胜之形，故其战胜不复，而应形于无穷。

译文：伪装隐蔽行动做到最好的地步，就是要使敌人看不出形迹。这种无形，让敌人看不出底细，即便敌人有智谋也难以识别形迹。我们利用无形战胜了敌人，敌人却不知究竟；我方取得了胜利，但敌人并不知我方胜利的原因。因此，每次行动，都要根据当时的情况制定具体的行动计划，不能只僵化地适用一种模式，要随着客观形势的变化而调整，这种变化是无穷的。

本篇主旨：每一个诉讼均有其特殊性和具体的情况，我们按照一般的诉讼规律，结合每一个诉讼的具体情况，在对诉讼双方的情况完全熟知的情况下，然后制定相应的具体战略和战术思想，随着客观情况的变化而变化。这种变化是无穷的，没有任何成熟的套路，只有将法律规定和诉讼策略相结合并应用于自己的行动，才能取得较好效果。

买房对普通家庭来说是大事。在买房过程中，会遇到各种各样的法律问题。这是因为房屋不是一般的商品，涉及购房人、卖房人、物业、房屋中介等多方利益，还与银行按揭贷款、定金、预付款相关联，因而房屋买卖合同是消费者最难把握的特殊买卖合同之一。因此，了解其中的法律风险点，避免自身走入法律盲区，就显得尤为重要。

一、房屋买卖 16 问

1. 什么是商品房买卖合同？

法律解读：《最高人民法院关于审理商品房买卖合同纠纷案件适用法律若干问题的解释》第一条规定："本解释所称的商品房买卖合同，是指房地产开发企业（以下统称为出卖人）将尚未建成或者已竣工的房屋向社会销售并转移房屋所有权于买受人，买受人支付价款的合同。"

小贴士

上述法律规定明确了"商品房买卖合同"的概念。而购买个人建造的房屋和不属于上述开发企业建造的房屋，不属于商品房买卖合同。比如，二手房、私人建造的住宅的买卖就不属于商品房买卖合同的范围。

2. 出卖人未取得商品房预售许可证明，与买受人订立的商品房预售合同有效吗？

法律解读：《最高人民法院关于审理商品房买卖合同纠纷案件适用法律若干问题的解释》第二条规定："出卖人未取得商品房预售许可证明，与买受人订立商品房预售合同，应当认定无效，但是在起诉前取得商品房预售许可证明的，可以认定有效。”

法律提示：对于无效合同应如何处理？按照《合同法》第五十八条的规定：“合同无效或者被撤销后，因该合同取得的财产，应当予以返还；不能返还或者没有必要返还的，应当折价补偿。有过错的一方应当赔偿对方因此所受到的损失，双方都有过错的，应当各自承担相应的责任。”

新法速递：《民法典》第一百五十七条规定：“民事法律行为无效、被撤销或者确定不发生效力后，行为人因该行为取得的财产，应当予以返还；不能返还或者没有必要返还的，应当折价补偿。有过错的一方应当赔偿对方由此所受到的损失；各方都有过错的，应当各自承担相应的责任。法律另有规定的，依照其规定。”

如果商品房买卖合同被依法确认无效，双方应互相返还财产。合同无效是由于房地产开发企业的过错导致，应当由其依法赔偿买房者的损失。

3. 如何看待商品房的销售广告和宣传资料？

法律解读：《最高人民法院关于审理商品房买卖合同纠纷案件适用法律若干问题的解释》第三条规定：“商品房的销售广告和宣传资料为要约邀请，但是出卖人就商品房开发规划范围内的房屋及相关设施所作的说明和允诺具体确定，并对商品房买卖合同的订立以及房屋价格的确定有重大影响的，应当视为要约。该说明和允诺即使未载入商品房买卖合同，亦应当视为合同内容，当事人违反的，应当承担违约责任。”

什么叫要约邀请？《合同法》第十五条规定：“要约邀请

是希望他人向自己发出要约的意思表示。寄送的价目表、拍卖公告、招标公告、招股说明书、商业广告等为要约邀请。商业广告的内容符合要约规定的，视为要约。”

要约是什么？《合同法》第十四条规定：“要约是希望和他人订立合同的意思表示，该意思表示应当符合下列规定：（一）内容具体确定；（二）表明经受要约人承诺，要约人即受该意思表示约束。”

新法速递：《民法典》第四百七十二条规定：“要约是希望与他人订立合同的意思表示，该意思表示应当符合下列条件：（一）内容具体确定；（二）表明经受要约人承诺，要约人即受该意思表示约束。”

《民法典》第四百七十三条规定：“要约邀请是希望他人向自己发出要约的表示。拍卖公告、招标公告、招股说明书、债券募集办法、基金招募说明书、商业广告和宣传、寄送的价目表等为要约邀请。商业广告和宣传的内容符合要约条件的，构成要约。”

要约和要约邀请有重大区别。要约具有法律约束力，如果对方承诺，即视为合同成立，应依法履行。如果房地产开发企业的广告和宣传资料符合上述法律规定，即构成要约，买方就可要求卖方履行上述资料和宣传中的约定。

4. 出卖人向买受人收了定金，如果出现纠纷如何处理？

法律解读：《最高人民法院关于审理商品房买卖合同纠纷案件适用法律若干问题的解释》第四条规定：“出卖人通过认购、订购、预订等方式向买受人收受定金作为订立商品房买卖合同担保的，如果因当事人一方原因未能订立商品房买卖合同，应当按照法律关于定金的规定处理；因不可归责于当事人双方的事由，导致商品房买卖合同未能订立的，出卖人应当将定金返还买受人。”

《担保法》第八十九条规定：“当事人可以约定一方向对方给付定金作为债权的担保。债务人履行债务后，定金应当抵作价款或者收回。给付定金的一方不履行约定的债务的，无权要求返还定金；收受定金的一方不履行约定的债务的，应当双倍返还定金。”

该法第九十条规定：“定金应当以书面形式约定。当事人在定金合同中应当约定交付定金的期限。定金合同从实际交付定金之日起生效。”

该法第九十一条规定：“定金的数额由当事人约定，但不得超过主合同标的额的百分之二十。”

新法速递：《民法典》第五百八十六条规定：“当事人可以约定一方向对方给付定金作为债权的担保。定金合同自实际交付定金时成立。定金的数额由当事人约定；但是，不得超过主合同标的额的百分之二十，超过部分不产生定金的效力。实际交付的定金数额多于或者少于约定数额的，视为变更约定的定金数额。”

《民法典》第五百八十七条规定：“债务人履行债务的，定金应当抵作价款或者收回。给付定金的一方不履行债务或者履行债务不符合约定，致使不能实现合同目的的，无权请求返还定金；收受定金的一方不履行债务或者履行债务不符合约定，致使不能实现合同目的的，应当双倍返还定金。”

小贴士

需要注意的是，定金收条的内容千万不能写成预付款。定金是《担保法》规定的担保方式之一，交付定金应当订立书面协议，否则一旦发生纠纷将难以举证。因此，定金收条的内容千万不能写成预付款，预付款是起不到担保作用的。买受人缴纳定金的数额不得超过主合同标的额的 20%。比如，房款是 100 万元，定金不得超过 20 万元。假如交了定金 30 万元，对方违约返还定金时，依照法律规定只有 20 万元是双倍返还的。

5. 商品房的认购、订购、预订等协议，能否认定为商品房买卖合同？

法律解读：《最高人民法院关于审理商品房买卖合同纠纷案件适用法律若干问题的解释》第五条规定："商品房的认购、订购、预订等协议具备《商品房销售管理办法》第十六条规定的商品房买卖合同的主要内容，并且出卖人已经按照约定收受购房款的，该协议应当认定为商品房买卖合同。"

相关法条：《商品房销售管理办法》

第十六条　商品房销售时，房地产开发企业和买受人应当订立书面商品房买卖合同。商品房买卖合同应当明确以下主要内容：

（一）当事人名称或者姓名和住所；

（二）商品房基本状况；

（三）商品房的销售方式；

（四）商品房价款的确定方式及总价款、付款方式、付款时间；

（五）交付使用条件及日期；

（六）装饰、设备标准承诺；

（七）供水、供电、供热、燃气、通讯、道路、绿化等配套基础设施和公共设施的交付承诺和有关权益、责任；

（八）公共配套建筑的产权归属；

（九）面积差异的处理方式；

（十）办理产权登记有关事宜；

（十一）解决争议的方法；

（十二）违约责任；

（十三）双方约定的其他事项。

小贴士

在实际生活中，一些房地产开发企业以签署商品房的认购、订购、预订等协议的方式避开商品房买卖合同。房地产开发企业称此类协议不是正式的商品房买卖合同，借此来规避法律的约束。但只要了解上述法律规定，就会了解此类协议已被认定为商品房买卖合同。

需要提醒的是，并不是协议必须全部具有所有内容，只要具备第十六条规定的商品房买卖合同的主要内容，并且出卖人已经按照约定收受购房款的，该协议认定为商品房买卖合同。

6. 出卖人把拆迁安置房卖给第三人如何处理？

法律解读：《最高人民法院关于审理商品房买卖合同纠纷案件适用法律若干问题的解释》第七条规定：“拆迁人与被拆迁人按照所有权调换形式订立拆迁补偿安置协议，明确约定拆迁人以位置、用途特定的房屋对被拆迁人予以补偿安置，如果拆迁人将该补偿安置房屋另行出卖给第三人，被拆迁人请求优先取得补偿安置房屋的，应予支持。”

小贴士

这种现象属于一房二卖的特殊情况。出卖方将安置房屋另行出卖给第三人，被拆迁人有权请求优先取得该补偿安置房屋。这是法律为了维护公平正义，赋予被拆迁人的优先权。

7. 商品房买卖合同订立后，出卖人将房抵押或出卖如何处理？

法律解读：《最高人民法院关于审理商品房买卖合同纠纷案件适用法律若干问题的解释》第八条规定：“具有下列情形之一，导致商品房买卖合同目的不能实现的，无法取得房屋的买受人可以请求解除合同、返还已付购房款及利息、赔偿损失，并可以请求出卖人承担不超过已付购房款一倍的赔偿责任：（一）商品房买卖合同订立后，出卖人未告知买受人又将该房屋抵押给第三人；（二）商品房买卖合同订立后，出卖人又将该房屋出卖给第三人。”

小贴士

上述法律规定加大了对买房者权利的保护。但在实践中，很多买房人不知道有此法律规定，也就无法主张此项权利。

8. 如出卖人故意隐瞒相关事实，导致房屋买卖合同无效，法律如何认定？

法律解读：《最高人民法院关于审理商品房买卖合同纠纷案件适用法律若干问题的解释》第九条规定："出卖人订立商品房买卖合同时，具有下列情形之一，导致合同无效或者被撤销、解除的，买受人可以请求返还已付购房款及利息、赔偿损失，并可以请求出卖人承担不超过已付购房款一倍的赔偿责任：（一）故意隐瞒没有取得商品房预售许可证明的事实或者提供虚假商品房预售许可证明；（二）故意隐瞒所售房屋已经抵押的事实；（三）故意隐瞒所售房屋已经出卖给第三人或者为拆迁补偿安置房屋的事实。"

小贴士

上述法律规定中的"故意"，是指房地产开发企业明明知道自己没有取得商品房预售许可证等而隐瞒事实或者提供假证明。卖房者是为了尽快将房子卖掉而弄虚作假、掩盖真实情况而给买房者造成损失，因此，法律给买房者以高额的赔偿。

9. 出卖人与买受人订立合同后，与第三人恶意串通并另行订立商品房买卖合同并将房屋交付使用的，如何处理？

法律解读：《最高人民法院关于审理商品房买卖合同纠纷案件适用法律若干问题的解释》第十条规定："买受人以出卖人与第三人恶意串通，另行订立商品房买卖合同并将房屋交付使用，导致其无法取得房屋为由，请求确认出卖人与第三人订立的商品房买卖合同无效的，应予支持。”

我国《合同法》第五十二条第二款规定，恶意串通并损害国家、集体或第三人利益的，合同无效。

新法速递：《民法典》第一百五十四条规定：“行为人与相对人恶意串通，损害他人合法权益的民事法律行为无效。”

小贴士

何为恶意串通？这属于当事人的心理活动范畴，经过观察、分析其外在表现可以推定出是内心恶意还是善意。比如，第三人明明知道该房屋已经和买房者签订了购房合同，而且知道房子已经在涨价，便和卖房者暗地洽谈，并另行签订房屋买卖合同，这种行为就属于恶意。我们在综合分析上述相关证据的基础上，按照法律规定，依照日常生活经验、行为习惯等，即可依法判断出其行为是否为恶意串通。

10. 法律关于交房是如何定义的？交房后的风险又如何承担？

法律解读：《最高人民法院关于审理商品房买卖合同纠纷案件适用法律若干问题的解释》第十一条规定：“对房屋的转移占有，视为房屋的交付使用，但当事人另有约定的除外。房屋毁损、灭失的风险，在交付使用前由出卖人承担，交付使用后由买受人承担；买受人接到出卖人的书面交房通知，无正当理由拒绝接收的，房屋毁损、灭失的风险自书面交房通知确定的交付使用之日起由买受人承担，但法律另有规定或者当事人另有约定的除外。”

按照正常情况，商品房的交付是卖房者办理交房手续并将房钥匙交于买房者，买房者实际占有该房的时间即为交房时间。但本条规定是两种实际发生的情况：一是没有正式办理交房手续，买房者已转移占有该房屋的，视为房屋交付使用；二是接到卖房者的书面通知后，有的买房者不着急住房，或者当时交不起剩余费用，拖延接收房屋等。因此，无正当理由拒绝接收，也视为交付使用。

小贴士

实践中，情况千差万别，房屋交付也是多种多样。比如，发生地震，房屋毁损灭失，风险该由谁来承担？这就看是否已交付房屋。其实交付就是所有权转移和风险承担的转移界限。

11. 商品房发生质量问题如何解决？

法律解读：《最高人民法院关于审理商品房买卖合同纠纷案件适用法律若干问题的解释》第十二条规定："因房屋主体结构质量不合格不能交付使用，或者房屋交付使用后，房屋主体结构质量经核验确属不合格，买受人请求解除合同和赔偿损失的，应予支持。"

第十三条规定："因房屋质量问题严重影响正常居住使用，买受人请求解除合同和赔偿损失的，应予支持。交付使用的房屋存在质量问题，在保修期内，出卖人应当承担修复责任；出卖人拒绝修复或者在合理期限内拖延修复的，买受人可以自行或者委托他人修复。修复费用及修复期间造成的其他损失由出卖人承担。"

小贴士

上述房屋质量问题应把握以下要素，一是主体结构质量存在问题。主体如出现问题，直接影响居住安全。二是如遇房子漏水、下水、墙面脱落等房屋质量问题严重影响正常居住使用的，虽然主体不存在质量问题，给买受人的精神造成负担、生活不安宁，买受人可依法要求开发商赔偿损失并可要求解除合同。此类案件以是否严重影响买受人正常居住使用为判断标准。

12. 实际交付面积与商品房买卖合同的约定不符如何解决?

法律解读：《最高人民法院关于审理商品房买卖合同纠纷案件适用法律若干问题的解释》第十四条规定："出卖人交付使用的房屋套内建筑面积或者建筑面积与商品房买卖合同约定面积不符，合同有约定的，按照约定处理；合同没有约定或者约定不明确的，按照以下原则处理：（一）面积误差比绝对值在3%以内（含3%），按照合同约定的价格据实结算，买受人请求解除合同的，不予支持；（二）面积误差比绝对值超出3%，买受人请求解除合同、返还已付购房款及利息的，应予支持。买受人同意继续履行合同，房屋实际面积大于合同约定面积的，面积误差比在3%以内（含3%）部分的房价款由买受人按照约定的价格补足，面积误差比超出3%部分的房价款由出卖人承担，所有权归买受人；房屋实际面积小于合同约定面积的，面积误差比在3%以内（含3%）部分的房价款及利息由出卖人返还买受人，面积误差比超过3%部分的房价款由出卖人双倍返还买受人。”

小贴士

上述法律规定的面积有三个档位，法律保护和支持的房屋面积误差不超过合同面积 3% 的，其他均对售房者不利。最高人民法院上述司法解释主要是制裁售房者故意缩小和扩大售房面积，造成对消费者不利的行为。

13. 出卖人迟延交房如何处理？

法律解读：《最高人民法院关于审理商品房买卖合同纠纷案件适用法律若干问题的解释》第十五条规定：“根据《合同法》第九十四条的规定，出卖人迟延交付房屋或者买受人迟延支付购房款，经催告后在三个月的合理期限内仍未履行，当事人一方请求解除合同的，应予支持，但当事人另有约定的除外。法律没有规定或者当事人没有约定，经对方当事人催告后，解除权行使的合理期限为三个月。对方当事人没有催告的，解除权应当在解除权发生之日起一年内行使；逾期不行使的，解除权消灭。”

本条规定的是解除合同的时效。出卖人延迟交房有两个期间：一是 3 个月，即催告过的是 3 个月；二是 1 年，没有催告的是 1 年。如果买房者在上述期间未行使解除权，就不得再提出解除合同。

新法速递：《民法典》第三编　合同

第五百六十三条　有下列情形之一的，当事人可以解除合同：

（一）因不可抗力致使不能实现合同目的；

（二）在履行期限届满前，当事人一方明确表示或者以自己的行为表明不履行主要债务；

（三）当事人一方迟延履行主要债务，经催告后在合理期限内仍未履行；

（四）当事人一方迟延履行债务或者有其他违约行为致使不能实现合同目的；

（五）法律规定的其他情形。

小贴士

需要注意的是上面的时效属于除斥期间（法律规定的某种民事权利有效存续的期间），该期间在法定期间内不存在中止延长等情况。其实，这个期限属于不可变期间。

14. 商品房买卖的违约金如何计算？

法律解读：《最高人民法院关于审理商品房买卖合同纠纷案件适用法律若干问题的解释》第十六条规定："当事人以约定的违约金过高为由请求减少的，应当以违约金超过造成的损失30%为标准适当减少；当事人以约定的违约金低于造成的损失为由请求增加的，应当以违约造成的损失确定违约金数额。"

第十七条规定："商品房买卖合同没有约定违约金数额或者损失赔偿额计算方法，违约金数额或者损失赔偿额可以参照以下标准确定：逾期付款的，按照未付购房款总额，参照中国人民银行规定的金融机构计收逾期贷款利息的标准计算；逾期交付使用房屋的，按照逾期交付使用房屋期间有关主管部门公布或者有资格的房地产评估机构评定的同地段同类房屋租金标准确定。”

小贴士

在实践中，商品房买卖合同中的违约金条款往往约定过高，按照上述法律规定不得超过损失的 30%，如迟延交房造成租房损失共计 10 万元，除了赔偿 10 万元的损失外，还要支付违约金 3 万元。对于订立违约金低于损失的，应当以实际损失计算。

换句话说，就是违约金不得超过损失的 30%。即使合同订立了较高的违约金，但仍按上述比例计算。否则，天价违约金往往会造成不公平。

实践中，发现买卖房屋合同中房价才 60 万元，但合同约定违约赔偿对方 150 万元，这样高的违约金在法律上是得不到支持的。

15. 出卖人未按期办理房屋权属证书时如何处理？

法律解读：《最高人民法院关于审理商品房买卖合同纠纷案件适用法律若干问题的解释》对未按期办理房产证的情况作出了规定：

第十八条　由于出卖人的原因，买受人在下列期限届满未能取得房屋权属证书的，除当事人有特殊约定外，出卖人应当承担违约责任：

（一）商品房买卖合同约定的办理房屋所有权登记的期限；

（二）商品房买卖合同的标的物为尚未建成房屋的，自房屋交付使用之日起 90 日；

（三）商品房买卖合同的标的物为已竣工房屋的，自合同订立之日起90日。

合同没有约定违约金或者损失数额难以确定的，可以按照已付购房款总额，参照中国人民银行规定的金融机构计收逾期贷款利息的标准计算。

第十九条　商品房买卖合同约定或者《城市房地产开发经营管理条例》第三十三条规定的办理房屋所有权登记的期限届满后超过一年，由于出卖人的原因，导致买受人无法办理房屋所有权登记，买受人请求解除合同和赔偿损失的，应予支持。

小贴士

根据上述法律规定，可以向卖房者提出两种赔偿要求：一是赔偿利息损失；二是请求解除合同并赔偿损失。在实践中经常出现不按期办理房产证的情况，但却很少有人按照上述规定追究卖房者的责任。有些买房者不知道有上述规定；有些人息事宁人不愿意以诉讼方式解决。虽然选择如何解决是买房者的权利，但买房者也应了解权利受到侵犯后应如何维权，然后再做出明智的选择。

16. 商品房买卖合同约定，买受人以担保贷款方式付款未实现如何解决？

法律解读：《最高人民法院关于审理商品房买卖合同纠纷案件适用法律若干问题的解释》相关规定，原文如下：

第二十三条　商品房买卖合同约定，买受人以担保贷款方式付款，因当事人一方原因未能订立商品房担保贷款合同并导致商品房买卖合同不能继续履行的，对方当事人可以请求解除合同和赔偿损失。因不可归责于当事人双方的事由未能订立商品房担保贷款合同并导致商品房买卖合同不能继续履行的，当事人可以请求解除合同，出卖人应当将收受的购房款本金及其利息或者定金返还买受人。

第二十四条　因商品房买卖合同被确认无效或者被撤销、解除，致使商品房担保贷款合同的目的无法实现，当事人请求解除商品房担保贷款合同的，应予支持。

小贴士

在实践中往往出现上述情况，由于卖房者的原因使担保贷款不能办理，致使商品房买卖合同不能履行。买房者可以向卖房者提出解除合同和赔偿损失。但如果出现上述第二十四条规定的情形，如何解决赔偿问题，司法解释没有明确，作者认为应依据《合同法》解决。如《合同法》第五十八条规定："合同无效或者被撤销后，因该合同取得的财产，应当予以返还；不能返还或者没有必要返还的，应当折价补偿。有过错的一方应当赔偿对方因此所受到的损失，双方都有过错的，应当各自承担相应的责任。"

新法速递：《民法典》第一百五十七条规定："民事法律行为无效、被撤销或者确定不发生效力后，行为人因该行为取得的财产，应当予以返还；不能返还或者没有必要返还的，应当折价补偿。有过错的一方应当赔偿对方由此所受到的损失；各方都有过错的，应当各自承担相应的责任。法律另有规定的，依照其规定。"

二、房屋买卖篇案例

案例 1. 买二手房行市涨价　卖方反悔遭遇索赔

案情简介： 2016 年 5 月，李中田（化名）通过中介购买了张立本（化名）所有的一套二手房，双方签订了《房屋买卖合同》。双方约定李中田缴纳订金 3 万元，10 天后，李中田付全款，双方办理房屋交接手续。

合同约定后，李中田向对方交付了 3 万元订金，对方打了收条。收条上写到——今收到李中田交来订金 3 万元。收到人注明张立本，落款日期为 2018 年 5 月 2 日。收条盖上了房屋中介的公章。

10 天之后，房屋中介向李中田打电话称张立本不愿意卖房了，并把 3 万元订金退回来了。

李中田咨询律师后了解到法律规定定金应双倍返还，李中田向张立本索要赔偿，未果。为此，两方产生分歧，李中田通过中介调解无效后将张立本起诉至法院，要求对方双倍退还定金。

张立本在庭上辩称，李中田在收条上写到是订金，不是定金，两个字的性质不同，不能按定金对待。

法院经审理认为，按照《担保法》第八十九条规定：“当事人可以约定一方向对方给付定金作为债权的担保。债务人履行债务后，定金应当抵作价款或者收回。给付定金的一方不履行约定的债务的，无权要求返还定金；收受定金的一方不履行约定的债务的，应当双倍返还定金。”

本案中，售房者张立本反悔拒绝履行义务，其构成违约，应双倍返还定金。至于写的是订金而未写定金，结合本案情况，其交纳的性质就是定金，尽管字意有区别，但符合担保法定金的法律性质，应依法认定为定金。法院据此判决张立本返还李中田定金6万元。

新法速递：《民法典》第五百八十六条规定：“当事人可以约定一方向对方给付定金作为债权的担保。定金合同自实际交付定金时成立。定金的数额由当事人约定；但是，不得超过主合同标的额的百分之二十，超过部分不产生定金的效力。实际交付的定金数额多于或者少于约定数额的，视为变更约定的定金数额。”

《民法典》第五百八十七条规定：“债务人履行债务的，定金应当抵作价款或者收回。给付定金的一方不履行债务或者履行债务不符合约定，致使不能实现合同目的的，无权请求返还定金；收受定金的一方不履行债务或者履行债务不符合约定，致使不能实现合同目的的，应当双倍返还定金。”

法律点评：“定”金和“订”金虽然一字之差，却含义不同。定金是法律术语，是《担保法》规定的一种担保形式；而订金也有定金的含义，但不属于法律术语，有时也可理解成预付款。上述案例中，尽管法院认定了其定金的性质，但是我们在交付定金时一定要注意这个字眼，以免产生歧义。

案例 2. 房屋涨价卖方反悔　违约金标准是什么

案情简介： 2016 年 3 月，尹自立（化名）通过中介机构购买张照明（化名）所有的一套二手住房。双方在购房合同中约定：房屋面积 110 平方米，价格每平方米 5800 元。尹自立第一次于 2016 年 3 月 6 日支付张照明 30 万元，剩余款项 3 月 20 日张照明交房时一次付清，并约定了双方的其他权利和义务。关于违约责任有如下约定，如有一方违约，违约方付给守约方 10 万元违约金。

尹自立按照约定通过银行转账付给张照明 30 万元。到了 3 月 20 日的付款交房日期，张照明不接电话，中介机构也联系不上张照明。

尹自立急了，但又不知张照明家住何方，只得天天给张照明打电话。过了 3 天，张照明向中介表明他与家人商量后，房子暂时不出售了，尹自立支付的 30 万元他会退给对方。

尹自立听后，气愤地说："他说不卖就不卖了，得赔我违约金！"为此，尹自立将张照明起诉至法院。他主张的诉讼请求是因张照明违约，请求法院判决张照明支付其违约金 10 万元。

开庭审理过程中，张照明提出违约金数额过高。尹自立反驳道，目前房价涨势很猛，近期每平方米涨近千元。尹自立递交了本案所涉房屋附近楼盘几家房地产商的涨价情况。

法院经过审理认为，《合同法》第一百一十四条规定："当事人可以约定一方违约时应当根据违约情况向对方支付一定数额的违约金，也可以约定因违约产生的损失赔偿额的计算方法。约定的违约金低于造成的损失的，当事人可以请求人民法院或者仲裁机构予以增加；约定的违约金过分高于造成的损失的，当事人可以请求人民法院或者仲裁机构予以适当减少。当事人就迟延履行约定违约金的，违约方支付违约金后，还应当履行债务。”

《最高人民法院关于适用〈中华人民共和国合同法〉若干问题的解释（二）》第二十九条规定：“当事人主张约定的违约金过高请求予以适当减少的，人民法院应当以实际损失为基础，兼顾合同的履行情况、当事人的过错程度以及预期利益等综合因素，根据公平原则和诚实信用原则予以衡量，并作出裁决。当事人约定的违约金超过造成损失的百分之三十的，一般可以认定为合同法第一百一十四条第二款规定的‘过分高于造成的损失’。”

本案张照明违约，应承担违约责任。张照明提出违约金过高的问题，根据法律规定和目前房屋涨价情况，双方所约定的违约金未超过本案法定损失标准，故此，法院判决支持了尹自立的诉讼请求。

新法速递：《民法典》第五百八十五条规定：“当事人可以约定一方违约时应当根据违约情况向对方支付一定数额的违约金，也可以约定因违约产生的损失赔偿额的计算方法。约定的违约金低于造成的损失的，人民法院或者仲裁机构可以根据当事人的请求予以增加；约定的违约金过分高于造成的损失的，人民法院或者仲裁机构可以根据当事人的请求予以适当减少。当事人就迟延履行约定违约金的，违约方支付违约金后，还应当履行债务。”

《民法典》出台后，关于违约金的比例问题，最高人民法院尚未就《合同法》司法解释的适用问题出台相应的意见，预计在民法典正式实施前会出台相应的意见。

法律点评：合法的合同是受法律保护的，合同签订后双方都有履约的义务，如果违约就要付出代价。有的人见利忘义，房子涨价就想反悔，但却是损人不利己，反而落个不仁不义的名声。我们还是要从上述案例中吸取教训。

案例 3. 开发商抵押买家屋　买方索要双倍房款

案情简介：2016 年 3 月，张喜雨（化名）从某开发商处购买了一套商品房，双方签订了《商品房买卖合同》，张喜雨向开发商交纳了全款。

2016 年 6 月，张喜雨要求开发商协助办理房产证，但开发商迟迟不予出具相关手续。到了 2017 年 7 月，张喜雨到房产部门去咨询自家房产证的事情，才发现这套商品房已经被开发商抵押给了另一个债权人。如今，这套商品房因开发商不能还款已被法院查封。

张喜雨找开发商询问情况，但负责人拒不见面。张喜雨委托律师代理其向人民法院起诉，要求开发商赔偿。张喜雨提出诉讼请求要求开发商按照最高人民法院司法解释请求解除合同、返还已付购房款及利息、赔偿损失、责令开发商承担不超过已付购房款 1 倍的赔偿责任。

在法庭上，张喜雨举出了相关证据，包括证明开发商已将该房屋抵押的事实。法院经审理后认为，《最高人民法院关于审理商品房买卖合同纠纷案件适用法律若干问题的解释》第八条的规定：“具有下列情形之一的，导致商品房买卖合同目的不能实现的，无法取得房屋的买受人可以请求解除合同、返还已付购房款及利息、赔偿损失，并可以请求出卖人承担不超过已付购房款一倍的赔偿责任。（一）商品房买卖合同订立后，出卖人未告知买受人又将该房屋抵押给第三人；（二）商品房买卖合同订立后，出卖人又将该房屋出卖给第三人。”

开发商明知本案所涉房屋已出售给张喜雨，在未告知张喜雨的情况下，将房屋抵押并被法院查封，张喜雨已不能得到该房屋。法院根据本案事实并依据上述司法解释，判决支持了张喜雨的诉讼请求。

法律点评：上述案例中的类似情况在实践中并不少见。如果发生这种情况，买房者应尽快提起诉讼，在提起诉讼的同时还应进行财产保全，以保障执行，最大限度地维护自身合法权益。

案例 4. 名为买房实为借款　“竹篮打水一场空”

案情简介：2016 年 6 月，一家房地产开发企业（以下简称开发商）因缺少资金，董事长尹中利（化名）找到小额担保公司的刘青（化名）要求借款 800 万元，并言明以自己的房产作抵押。

刘青担心开发商房屋无房产证，抵押不能登记，在法律上无效，便同尹中利订立两个合同，一个是借款合同，另一个是购房合同。购房合同约定如果尹中利还不了款，就将尹中利的房屋过户到刘青名下。

双方达成合意后，便签订了借款合同，合同约定借款数额 800 万元、利息按 30% 年息、借款期限 1 年等。后双方签订了购房协议，购房协议约定了房屋的价格、位置、付款方式、交房日期、违约责任等主要条款。

借款到期后，开发商因项目开发不顺利导致资金链断裂，还不上刘青的借款。

刘青经多次催要无果，随即到法院起诉尹中利，要求开发商按购房合同交付房屋。开发商称此案是借款纠纷，不是房屋买卖合同纠纷，并递交了双方签订的借款协议。

法院经过审理后认为，《最高人民法院关于审理民间借贷案件适用法律若干问题的规定》第二十四条规定：“当事人以签订买卖合同作为民间借贷合同的担保，借款到期后借款人不能还款，出借人请求履行买卖合同的，人民法院应当按照民间借贷法律关系审理，并向当事人释明变更诉讼请求。当事人拒绝变更的，人民法院裁定驳回起诉。”

法院据此向刘青释明变更诉讼请求，刘青变更了诉讼请求，要求尹中利归还借款，法院遂支持了刘青的诉讼请求。

法律点评：借款人为了保证自己出借款的安全，进行了“双保险”，实质上是借款，又签订房屋买卖合同，如果不能还款，就把房屋买卖合同拿出来，以房抵债。这种阴阳合同在法律上不成立。这是因为，借款和买房是两种法律关系。案例中的法律关系说到底还是民间借贷法律关系。买房合同只是一种担保，但这种担保形式在法律上不成立。故此，担保还是应当依法办理担保手续为妥。

案例5. 购房未办理房产证　开发商欠款屋被封

案情简介：2015年7月，辛中田（化名）购买了房地产开发企业（以下简称开发商）的一套商品房并交付了全款。商品房买卖合同已经网签并已实际入住，但尚未办理房产证。

因该开发商欠建筑公司的工程款，建筑公司遂提起诉讼，并申请法院查封了开发商开发的30套房屋，其中包括辛中田购买的房屋。

辛中田看到法院查封裁定后，急忙找律师咨询。律师告诉辛中田，他可以向法院递交查封异议申请，法院就会按照法定程序审查辛中田的异议申请。

辛中田委托律师给他写了查封异议申请书，并委托律师代理其向法官陈述申明其主张。法院接到该申请后组织召开了听证程序，律师代理辛中田表达了意见。

执行庭法官听取了各方的意见后，根据《最高人民法院关于人民法院民事执行中查封、扣押、冻结财产的规定》第十七条的规定，被执行人将其所有的需要办理过户登记的财产出卖给第三人，第三人已经支付部分或者全部价款并实际占有该财产，但尚未办理产权过户登记手续的，人民法院可以查封、扣押、冻结；第三人已经支付全部价款并实际占有，但未办理过户登记手续的，如果第三人对此没有过错，人民法院不得查封、扣押、冻结。

法院认为，辛中田购房后交付全款并实际入住，主观上并没有任何过错，申请人申请查封其单元楼有误，应当予以解封。法院遂裁定对辛中田的楼房解除了查封。辛中田心中的一块石头终于落了地。

法律点评：在买卖房屋中涉及到查封等问题在实践中不断出现新的情况，最高人民法院根据情况不断出台司法解释。提醒读者在碰到此类法律问题，应及时咨询律师，才能获取到更准确、更专业的法律信息，避免损失进一步扩大。

案例 6. 丈夫卖房房屋涨价　妻子起诉撤销合同

案情简介：李银梅（化名）和吴天天（化名）两人是夫妻。2015 年 2 月，二人商议将夫妻共有的一套住房出售，两人将房屋交给售房中介，后该房以每平方米 4500 元的价格出售给贾十全（化名），双方办理了房产过户手续。

签订房屋买卖合同和办理所有手续均系吴天天一人办理，合同上也只有吴天天一人签字。到了 2016 年 1 月，楼房价格猛涨，从 4000 余元涨价到 7000 余元，李银梅和吴天天夫妻十分后悔。

李银梅听说卖房子必须征得共有人同意，她想据此反悔卖房。后夫妇二人商量好，称卖房是丈夫一人所为，妻子不同意也不知情。这样，李银梅就到法院起诉，请求撤销房屋买卖合同。

在法庭上，吴天天给妻子李银梅作证，说房子确实是他一人做主所为。买房者贾十全称，其是通过中介购买此处住房，吴家夫妇是见房子涨价了才起诉。

法院经过开庭审理，查明了事实。根据《最高人民法院关于适用〈中华人民共和国婚姻法〉若干问题的解释（三）》第十一条的规定："一方未经另一方同意出售夫妻共同共有的房屋，第三人善意购买、支付合理对价并办理产权登记手续，另一方主张追回该房屋的，人民法院不予支持。夫妻一方擅自处分共同共有的房屋造成另一方损失，离婚时另一方请求赔偿损失的，人民法院应予支持。"因此，法院确认本案房屋买卖合同有效，驳回李银梅请求撤销房屋买卖合同的诉讼请求。

新法速递：《民法典》将于 2021 年 1 月 1 日正式实施，《婚姻法》将同时废止。届时，与《婚姻法》对应的司法解释应该也会随民法典的实施做相应的调整。

法律点评：上述案例中，卖房后，因房屋涨价夫妻演“双簧”，意图撤销房屋买卖合同，但因购买方没有过错，即符合法律规定，又合乎情理道理，原告夫妻弄巧成拙。

需注意的是，买二手房时尽量让房屋共同所有人都签字，以避免发生此类事情。

案例 7. 丈夫外遇瞒妻卖房　妻离婚向夫索赔偿

案情简介：2013 年，燕爱国（化名）和妻子张小丽（化名）已结婚 10 年，双方共有两套单元住宅楼。两人住着其中一套住房，另一套住房出租给他人。

近两年来，因燕爱国有了外遇，经常不回家，妻子发现了丈夫的不轨行为，双方经常为此吵闹。2014 年 3 月，双方开始分居。

燕爱国偷偷将另一套房出售。过了一段时间，另一套房子租期到期，张小丽准备和租户签订下一期租房合同时发现房子换了主人，经询问才知道出租房已被丈夫出售。

张小丽一气之下，便到法院起诉与燕爱国离婚，并要求分割夫妻共同财产和赔偿因擅自卖房造成的损失 12 万元，并提交了房屋涨价的相关证据。

燕爱国同意离婚，但不同意赔偿因卖房造成的损失。法院经审理后认为，《最高人民法院关于适用〈中华人民共和国婚姻法〉若干问题的解释（三）》第十一条第二款规定，夫妻一方擅自处分共同共有的房屋造成另一方损失，离婚时另一方请求赔偿损失的，人民法院应予支持。法院判决两人准予离婚并分割夫妻共同财产，丈夫燕爱国赔偿因擅自卖房给张小丽造成的损失 8 万元。

新法速递：《民法典》将于 2021 年正式实施，《婚姻法》将同时废止。届时，与《婚姻法》对应的司法解释应该也会随民法典的实施做相应的调整。

法律点评：夫妻一方擅自处分共同共有的房屋，如果对方没有过错，该法律行为是有效的。但如果夫妻一方擅自处理房屋并对另一方造成损失，离婚时另一方请求赔偿损失的，人民法院应予支持。这也是符合情理的。

案例 8. 欠款人以房屋抵债　流押合同被判无效

案情简介：2016 年 10 月，张先聪（化名）购买了其表哥刘大占（化名）位于某小区的二手单元楼，价款为 58 万元，张先聪选择一次性付清房款。

因张先聪只凑了 50 万元，还差 8 万元。张先聪和刘大占商量，先给其 50 万元，剩下的 8 万元张先聪给刘大占打欠条，承诺 8 个月还清欠款。为此，张先聪保证如不能按时还上 8 万元，以购买的房屋进行抵顶，房子按每平方米 3000 元收回，仍归刘大占所有。

签订协议后，双方到房产部门办理了过户手续，张先聪入住该房。债务到期后，张先聪做买卖赔了钱，还不上欠刘大占的房款。刘大占找到张先聪，要求收回房屋。张先聪说："我欠你的钱很快就给你，房子我占着呢，腾不出来。"

后刘大占多次找张先聪要求收房，但张先聪不同意。刘大占拿着双方订的协议和张先聪写的欠条，将张先聪起诉至法院。

法院对此案进行了公开开庭审理。在开庭中，刘大占请求张先聪给付欠款8万元，并按双方协议履行，解除房屋买卖合同，将房屋按每平方米3000元收回。

张先聪答辩称，《担保法》第四十一条规定："当事人以本法第四十二条规定的财产抵押的，应当办理抵押物登记，抵押合同自登记之日起生效。"

该法第四十条规定："订立抵押合同时，抵押权人和抵押人在合同中不得约定在债务履行期届满抵押权人未受清偿时，抵押物的所有权转移为债权人所有。"

法院经审理后认为，本案抵押房产未到房产部门登记属于无效，双方关于"如不能还债便以每平方米3000元收回"的约定，因违反《担保法》强制性规定属于无效。法院据此判决张先聪偿还刘大占欠款8万元。

⊖ **新法速递：**《民法典》第四百零一条规定："抵押权人在债务履行期限届满前，与抵押人约定债务人不履行到期债务时抵押财产归债权人所有的，只能依法就抵押财产优先受偿。"

《民法典》第四百零二条规定："以本法第三百九十五条第一款第一项至第三项规定的财产或者第五项规定的正在建造的建筑物抵押的，应当办理抵押登记。抵押权自登记时设立。"

《民法典》第三百九十五条规定："债务人或者第三人有权处分的下列财产可以抵押：（一）建筑物和其他土地附着物；（二）建设用地使用权；（三）海域使用权；（四）生产设备、原材料、半成品、产品；（五）正在建造的建筑物、船舶、航空器；（六）交通运输工具；（七）法律、行政法规未禁止抵押的其他财产。抵押人可以将前款所列财产一并抵押。"

⊖ **法律点评：**在实践中，经常看到当事人在合同中有上述案例中的类似约定。这种约定俗称流押合同或者流押条款，是指债权人在订立抵押合同时与抵押人约定，债务人不履行债务时抵押财产归债权人所有。法律之所以禁止这样的行为，主要考虑一些抵押人为了眼前的急迫需要，可能做出不利于自己的选择，而形成事实上的不公平，上述案例就说明了这一情况。

案例 9. 拆迁安置房卖他人　拆迁人起诉开发商

案情简介：房地产开发企业（以下简称开发商）与拆迁户佟金贵（化名）于 2014 年签订了拆迁协议，协议中对拆迁补偿金额、给付楼房的位置和车库位置以及房屋面积等内容均进行了约定。

房屋建好后，佟金贵去看自己的房子，但该房已经有人在装修。仔细一问才知道，此房子已经出售给他人。佟金贵急忙到售楼处询问此事，售楼处让找总经理，佟金贵又找到总经理，询问情况才得知因房源紧张，很多人一次性交了房款，为了照顾这些人，就对本小区两套以上的拆迁户不再给房，按拆迁时的原价折合房费。

佟金贵对开发商总经理说："当时的房价是 2800 元，现在的房价是 6500 元，这不公平！我们用当时的价格能买出现在的房子吗？"总经理却说是公司的决定，他也做不了主。

佟金贵听后觉得只有打官司这一条路了，便将开发商起诉至法院。法院经过审理，查明了案件事实。依据《最高人民法院关于审理商品房买卖合同纠纷案件适用法律若干问题的解释》第七条的规定："拆迁人与被拆迁人按照所有权调换形式订立拆迁补偿安置协议，明确约定拆迁人以位置、用途特定的房屋对被拆迁人予以补偿安置，如果拆迁人将该补偿安置房屋另行出卖给第三人，被拆迁人请求优先取得补偿安置房屋的，应予支持。被拆迁人请求解除拆迁补偿安置协议的，按照本解释第八条的规定处理。”

该解释第八条规定：“具有下列情形之一，导致商品房买卖合同目的不能实现的，无法取得房屋的买受人可以请求解除合同、返还已付购房款及利息、赔偿损失，并可以请求出卖人承担不超过已付购房款一倍的赔偿责任：（一）商品房买卖合同订立后，出卖人未告知买受人又将该房屋抵押给第三人；（二）商品房买卖合同订立后，出卖人又将该房屋出卖给第三人。”

法院对此案进行了调解，最终开发商与拆迁户佟金贵达成调解协议，基本内容是：该公司以现房的价格，按照拆迁安置的面积，一次性给付佟金贵现金。佟金贵对此结果也表示满意。

法律点评：上述案例中发生的事情在实践中经常发生。对此，最高人民法院的司法解释规定得很明确，就是为了防止和制裁那些签订房屋买卖合同后又将房屋卖与他人的违法行为。但有些买房者，遇到上述类似情况，不知道上述法律规定，也就无法依法维护自己的合法权益。

案例 10. 安置房大 10 平方米　开发商索要补偿款

案情简介：某市一家房地产开发企业（以下简称开发商）开发了美中美小区（化名）。2014 年，该开发商和拆迁户刘立刚（化名）签订了拆迁安置协议，在美中美小区安置了两套单元住宅楼房。2017 年刘立刚入住时，发现其中一套单元面积比协议面积大了 10 平方米。当刘立刚去到售楼部拿钥匙时，公司负责人通知他，让他按现房价补交大出的10平方米房款，才能入住和领取钥匙。但拆迁时的价格是每平方米3500元，而现价是7500元，10平方米就差出4万元，刘立刚不同意。在经多次交涉无果的情况下，刘立刚将开发商起诉到法院。

法院根据《最高人民法院关于审理商品房买卖合同纠纷的司法解释》第十四条规定："出卖人交付使用的房屋套内建筑面积或者建筑面积与商品房买卖合同约定面积不符，合同有约定的，按照约定处理；合同没有约定或者约定不明确的，按照以下原则处理：（一）面积误差比绝对值在3%以内（含3%），按照合同约定的价格据实结算，买受人请求解除合同的，不予支持；（二）面积误差比绝对值超出3%，买受人请求解除合同、返还已付购房款及利息的，应予支持。买受人同意继续履行合同，房屋实际面积大于合同约定面积的，面积误差比在3%以内（含3%）部分的房价款由买受人按照约定的价格补足，面积误差比超出3%部分的房价款由出卖人承担，所有权归买受人；房屋实际面积小于合同约定面积的，面积误差比在3%以内（含3%）部分的房价款及利息由出卖人返还买受人，面积误差比超过3%部分的房价款由出卖人双倍返还买受人。"判决刘立刚支付给开发公司3平方米的房价款，其余不予支付，多余面积归刘立刚所有。

⊖ **法律点评：**在拆迁安置中，会出现很多问题。由于在拆迁之前，拆迁户在签订合同上占优势地位。但房子拆完，在交房时开发商却占优势地位，从而出现很多和原拆迁协议不同的情况和说法。因此，在签订拆迁合同时，最好要由律师把关。在出现问题时要及时咨询律师，做到提前防范风险，以避免受到损失。

案例 11. 卖方反悔拒不腾房　不执行判决入囹圄

案情简介：孙某在石家庄市有一套单元楼房，卖给刘某后又反悔，并在该房居住拒不交给刘某。刘某遂向法院起诉要求孙某交出房屋。一审判决支持了刘某的诉讼请求。孙某上诉到中级法院，该院驳回孙某上诉维持原判。判决生效后刘某申请执行。但孙某在执行法官多次劝说下仍不交房。法院认为孙某的行为已构成涉嫌拒不执行判决、裁定罪，将其向公安机关进行了移送。后公安机关对孙某刑事拘留后经检察院批准逮捕，孙某后被法院判决有期徒刑 1 年，并将房屋交付给刘某。

孙某拒不执行法院判决的行为已构成犯罪。因为孙某完全有能力交付房屋，而拒不交付，其行为已经不是对抗买房人，而是在对抗法院判决。我国《刑法》第三百一十三条对拒不执行法院判决、裁定罪进行了充分说明，即“对人民法院的判决、裁定有能力执行而拒不执行，情节严重的，处三年以下有期徒刑、拘役或者罚金；情节特别严重的，处三年以上七年以下有期徒刑，并处罚金。单位犯前款罪的，对单位判处罚金，并对其直接负责的主管人员和其他直接责任人员，依照前款的规定处罚。”

法律点评：详见以下法条。

《最高人民法院关于审理拒不执行判决、裁定刑事案件适用法律若干问题的解释》

为依法惩治拒不执行判决、裁定犯罪，确保人民法院判决、裁定依法执行，切实维护当事人合法权益，根据《中华人民共和国刑法》《中华人民共和国刑事诉讼法》《中华人民共和国民事诉讼法》等法律规定，就审理拒不执行判决、裁定刑事案件适用法律若干问题，解释如下：

第一条 被执行人、协助执行义务人、担保人等负有执行义务的人对人民法院的判决、裁定有能力执行而拒不执行，情节严重的，应当依照刑法第三百一十三条的规定，以拒不执行判决、裁定罪处罚。

第二条 负有执行义务的人有能力执行而实施下列行为之一的，应当认定为全国人民代表大会常务委员会关于刑法第三百一十三条的解释中规定的“其他有能力执行而拒不执行，情节严重的情形”：

（一）具有拒绝报告或者虚假报告财产情况、违反人民法院限制高消费及有关消费令等拒不执行行为，经采取罚款或者拘留等强制措施后仍拒不执行的；

（二）伪造、毁灭有关被执行人履行能力的重要证据，以暴力、威胁、贿买方法阻止他人作证或者指使、贿买、胁迫他人作伪证，妨碍人民法院查明被执行人财产情况，致使判决、裁定无法执行的；

（三）拒不交付法律文书指定交付的财物、票证或者拒不迁出房屋、退出土地，致使判决、裁定无法执行的；

（四）与他人串通，通过虚假诉讼、虚假仲裁、虚假和解等方式妨害执行，致使判决、裁定无法执行的；

（五）以暴力、威胁方法阻碍执行人员进入执行现场或者聚众哄闹、冲击执行现场，致使执行工作无法进行的；

（六）对执行人员进行侮辱、围攻、扣押、殴打，致使执行工作无法进行的；

（七）毁损、抢夺执行案件材料、执行公务车辆和其他执行器械、执行人员服装以及执行公务证件，致使执行工作无法进行的；

（八）拒不执行法院判决、裁定，致使债权人遭受重大损失的。

第三条　申请执行人有证据证明同时具有下列情形，人民法院认为符合刑事诉讼法第二百零四条第三项规定的，以自诉案件立案审理：

（一）负有执行义务的人拒不执行判决、裁定，侵犯了申请执行人的人身、财产权利，应当依法追究刑事责任的；

（二）申请执行人曾经提出控告，而公安机关或者人民检察院对负有执行义务的人不予追究刑事责任的。

第四条　本解释第三条规定的自诉案件，依照刑事诉讼法第二百零六条的规定，自诉人在宣告判决前，可以同被告人自行和解或者撤回自诉。

第五条　拒不执行判决、裁定刑事案件，一般由执行法院所在地人民法院管辖。

第六条　拒不执行判决、裁定的被告人在一审宣告判决前，履行全部或部分执行义务的，可以酌情从宽处罚。

第七条　拒不执行支付赡养费、扶养费、抚育费、抚恤金、医疗费用、劳动报酬等判决、裁定的，可以酌情从重处罚。

第八条　本解释自发布之日起施行。此前发布的司法解释和规范性文件与本解释不一致的，以本解释为准。

案例 12. 开发商售查封房屋　负责人因此受刑罚

案情简介：某房地产开发企业（以下简称开发商）拖欠某建筑公司（以下简称建筑商）工程款 2000 万元，经多次催要，开发商拒不还款，该建筑商将开发商起诉至法院，要求开发商偿还拖欠施工费和利息。为了便于执行，建筑商申请法院查封了开发商30套商品房。

由于房价上涨，买房人猛增，开发商认为有房不能卖，缓解不了资金紧张的局面，便把法院张贴在被查封房屋所在小区的公告撕掉，将查封房屋中的15套进行出售。

建筑商得知此信息后向查封房屋的法院反映情况，法院向开发商调查确有此事。开发商向法院解释称是因为建筑商的建筑质量有问题以及建筑商的申请有误才导致现有局面。另外，开发商认为其充其量欠建筑商1000万元费用，却被法院查封了2000万元的房子，在万不得已的情况下才出售房屋情有可原。

法院认为，开发商的行为已涉嫌非法处置查封、扣押、冻结的财产罪，遂将其案件移交公安机关。公安机关经侦查认为开发商的行为已涉嫌非法处置查封、扣押、冻结的财产罪。后经过法定程序，对开发商的法定代表人进行逮捕、移送起诉、审判。

经法院审理查明，开发商法定代表人张某在房屋被法院查封的情况下，擅自转移、变卖，严重干扰了案件的诉讼活动，其行为触犯了《刑法》，最终其被法院以非法处置查封、扣押、冻结的财产罪判处有期徒刑12个月。

⊖ **法律点评：**《刑法》第三百一十四条规定："隐藏、转移、变卖、故意毁损已被司法机关查封、扣押、冻结的财产，情节严重的，处三年以下有期徒刑、拘役或者罚金。"本案中，开发商认为建筑商起诉有误，且法院查封影响了资金周转，开发商的理由显然不成立。这是因为，即便是建筑商起诉的数额多，如果法院判决不完全支持建筑商的诉讼请求，开发商对建筑商多申请法院查封的房屋可以要求建筑商赔偿损失，但是开发商无权出售、转移法院查封的财产。一旦出售就触犯了刑律，将被追究刑事责任。因为开发商的行为已不再是针对与建筑商的纠纷，而对抗的是刑法，必然要受到刑事处罚。

案例 13. 为炒房房屋未过户　地产商欠款房查封

案情简介：刘志宏（化名）为了投资盈利，向一家房地产开发企业购买了 2 套房屋。他支付了首付后，在银行办理了按揭贷款。

刘志宏买房的目的只在炒房，坐等房屋涨价，伺机出手。因此，他为了避免麻烦和降低成本就迟迟没有办理房产证。其购买的 2 套房屋产权一直登记在房地产公司名下。

一年以后，这家房地产开发企业因欠建筑商的工程款，建筑商起诉后请求法院查封了房地产公司登记在其公司名下的房屋，这其中包括刘志宏购买的房屋。

刘志宏遂向法院提出查封异议，法院经审查认为，刘志宏为了降低投资成本，在无客观障碍的情况下，没有主动去办理产权过户登记，对此存在主观过错，故对其请求不予支持。

法律点评：这种情况在现实中比比皆是，买房者未及时过户而蒙受巨大损失。因此，买房者一定要及时过户，并办理房产证。买房者只有办理了房产证，才能使房屋所有权转移到自己手中。

根据《物权法》第九条规定：“不动产物权的设立、变更、转让和消灭，经依法登记，发生效力；未经登记，不发生效力，但法律另有规定的除外。依法属于国家所有的自然资源，所有权可以不登记。”该法第十五条规定：“当事人之间订立有关设立、变更、转让和消灭不动产物权的合同，除法律另有规定或者合同另有约定外，自合同成立时生效；未办理物权登记的，不影响合同效力。”

新法速递：《民法典》第二百零九条规定：“不动产物权的设立、变更、转让和消灭，经依法登记，发生效力；未经登记，不发生效力，但是法律另有规定的除外。依法属于国家所有的自然资源，所有权可以不登记。”

《民法典》第二百一十五条规定：“当事人之间订立有关设立、变更、转让和消灭不动产物权的合同，除法律另有规定或者当事人另有约定外，自合同成立时生效；未办理物权登记的，不影响合同效力。”

法律点评：根据上述法律规定，房屋买卖合同自合同成立时生效。但是合同生效不等于取得了房屋所有权。《物权法》规定表明，未办理物权登记的，不影响合同效力。合同生效了，但房屋所有权并没有转移。因为《物权法》规定，不动产未经登记不发生效力，这里指的是物权效力。其实说白了，房产必须办理了房产证，才能使所有权得到到法律认可的转移。也正因如此，才出现了上述刘志宏那样尴尬的情况。

案例 14. 花巨款购买二手房　房屋抵押不能入住

案情简介：刘某因儿子在城里打工需要住房，经过反复考察后，刘某以 50 万元的价格购买了孙某位于某市某小区的一套单元楼房。刘某和孙某签订了房屋买卖合同，约定房款分两次付清：2016 年 10 月 15 日前先交 30 万元，其余房款于 2017 年 5 月 1 日前付清。刘某第一次交款后即可入住，如第二笔款不能按时付清，房屋买卖合同解除，刘某交回房屋，并赔偿孙某损失。

合同签订后，刘某付给孙某30万元。但要入住时，另外一个人张某找到刘某，称该房已抵押给张某了，刘某不能入住该房。张某拿出了孙某给他打的60万元的借条和借款协议，以及孙某这套房屋的房产证。

刘某看了借款协议，上面确实写着用这套房作抵押。刘某感到买房上当了，急忙给孙某打电话，要求其说明情况。不料，电话一直无人接听。经刘某打听才得知孙某负债累累，早已跑路不见踪影。为此，因张某阻拦刘某入住，双方为房产发生了争执。

刘某在无奈的情况下，将孙某起诉至法院要求法院确认房屋买卖合同效力。法院受理后将张某追加为第三人参与诉讼。法院经审理后认定，刘某与张某的房屋买卖合同有效。孙某的借款抵押协议由于没有到相关部门登记，不发生法律效力，法院不予支持。

最终法院确认了刘某和孙某的房屋买卖合同的法律效力，并判决继续履行该合同。

法律点评：这一案例的教训是沉重的，一家人的精神损失无法估量。因此，买房者一定要避免购买房屋带来的风险，要弄清楚欲购房产的情况。房屋手续是否齐备？是否设定抵押？以及是否已被法院查封？这些对于买房人能否顺利完成交易，取得产权有重大影响。当然，刘某还是幸运的，如果张某真要有抵押登记的话，房款就可能打水漂了。

案例 15. 委托堂弟看管房屋　拆迁堂弟占为己有

案情简介：于某的父母早年在外地工作，父母在老家某市城郊有一处老宅基，上面有四间房带四分地的院落。因于某在外地工作，其父母去世后，很少回老家。2014 年，于某将自己的房子交给其堂弟看管，并嘱咐如有什么变化及时通知。堂弟答应并使用该房屋，在院子里种些蔬菜等。

2016 年，此处房屋拆迁。于某听此信息后便和堂弟联系，但堂弟始终不接电话，于某便急忙从外地赶回。到村里一看，半个村子已成为平地，已经找不到自己的房子了。

于某找到堂弟问个究竟，堂弟说："你已经把房子给我了，你怎么又要啊？"于某感到吃惊地问："什么时候把房子给你了？"堂弟说："两年前，在酒桌上，你亲口对我说的！"于某感到吃惊，双方为此发生争执。于某到村委会了解情况，村干部说："这个拆迁补偿安置协议开发商已和你堂弟签了。"

于某找到房产开发企业（以下简称开发商），开发商对他置之不理，谁也不答复此事，也找不到公司老总。于某一气之下到法院起诉了他堂弟和开发商。

经法院审理查明：于某的父母已去世，留有房屋四间，宅基地 0.4 亩，由宅基证为证，于某将上述房屋交于堂弟看管。堂弟辩称本案所涉宅基于某已赠与给他，但没有提供相应证据，法院不予认定。开发商没有审查被拆迁的房屋的证件，就和乙签订拆迁补偿协议，存在过错，因此判决其与乙签订的拆迁协议无效；开发商应按照和乙签订协议的条件与于某重新签订协议，并办理相关手续。至此，于某经过一番周折，终于依法维护了自己的合法权益。

法律点评：此类案件在实践中时有发生。总有些人财迷心窍，不顾亲情。为了避免上述案件发生，房屋所有人委托他人看管房屋时，一定要订立委托看管协议，将看管的范围、时间和双方的权利义务写清楚，一旦发生纠纷有据可查，可避免上述案件的发生。

案例 16. 售楼中介伪造合同　购房者买房款落空

案情简介：杨某是某售楼中介公司的楼房销售人员，由于能接触到开发商的售房合同和收款收据等相关手续，便动起歪心。

一天，购房者李某来到售楼部买房，杨某将其伪造的房产开发企业（以下简称开发商）甲公司的一套购房手续交给了购房者。李某支付现金 45 万元，杨某便将该款据为已有。

房屋到期交付，李某到售楼部询问房子的状况，售楼部的人员对其说，杨某因涉嫌诈骗已被公安机关抓获，而李某的住房早已出售给别人了。

李某感到情况严重，拿着购房合同和收据将开发商甲公司起诉至法院。一审法院经审理后查明，李某有购房手续和收据等相关手续，尽管甲公司辩称不知此事，但毕竟有合同和收据，甲公司有口难辩，导致甲公司一审败诉。

甲公司不服一审判决，提起上诉。开发商聘请的律师在二审期间提出对购房合同和收款收据的公章的真伪进行鉴定。经鉴定机构鉴定公章是伪造的，二审法院据此确认购房合同无效。

因案件涉及刑事犯罪，二审法院遂将该案移送公安机关办理，民事案件中止审理。后公安机关查明杨某涉嫌诈骗，其收的房款也早已被其挥霍。法院最终驳回了李某对甲公司的诉讼请求。

法律点评： 现实生活中的购房风险真是防不胜防。为此，购房者提高警惕，做好防范工作。实际上，售房人员在卖房过程中，如果是有人捣鬼，总是能发现蛛丝马迹。比如，开发商销售楼盘，从订立合同到收款都不可能是一人操作，况且收款人均是由公司的财务人员收取，收款收据的开具也是由财务人员出具。

案例 17. 彩印房产证做抵押　欠款不还获刑 6 年

案情简介： 谢某因投资矿山赔了钱，他以自己的房产抵押给银行贷款45万元继续投资，但矿山仍没有起色。谢某仍不服气，想要再次投资，但已无抵押物品，他想到把自己的房产证复制，以此本向姜某抵押借款 50 万元，如果回本马上还上。为此，他到制造假证的窝点复制了房产证便去找姜某借款。

姜某平时和谢某熟悉，根本没想到谢某会用到这招，只觉得将谢某的房产证握在手里，出借款项心理也踏实。不料，谢某将 50 万元又投入矿山后仍是血本无归。

后来，姜某知道了此情况，便到房产部门咨询该房产证抵押情况。得知谢某给他的用于抵押贷款的房本竟然是伪造的，真房产证已被谢某抵押给银行贷款了。

姜某立即向公安机关报案。公安机关传唤了谢某，谢某如实交代了事实经过。公安机关认为，谢某的行为伪造证件、虚构事实涉嫌诈骗，便将谢某拘留。最终，法院以诈骗罪判处谢某有期徒刑6年。

法律点评：《刑法》第二百六十六条规定："诈骗公私财物，数额较大的，处三年以下有期徒刑、拘役或者管制，并处或者单处罚金；数额巨大或者有其他严重情节的，处三年以上十年以下有期徒刑，并处罚金；数额特别巨大或者有其他特别严重情节的，处十年以上有期徒刑或者无期徒刑，并处罚金或者没收财产。本法另有规定的，依照规定。"

在本案中，谢某伪造了自己的房产证，虚构了以房产证抵押的事实，使姜某上当受骗，将50万元巨款借给谢某不能归还。符合我国《刑法》规定的诈骗罪特征。

这里需要注意的是，用房产证抵押必须到房产部门登记，抵押协议才生效，否则不生效。如果姜某订立抵押贷款协议时就要求到房产部门登记就不会出现上述情况。

本篇小结　房子——安身立命之所在

房子是人们的安身立命之所，是人们生活的必需品。房子是普通家庭的大件消费品。因此，房子也成为了老百姓最关心的热门话题。房子除了居住，还有附属在房子上的投资、炒作、抵押、租赁、融资、教育资源（学区房）等功能。正是由于房子附带着如此多的功能，就必然地出现多种多样的法律关系，也呈现各种各样的民事纠纷。

司法实践中，很多人还在为房子担忧。大多数人买房买了"福"，却有少数人买了"祸"，我遇到很多当事人因买房遇到问题而着急上火打官司，如自己所买的房子被查封、被他人转手卖掉、钱交出去见不到房等。

因此，我建议，购房者如购入一手新房，应了解房地产开发企业的实力，其所开发的房产的证件是否齐全，该房产是否被设定抵押或被法院查封等，这些对于购房者能否顺利完成房屋交易并取得产权有重大影响，务必谨慎小心、关注细节。

另外，如果不能准确把握房产交易中的法律要点，极有可能陷入法律盲区，遭受财产损失暂且不论，精神伤害更是无法估量。因此，鉴于房屋买卖的特殊性，在买房之前，购房者应对所购房产涉及的方方面面的情况及相关知识进行了解，千万不可轻举妄动。只有慎重行事，才能避免房产交易中存在的风险。

唐代诗人杜甫《茅屋为秋风所破歌》诗中的名句——安得广厦千万间，大庇天下寒士俱欢颜。杜甫说的只是愿望。购房者只有掌握了房产交易的法律知识，在“大庇天下寒士俱欢颜”的同时，购买的房子才能“风雨不动安如山”。

第九篇

交通事故

驾驶人饮酒驾驶、不系安全带，行人横穿马路，快递小哥的电动车随意转向……这样的违法违规现象在现实生活中频繁出现。不经意间的无心之过，也许下一秒就会发生交通事故，造成无法逆转的伤害。

在交通事故的纠纷中，当事人在诉讼中不能因恼怒丧失对情绪的管控，而是要权衡利弊计算得失。

本篇题记

《孙子兵法》《火攻篇》节选：非利不动，非得不用，非危不战。主不可以怒而兴师，将不可以愠而致战；合于利而动，不合于利而止。怒可以复喜，愠可以复说；亡国不可以复存，死者不可以复生。故明君慎之，良将警之，此安国全军之道也。

译文：无利可图，就不采取军事行动。没有胜利的把握就不用兵，不处在十分危急的时刻就不作战。国君不能因一时的恼怒而发动战争，将帅不能因一时的气愤而贸然出战。符合国家利益才用兵，不符合国家利益就停止。愤怒是可以转化的，但国家亡了不能存在了，人死了不能再生。明智的君主对发动战争的事要慎重，良将要对打仗保持头脑清醒，这是国家安全和保全军队的战略思想。

本篇主旨：在交通事故的纠纷中，有的当事人对本来可以达成和解的案件，为了赌气或者为了争个高低，偏要打官司，结果费时费力，并没有得到过多的实际利益。这种情况在实践中并不少见。诉讼不能因恼怒和生气而发动，而是要权衡利弊。如果在一气之下就提起诉讼，不考虑利益得失，就可能会导致不利后果。

一、交通事故44问

1. 自行车和人相撞属于交通事故吗？

法律解读： 毫无疑问，这属于交通事故。《道路交通安全法实施条例》第八十七条规定："非机动车与非机动车或者行人在道路上发生交通事故，未造成人身伤亡，且基本事实及成因清楚的，当事人应当先撤离现场，再自行协商处理损害赔偿事宜。当事人对交通事故事实及成因有争议的，应当迅速报警。"

小贴士

实践中，电动自行车、自行车与行人发生交通事故后，当事人很少报警。当事人到法院提起诉讼后，由于缺乏现场证据，造成举证困难，影响诉讼。故此，如双方有争议应及时报警，明确双方责任并保存证据，以维护自己的合法权益。

2. 交通事故私了有无法律效力？私了后出现了新的情况能否推翻私了协议？

法律解读： 根据我国《民法总则》《合同法》《侵权责

任法》等法律规定，发生交通事故后当事人双方可以自行调解，就是可以“私了”（不经过司法手续而私下了结）。“私了”的协议应符合订立合同的条件从而产生法律效力。

我国《民法总则》第一百四十三条规定：“具备下列条件的民事法律行为有效：（一）行为人具有相应的民事行为能力；（二）意思表示真实；（三）不违反法律、行政法规的效力性强制性规定，不违背公序良俗。”

对私了后又出现新的情况能否推翻私了协议，这要看情况而定。如果属于法律规定的重大误解和显失公平等情况，可以依法撤销协议。比如，订立赔偿协议时，感觉到伤不重，就要了很少的钱。但过了一段时间到医院检查原来是骨折或有其他严重情况。原来私了签订的协议支付的款项远远不能支付所花费的医疗费用，可以到法院撤销私了协议。

新法速递：《民法典》第一编　总则

第一百四十三条　具备下列条件的民事法律行为有效：

（一）行为人具有相应的民事行为能力；

（二）意思表示真实；

（三）不违反法律、行政法规的强制性规定，不违背公序良俗。

第一百四十七条　基于重大误解实施的民事法律行为，行为人有权请求人民法院或者仲裁机构予以撤销。

第一百五十二条　有下列情形之一的，撤销权消灭：

（一）当事人自知道或者应当知道撤销事由之日起一年内、重大误解的当事人自知道或者应当知道撤销事由之日起九十日内没有行使撤销权；

（二）当事人受胁迫，自胁迫行为终止之日起一年内没有行使撤销权；

（三）当事人知道撤销事由后明确表示或者以自己的行为表明放弃撤销权。

当事人自民事法律行为发生之日起五年内没有行使撤销权的，撤销权消灭。

3. 机动车撞到公路边的树上，造成驾驶人伤害属于交通事故吗？

法律解读：应该属于交通事故。根据我国《道路交通安全法》第一条规定："为了维护道路交通秩序，预防和减少交通事故，保护人身安全，保护公民、法人和其他组织的财产安全及其他合法权益，提高通行效率，制定本法。"在道路上发生了事故，就应该属于交通事故。

机动车是什么原因撞到树上的？如果是道路有坑或有障碍物等因素，导致机动车撞到树上，道路的管理人或所有人应当负责任。

小贴士

我国《道路交通安全法》第二条规定："中华人民共和国境内的车辆驾驶人、行人、乘车人以及与道路交通活动有关的单位和个人，都应当遵守本法。"道路是交通通行的重要因素，如果道路管理人有过错，导致发生交通事故，应依法承担责任。

4. 未造成人身伤亡的交通事故解决处理的法律程序是怎么规定的？

法律解读 1. 当事人对交通事故的事实及成因无争议的法律解决程序

《道路交通安全法实施条例》第八十六条规定：“机动车与机动车、机动车与非机动车在道路上发生未造成人身伤亡的交通事故，当事人对事实及成因无争议的，在记录交通事故的时间、地点、对方当事人的姓名和联系方式、机动车牌号、驾驶证号、保险凭证号、碰撞部位，并共同签名后，撤离现场，自行协商损害赔偿事宜。当事人对交通事故事实及成因有争议的，应当迅速报警。”

法律解读 2. 当事人对交通事故事实及成因有争议的，应当迅速报警

《道路交通安全法实施条例》第八十七条规定：“非机动车与非机动车或者行人在道路上发生交通事故，未造成人身伤亡，且基本事实及成因清楚的，当事人应当先撤离现场，再自行协商处理损害赔偿事宜。当事人对交通事故事实及成因有争议的，应当迅速报警。”

5. 交警对交通事故处理的简易程序流程是什么？

法律解读：《道路安全法实施条例》第八十九条规定，公安机关交通管理部门或者交通警察接到交通事故报警，应当及时赶赴现场，对未造成人身伤亡，事实清楚，并且机动车可以移动的，应当在记录事故情况后责令当事人撤离现场，恢复交通。对拒不撤离现场的，予以强制撤离。对属于前款规定情

况的道路交通事故，交通警察可以适用简易程序处理，并当场出具事故认定书。当事人共同请求调解的，交通警察可以当场对损害赔偿争议进行调解。

6. 对造成人员伤亡和财产损失需要勘验、检查现场程序如何？

法律解读：《道路安全法实施条例》第八十九条规定，对道路交通事故造成人员伤亡和财产损失需要勘验、检查现场的，公安机关交通管理部门应当按照勘查现场工作规范进行。现场勘查完毕，应当组织清理现场，恢复交通。

7. 交通事故发生后，因抢救受伤人员是否应当通知保险公司到现场勘验？

法律解读 1. 关于交强险

交强险的全称是“机动车交通事故责任强制保险”，是由保险公司对被保险机动车发生道路交通事故造成受害人的人身伤亡、财产损失，在责任限额内予以赔偿的强制责任保险。

《保险法》第二十一条规定：“投保人、被保险人或者受益人知道保险事故发生后，应当及时通知保险人。故意或者因重大过失未及时通知，致使保险事故的性质、原因、损失程度等难以确定的，保险人对无法确定的部分，不承担赔偿或者给付保险金的责任，但保险人通过其他途径已经及时知道或者应当及时知道保险事故发生的除外。”

法律解读 2. 关于商业保险

《保险法》第二十二条规定：“保险事故发生后，按照保险合同请求保险人赔偿或者给付保险金时，投保人、被保险人或者受益人应当向保险人提供其所能提供的与确认保险事故的性质、原因、损失程度等有关的证明和资料。保险人按照合同的约定，认为有关的证明和资料不完整的，应当及时一次性通知投保人、被保险人或者受益人补充提供。”

小贴士

除了应知晓上述法律规定，我们还应阅读与保险公司签订的《保险条款》和《免责说明书》等文件，以便更好地维护自己的合法权益。

8. 医疗机构能否因未及时支付抢救费拖延抢救伤员？抢救费最终由谁埋单？

法律解读：我国《道路交通安全法》第七十五条规定：“医疗机构对交通事故中的受伤人员应当及时抢救，不得因抢救费用未及时支付而拖延救治。肇事车辆参加机动车第三者责任强制保险的，由保险公司在责任限额范围内支付抢救费用；抢救费用超过责任限额的，未参加机动车第三者责任强制保险或者肇事后逃逸的，由道路交通事故社会救助基金先行垫付部分或者全部抢救费用，道路交通事故社会救助基金管理机构有权向交通事故责任人追偿。”

小贴士

实践中很多人并不知道有上述法律规定。上述法律规定有两个层次：一是参加交强险的由保险公司支付抢救费用；二是未参加机动车第三者责任强制保险或者肇事后逃逸的抢救费用，由道路交通事故社会救助基金先行垫付。

9. 发生交通事故后当事人承担全部责任的情形？

法律解读：《道路安全法实施条例》第九十二条规定："发生交通事故后当事人逃逸的，逃逸的当事人承担全部责任。但是，有证据证明对方当事人也有过错的，可以减轻责任。当事人故意破坏、伪造现场、毁灭证据的，承担全部责任。"

小贴士

有的人出于极端私利，抱着侥幸心理，发生交通事故后逃逸或伪造现场，结果往往适得其反。

当今，电子警察和公安追逃技术越来越先进，恐怕交通肇事者难逃法网。如有以身试法者，这种行为不仅加重了自己的责任，即便是对方有责任，因自身逃逸也要承担全部责任。更重要的是，肇事逃逸也是构成犯罪和加重处罚的法定要件。

10. 公安机关交通管理部门制作交通事故认定书期限是多少？

法律解读：《道路安全法实施条例》第九十三条规定："公安机关交通管理部门对经过勘验、检查现场的交通事故应当在勘查现场之日起10日内制作交通事故认定书。对需要进行检验、鉴定的，应当在检验、鉴定结果确定之日起5日内制作交通事故认定书。"

小贴士

交通事故认定书是处理交通事故损害赔偿的重要证据。由于是公安交警部门作出，法院在没有相反证据能够推翻的均予以认定。因此，当事人应当予以高度重视。有的人对公安交警部门作出的交通事故认定书有异议，但没有及时提出异议，往往耽误时效，就不能很好地保护自己的合法权益。

11. 公安机关交通管理部门必须要对交通事故调解吗？

法律解读：《道路安全法实施条例》第九十四条规定，当事人对交通事故损害赔偿有争议，各方当事人一致请求公安机关交通管理部门调解的，应当在收到交通事故认定书之日起10日内提出书面调解申请。

小贴士

国务院于1992年颁发的《道路交通事故处理办法》曾经规定，交通事故经公安交警调解未达成协议或者调解书生效后任何一方不履行的，公安机关不再调解，当事人可以向人民法院提起民事诉讼。但目前法律关于调解的规定已经改为只有经过当事人双方提出书面申请公安机关才予以调解。

12. 公安机关交通管理部门对交通事故的调解从何时开始，何时结束？

法律解读：《道路交通安全法实施条例》对交通事故损害赔偿的调解有下列规定：

第九十四条　当事人对交通事故损害赔偿有争议，各方当事人一致请求公安机关交通管理部门调解的，应当在收到交通事故认定书之日起10日内提出书面调解申请。对交通事故致死的，调解从办理丧葬事宜结束之日起开始；对交通事故致伤的，调解从治疗终结或者定残之日起开始；对交通事故造成财产损失的，调解从确定损失之日起开始。

第九十五条　交通管理部门调解交通事故损害赔偿争议的期限为10日。调解达成协议的，公安机关交通管理部门应当制作调解书送交各方当事人，调解书经各方当事人共同签字后生效；调解未达成协议的，公安机关交通管理部门应当制作调解终结书送交各方当事人。交通事故损害赔偿项目和标准依照有关法律的规定执行。

第九十六条　对交通事故损害赔偿的争议，当事人向人民法院提起民事诉讼的，公安机关交通管理部门不再受理调解申请。公安机关交通管理部门调解期间，当事人向人民法院提起民事诉讼的，调解终止。

13. 交通事故人身受到伤害，没有经过交警能直接到法院起诉吗？

法律解读：毫无疑问，当事人可以直接向法院起诉。《道路交通安全法》第七十四条规定："对交通事故损害赔偿的争议，当事人可以请求公安机关交通管理部门调解，也可以直接向人民法院提起民事诉讼。经公安机关交通管理部门调解，当事人未达成协议或者调解书生效后不履行的，当事人可以向人民法院提起民事诉讼。"

小贴士

交通事故案件属于民事诉讼。如果没有经过交警处理，只能依靠自己取证。交通事故发生后，如果当事人对事实和成因有争议，应报警由交警处理。如果依靠自己取证，诉讼风险就会加大，而交警依法出具的交通事故认定书具有较强的证明力。

14. 如果对交通事故责任认定书有异议，提出异议的时间是多长？

⊖ **法律解读：**《道路交通安全法》第七十三条规定："公安机关交通管理部门应当根据交通事故现场勘验、检查、调查情况和有关的检验、鉴定结论，及时制作交通事故认定书，作为处理交通事故的证据。交通事故认定书应当载明交通事故的基本事实、成因和当事人的责任，并送达当事人。"

对交通事故认定书提出异议的时间，现行法律规定是3日。

15. 法院能更改交警部门的责任认定书吗？

⊖ **法律解读：**在一定条件下是可以的。《最高人民法院关于审理道路交通事故损害赔偿案件适用法律若干问题的解释》第二十七条规定："公安机关交通管理部门制作的交通事故认定书，人民法院应依法审查并确认其相应的证明力，但有相反证据推翻的除外。"

案例：某单位的电线落到公路上，有一辆汽车从此路通过，汽车底部挂住电线，将马路边上的甲剐倒了，造成其身体伤害。甲报警后，交警作出交通事故认定书，认定汽车司机乙负全责。然而，乙认为自己无责任，其对甲的损失不赔偿，乙便起诉到法院。乙申请法院追加了某单位为被告。经过审理，法院认为，某单位对电线失于管理，导致交通事故的发生，应负此次事故的70%的责任，司机乙应负30%的责任。这样法院就更改了交通事故认定书的认定。

16. 交通事故中出现伤亡，城镇居民与农村居民的赔偿相同吗?

法律解读： 在实践中，经常遇到城镇居住的农村人员发生交通事故如何计算的问题。对此，最高人民法院民一庭在2005年有一个批复作出了回应，《2011年全国民事审判工作会议纪要》也有所提及。

最高人民法院关于经常居住在城镇的农村居民因交通事故伤亡如何计算赔偿费用的复函

云南省高级人民法院：

你院《关于罗金会等五人与云南昭通交通运输集团公司旅客运输合同纠纷一案所涉法律理解及适用问题的请示》收悉。经研究，答复如下：

人身损害赔偿案件中，残疾赔偿金、死亡赔偿金和被扶养人生活费的计算，应当根据案件的实际情况，结合受害人住所地、经常居住地等因素，确定适用城镇居民人均可支配收入（人均消费性支出）或者农村居民人均纯收入（人均年生活消费支出）的标准。

本案中，受害人唐顺亮虽然农村户口，但在城市经商、居住，其经常居住地和主要收入来源地均为城市，有关损害赔偿费用应当根据当地城镇居民的相关标准计算。

二○○六年四月三日

2011年全国民事审判工作会议纪要

37. 审理人身损害赔偿案件时，应根据案件的实际情况，结合受害人住所地、经常居住地、主要收入来源等因素，确定适用城镇居民人均可支配收入（人均消费性支出）或者农村居民人均纯收入（人均年生活消费支出）的标准计算受害人的残疾赔偿金或死亡赔偿金。

受害人是农村居民但经常居住地在城镇的，应适用城镇居民标准，其被扶养人经常居住地也在城镇的，被扶养人生活费也采用城镇居民标准计算。

小贴士

随着农村人口大量流入城市，对在城镇居住的农村人员，发生交通事故如何计算的问题已成为普遍问题。发生交通事故的赔偿计算标准，会考虑两个要素：一是受害人住所地、经常居住地等。经常居住地就是居住一年以上（须连续居住）；二是在城镇有相对固定的工作和收入。根据上述要素要提供相应证据加以证明，如暂住证、房产证、工作证及其他证据，可以证明居住在城市的时间以及主要收入来源等情况的证明。

17. 交通事故中交警扣押车辆后多长时间返还给车主？返还的条件是什么？

法律解读：《道路交通安全法》第七十二条规定，公安机关交通管理部门接到交通事故报警后，应当立即派交通警察赶赴现场，先组织抢救受伤人员，并采取措施，尽快恢复交通。交通警察应当对交通事故现场进行勘验、检查，收集证据；因收集证据的需要，可以扣留事故车辆，但是应当妥善保管，以备核查。

交警扣留车辆的目的不是赔偿受害人作抵押，而是出于对交通事故现场进行勘验、检查，收集证据的需要。因此，证据已经收集完毕，交警就应当对车辆放行。

小贴士

交通事故发生后，对造成人身伤亡的，交警扣留车辆以备核查。受害人应掌握时间，如在调解无望的情况下，应及时到人民法院起诉，并申请人民法院对车辆进行查封，以利于调解或判决后的执行。因为公安机关对证据调查完毕后，就要放行车辆了。

18. 饮酒驾驶会造成哪些法律后果？

法律解读：（1）最高人民法院、最高人民检察院、公安部三部委联合发布《关于办理醉酒驾驶机动车刑事案件适用法律若干问题的意见》对饮酒驾驶规定如下：

为保障法律的正确、统一实施，依法惩处醉酒驾驶机动车犯罪，维护公共安全和人民群众生命财产安全，根据刑法、刑事诉讼法的有关规定，结合侦查、起诉、审判实践，制定本意见。

一、在道路上驾驶机动车，血液酒精含量达到80毫克/100毫升以上的，属于醉酒驾驶机动车，依照刑法第一百三十三条之一第一款的规定，以危险驾驶罪定罪处罚。

前款规定的“道路”“机动车”，适用道路交通安全法的有关规定。

二、醉酒驾驶机动车，具有下列情形之一的，依照刑法第一百三十三条之一第一款的规定，从重处罚：

（一）造成交通事故且负事故全部或者主要责任，或者造成交通事故后逃逸，尚未构成其他犯罪的；

（二）血液酒精含量达到200毫克/100毫升以上的；

（三）在高速公路、城市快速路上驾驶的；

（四）驾驶载有乘客的营运机动车的；

（五）有严重超员、超载或者超速驾驶，无驾驶资格驾驶机动车，使用伪造或者变造的机动车牌证等严重违反道路交通安全法的行为的；

（六）逃避公安机关依法检查，或者拒绝、阻碍公安机关依法检查尚未构成其他犯罪的；

（七）曾因酒后驾驶机动车受过行政处罚或者刑事追究的；

（八）其他可以从重处罚的情形。

三、醉酒驾驶机动车，以暴力、威胁方法阻碍公安机关依法检查，又构成妨害公务罪等其他犯罪的，依照数罪并罚的规定处罚。

四、对醉酒驾驶机动车的被告人判处罚金，应当根据被告人的醉酒程度、是否造成实际损害、认罪悔罪态度等情况，确定与主刑相适应的罚金数额。

五、公安机关在查处醉酒驾驶机动车的犯罪嫌疑人时，对查获经过、呼气酒精含量检验和抽取血样过程应当制作记录；有条件的，应当拍照、录音或者录像；有证人的，应当收集证人证言。

六、血液酒精含量检验鉴定意见是认定犯罪嫌疑人是否醉酒的依据。犯罪嫌疑人经呼气酒精含量检验达到本意见第一条规定的醉酒标准，在抽取血样之前脱逃的，可以以呼气酒精含量检验结果作为认定其醉酒的依据。

犯罪嫌疑人在公安机关依法检查时，为逃避法律追究，在呼气酒精含量检验或者抽取血样前又饮酒，经检验其血液酒精含量达到本意见第一条规定的醉酒标准的，应当认定为醉酒。

七、办理醉酒驾驶机动车刑事案件，应当严格执行刑事诉讼法的有关规定，切实保障犯罪嫌疑人、被告人的诉讼权利，在法定诉讼期限内及时侦查、起诉、审判。

对醉酒驾驶机动车的犯罪嫌疑人、被告人，根据案件情况，可以拘留或者取保候审。对符合取保候审条件，但犯罪嫌疑人、被告人不能提出保证人，也不交纳保证金的，可以监视居住。对违反取保候审、监视居住规定的犯罪嫌疑人、被告人，情节严重的，可以予以逮捕。

（2）《道路交通安全法》对饮酒驾驶规定如下：

第九十一条　饮酒后驾驶机动车的，处暂扣六个月机动车驾驶证，并处一千元以上二千元以下罚款。因饮酒后驾驶机动车被处罚，再次饮酒后驾驶机动车的，处十日以下拘留，并处一千元以上二千元以下罚款，吊销机动车驾驶证。

醉酒驾驶机动车的，由公安机关交通管理部门约束至酒醒，吊销机动车驾驶证，依法追究刑事责任；五年内不得重新取得机动车驾驶证。

饮酒后驾驶营运机动车的，处十五日拘留，并处五千元罚款，吊销机动车驾驶证，五年内不得重新取得机动车驾驶证。

醉酒驾驶营运机动车的，由公安机关交通管理部门约束至酒醒，吊销机动车驾驶证，依法追究刑事责任；十年内不得重新取得机动车驾驶证，重新取得机动车驾驶证后，不得驾驶营运机动车。

饮酒后或者醉酒驾驶机动车发生重大交通事故，构成犯罪的，依法追究刑事责任，并由公安机关交通管理部门吊销机动车驾驶证，终生不得重新取得机动车驾驶证。

小贴士

国家质量监督检验检疫总局、国家标准化管理委员会发布的《车辆驾驶人员血液、呼吸酒精含量阈值与检验》中有明确规定，车辆驾驶人员血液中的酒精含量大于或者等于 20mg/100mL，小于 80mg/100mL 的驾驶行为属于饮酒后驾车；大于或者等于 80mg/100mL 的驾驶行为属于醉酒驾车。根据统计和测算，一般情况下普通人饮用 350mL（相当于 1 小瓶啤酒）或半两白酒（20mL）后，血液酒精浓度就可达到 20mg/100mL，即达到饮酒后驾车的处罚条件（见表 9–1）。

表 9–1　车辆驾驶人员血液酒精含量阈值

驾驶行为类别	阈值（mg/100mL）
饮酒后驾车	≥ 20，＜ 80
醉酒后驾车	≥ 80

风险提示：在现实中，尤其是一些小城市或村镇，很多人抱着侥幸心理，自以为喝了酒能绕开交警，却被交警抓个正着。更有甚者，因为醉酒被判刑。殊不知，酒会对人的中枢神经起到麻醉抑制作用，喝酒后驾车必然会使人在驾驶中的触觉、视觉、判断能力和操作能力大大下降，增大交通事故的发生率。我国法律对酒驾的处罚严厉，每位司机都应该警钟长鸣。

19. 机动车没有责任，承保的保险公司是否予以赔偿？

法律解读：《道路交通安全法》第七十六条第一款规定，

机动车与非机动车驾驶人、行人之间发生交通事故，非机动车驾驶人、行人没有过错的，由机动车一方承担赔偿责任；有证据证明非机动车驾驶人、行人有过错的，根据过错程度适当减轻机动车一方的赔偿责任。机动车一方没有过错的，承担不超过10%的赔偿责任。

该条第二款规定："交通事故的损失是由非机动车驾驶人、行人故意碰撞机动车造成的，机动车一方不承担赔偿责任。"

小贴士

上述法律规定有四个层次：一是机动车负全责，由机动车一方承担赔偿责任；二是非机动车、行人有责任，减轻机动车的赔偿责任；三是机动车没有责任，承担不超过10%的赔偿责任；四是非机动车、行人故意碰撞机动车，机动车一方不承担责任。

20. 什么样的情况构成交通肇事罪？

法律解读：《最高人民法院关于审理交通肇事刑事案件具体应用法律若干问题的解释》有如下规定：

第二条　交通肇事具有下列情形之一的，处三年以下有期徒刑或者拘役：

（一）死亡一人或者重伤三人以上，负事故全部或者主要责任的；

（二）死亡三人以上，负事故同等责任的；

（三）造成公共财产或者他人财产直接损失，负事故全部或者主要责任，无能力赔偿数额在三十万元以上的。

交通肇事致一人以上重伤，负事故全部或者主要责任，并具有下列情形之一的，以交通肇事罪定罪处罚：

（一）酒后、吸食毒品后驾驶机动车辆的；

（二）无驾驶资格驾驶机动车辆的；

（三）明知是安全装置不全或者安全机件失灵的机动车辆而驾驶的；

（四）明知是无牌证或者已报废的机动车辆而驾驶的；

（五）严重超载驾驶的；

（六）为逃避法律追究逃离事故现场的。

第四条　交通肇事具有下列情形之一的，属于“有其他特别恶劣情节”，处三年以上七年以下有期徒刑：

（一）死亡二人以上或者重伤五人以上，负事故全部或者主要责任的；

（二）死亡六人以上，负事故同等责任的；

（三）造成公共财产或者他人财产直接损失，负事故全部或者主要责任，无能力赔偿数额在六十万元以上的。

小贴士

上述法律规定中规定交通肇事罪的前提是受害人死亡或重伤，同时在交通事故中负有一定的责任。需要注意的是造成重伤同时具备上述第二条规定的六项情节之一的才构成犯罪。这就是法律的指引性功能，我们驾驶车辆必须是合法的车辆且不酒后驾驶才避免构成交通事故犯罪。

21. 法律如何界定交通肇事逃逸？如何加重处罚？

法律解读：《最高人民法院关于审理交通肇事刑事案件

具体应用法律若干问题的解释》第三条规定："'交通运输肇事后逃逸'，是指行为人具有本解释第二条第一款规定和第二款第（一）至（五）项规定的情形之一，在发生交通事故后，为逃避法律追究而逃跑的行为。"具体法条见上问。

该解释第四条规定："交通肇事具有下列情形之一的，属于'有其他特别恶劣情节'，处三年以上七年以下有期徒刑：（一）死亡二人以上或者重伤五人以上，负事故全部或者主要责任的；（二）死亡六人以上，负事故同等责任的；（三）造成公共财产或者他人财产直接损失，负事故全部或者主要责任，无能力赔偿数额在六十万元以上的。"

该解释第五条规定的"因逃逸致人死亡"是指行为人在交通肇事后为逃避法律追究而逃跑，致使被害人因得不到救助而死亡的情形。

小贴士

有的人出于极端自私的心理，发生交通事故致人受伤后，为逃避法律责任，而逃离现场。这些人抱着侥幸心理，但往往适得其反。因为，电子警察越来越发达，交警的侦查手段越来越多，逃逸者难逃法网，等待他的将是加重的刑罚处罚。

22. 在何种情形下交通肇事转化为故意杀人罪或者故意伤害罪?

法律解读：《最高人民法院关于审理交通肇事刑事案件具体应用法律若干问题的解释》第六条规定："行为人在交通肇事后为逃避法律追究，将被害人带离事故现场后隐藏或者遗弃，致使被害人无法得到救助而死亡或者严重残疾的，应当分别依照刑法第二百三十二条、第二百三十四条第二款的规定，以故意杀人罪或者故意伤害罪定罪处罚。”

小贴士

交通肇事罪在刑法上属于过失犯罪，在主观上没有杀人和伤人的故意，因此在处罚上较轻。但出现交通事故将人撞伤后，不但没有进行紧急救治，反而将被害人带离事故现场后隐藏或者遗弃，这个行为已经从过失犯罪转化为故意犯罪。这是因为肇事者从主观上已经预料到，被害人得不到救助可能造成死亡或重伤，仍然实施其行为，构成了故意杀人罪或故意伤害罪。

23. 机动车在高速公路上出现故障应如何处理？

法律解读：《道路交通安全法》第六十八条规定：“机动车在高速公路上发生故障时，应当依照本法第五十二条的有关规定办理；但是，警告标志应当设置在故障车来车方向一百五十米以外，车上人员应当迅速转移到右侧路肩上或者应急车道内，并且迅速报警。机动车在高速公路上发生故障或者交通事故，无法正常行驶的，应当由救援车、清障车拖曳、牵引。”

小贴士

在高速公路上发生故障，司机千万不要慌张，一定要把警示标志放在 150 米以外，因为高速车速太快，放近了起不到安全作用。需要注意的是，上述的放置距离是法律规定，如果未按上述规定放置，出了事故，故障车司机要承担责任。

24. 驾驶员未随车携带行驶证、驾驶证的将受到什么处罚?

法律解读:《道路交通安全法》第九十五条规定:“上道路行驶的机动车未悬挂机动车号牌,未放置检验合格标志、保险标志,或者未随车携带行驶证、驾驶证的,公安机关交通管理部门应当扣留机动车,通知当事人提供相应的牌证、标志或者补办相应手续,并可以依照本法第九十条的规定予以处罚。当事人提供相应的牌证、标志或者补办相应手续的,应当及时退还机动车。故意遮挡、污损或者不按规定安装机动车号牌的,依照本法第九十条的规定予以处罚。”

小贴士

《道路交通安全法》第九十条规定:“机动车驾驶人违反道路交通安全法律、法规关于道路通行规定的,处警告或者二十元以上二百元以下罚款。本法另有规定的,依照规定处罚。”

有时候,驾驶员驾驶车辆未随车携带行驶证,交警可因此扣留机动车、罚款。因此,开车前,驾驶员先看看自己带没带驾照和行驶证,以免处于被动局面。

25. 借出的车辆发生交通事故,出借人有责任吗?

法律解读:《最高人民法院关于审理道路交通事故损害赔偿案件适用法律若干问题的解释》第一条规定:“机动车发生交通事故造成损害,机动车所有人或者管理人有下列情形之一,人民法院应当认定其对损害的发生有过错,并适用侵权责任法第四十九条的规定确定其相应的赔偿责任:(一)知道或者应当知道机动车存在缺陷，且该缺陷是交通事故发生原因之一的；（二）知道或者应当知道驾驶人无驾驶资格或者未取得相应驾驶资格的；（三）知道或者应当知道驾驶人因饮酒、服用国家管制的精神药品或者麻醉药品，或者患有妨碍安全驾驶机动车的疾病等依法不能驾驶机动车的；（四）其它应当认定机动车所有人或者管理人有过错的。”

《侵权责任法》第四十九条规定：“因租赁、借用等情形机动车所有人与使用人不是同一人时，发生交通事故后属于该机动车一方责任的，由保险公司在机动车强制保险责任限额范围内予以赔偿。不足部分，由机动车使用人承担赔偿责任；机动车所有人对损害的发生有过错的，承担相应的赔偿责任。”

新法速递：《民法典》第一千二百零九条规定：“因租赁、借用等情形机动车所有人、管理人与使用人不是同一人时，发生交通事故造成损害，属于该机动车一方责任的，由机动车使用人承担赔偿责任；机动车所有人、管理人对损害的发生有过错的，承担相应的赔偿责任。”

小贴士

根据上述法律规定，机动车出借人、出租人如主观上有过错是要承担责任的。实践中有一则案例：甲有辆报废车，已经没有任何行车合法手续了。他的朋友乙说借开一段时间，甲觉得自己不开了，出了事也和自己没关系。结果，乙在行车过程中，将一个人撞成植物人，受害人家属向乙索要上百万元赔偿。乙无钱赔偿，受害人家属就找到了甲。甲辩解说自己没有责任，受伤者家属便将甲和乙起诉至法院，法院最终判决甲承担了50%的责任。这是沉痛的教训。

26. 挂靠车辆发生交通事故由谁赔偿？

法律解读：《最高人民法院关于审理道路交通事故损害赔偿案件适用法律若干问题的解释》第三条规定："以挂靠形式从事道路运输经营活动的机动车发生交通事故造成损害，属于该机动车一方责任，当事人请求由挂靠人和被挂靠人承担连带责任的，人民法院应予支持。"

小贴士

在上述最高法院司法解释出台之前，对此类案件出现了各种不同的判决。实践中一些运输车辆挂靠在公司或单位，运输者向公司交纳一定管理费。由于行车本上注册的是单位的车辆，一旦发生事故就会找到被挂靠单位。被挂靠单位往往感到委屈，自己单位仅收点微薄的管理费却承担如此大的责任。故此，单位在挂靠车辆时一定要知道有此法律规定。

27. 机动车辆转让后未办理过户，发生交通事故谁承担责任？

法律解读：《最高人民法院关于审理道路交通事故损害赔偿案件适用法律若干问题的解释》第四条规定："被多次转让但未办理转移登记的机动车发生交通事故造成损害，属于该机动车一方责任，当事人请求由最后一次转让并交付的受让人承担赔偿责任的，人民法院应予支持。"

《侵权责任法》第五十条规定："当事人之间已经以买卖等方式转让并交付机动车但未办理所有权转移登记，发生交通事故后属于该机动车一方责任的，由保险公司在机动车强制保险责任限额范围内予以赔偿。不足部分，由受让人承担赔偿责任。”

⊖ **新法速递**：《民法典》第一千二百一十条：“当事人之间已经以买卖或其他方式转让并交付机动车但未办理所有权转移登记，发生交通事故造成损害，属于该机动车一方责任的，由受让人承担赔偿责任。”

小贴士

上述法律规定的转让机动车指的是转让有合法手续的机动车辆。如果转让没有合法手续的机动车发生了交通事故，出让人仍应承担责任。

28. 已达到报废标准的机动车转让后发生交通事故，责任由谁承担？

⊖ **法律解读**：《最高人民法院关于审理道路交通事故损害赔偿案件适用法律若干问题的解释》第六条规定：“拼装车、已达到报废标准的机动车或者依法禁止行驶的其他机动车被多次转让，并发生交通事故造成损害，当事人请求由所有的转让人和受让人承担连带责任的，人民法院应予支持。”

小贴士

目前在建筑工地和不容易被监管的地方，仍有报废或者拼装的机动车在运行，这些车往往昼伏夜出，逃避检查。一旦发生交通事故，所有的转让人包括制造拼装车的人也都要承担连带责任。因此，对报废车辆应及时交到相关部门报废，不要抱着侥幸心理将其出售导致后患无穷。

29. 驾校培训活动中驾驶机动车发生交通事故造成损害，责任由谁来承担？

法律解读：《最高人民法院关于审理道路交通事故损害赔偿案件适用法律若干问题的解释》第七条规定："接受机动车驾驶培训的人员，在培训活动中驾驶机动车发生交通事故造成损害，属于该机动车一方责任，当事人请求驾驶培训单位承担赔偿责任的，人民法院应予支持。"

小贴士

由于驾校在培训活动中，学员不具有驾驶资格，应由具有驾驶资格的教练来掌控车辆，学员在驾驶中出现交通事故是教练失职造成的，故应由驾校负责赔偿。

30. 机动车试乘过程中发生交通事故造成试乘人损害，谁来负责任？

法律解读：《最高人民法院关于审理道路交通事故损害赔偿案件适用法律若干问题的解释》第八条规定："机动车试乘过程中发生交通事故造成试乘人损害，当事人请求提供试乘服务者承担赔偿责任的，人民法院应予支持。试乘人有过错的，应当减轻提供试乘服务者的赔偿责任。"

小贴士

这里需要注意的是造成试乘者损害，如造成第三人损害将另当别论。上述法律规定的赔偿责任，首先要考虑提供试乘服务者承担赔偿责任。

这在法律上叫过错推定。在试乘过程中出了事首先推定提供服务者有过错，因为毕竟其是组织者，在各方面的安全因素应考虑周全。如果试乘者不按提供服务者的要求试乘，应减轻提供者的责任。

31. 路上堆沙等物导致交通事故，责任由谁承担？

法律解读：《最高人民法院关于审理道路交通事故损害赔偿案件适用法律若干问题的解释》第十条规定："因在道路上堆放、倾倒、遗撒物品等妨碍通行的行为，导致交通事故造成损害，当事人请求行为人承担赔偿责任的，人民法院应予支持。道路管理者不能证明已按照法律、法规、规章、国家标准、行业标准或者地方标准尽到清理、防护、警示等义务的，应当承担相应的赔偿责任。"

该解释第十一条规定："未按照法律、法规、规章或者国家标准、行业标准、地方标准的强制性规定设计、施工，致使道路存在缺陷并造成交通事故，当事人请求建设单位与施工单位承担相应赔偿责任的，人民法院应予支持。"

案例：某村委会在村口为了防止大货车进入，便用栏杆在路上设置了障碍。该村村民甲在夜间骑摩托车路过障卡，因不小心碰到障碍被撞伤，甲到村委会索要赔偿，村委会不允。双方调解未果，甲将村委会起诉至法院。后经法院审理查明，村委会的路上所设障碍未设警示标志，晚间没有灯光，导致甲路过时被撞伤。但甲的摩托车的照明灯不亮，不能看清前方道路情况，其对事故的发生也有责任，法院最终判决村委会承担50%的责任。

32. 发生交通事故后，从事货物运输、旅客运输的车辆停运费用能否得到赔偿？

法律解读：《最高人民法院关于审理道路交通事故损害赔偿案件适用法律若干问题的解释》第十五条规定："因道路交通事故造成下列财产损失，当事人请求侵权人赔偿的，人民法院应予支持：（一）维修被损坏车辆所支出的费用、车辆所载物品的损失、车辆施救费用；（二）因车辆灭失或者无法修复，为购买交通事故发生时与被损坏车辆价值相当的车辆重置费用；（三）依法从事货物运输、旅客运输等经营性活动的车辆，因无法从事相应经营活动所产生的合理停运损失；（四）非经营性车辆因无法继续使用，所产生的通常替代性交通工具的合理费用。"

小贴士

上述法律规定的车辆必须是有合法手续，才能请求侵权人赔偿。比如，一辆运输钢材的拖拉机，虽然天天跑运输，却没有从事运输的经营手续，当出现交通事故后因没有合法手续，对合理停运损失无法请求赔偿。又如，报废车辆也无法要求事故责任方赔偿所产生的通常替代性交通工具的合理费用，因为报废车辆根本不能上路。因此，凡是上路的车辆，必须具有法律要求的相应手续，才能依法维护好自己的合法权益。

33. 交通事故发生后保险公司和侵权人的赔偿顺序如何排列？

法律解读：《最高人民法院关于审理道路交通事故损害

赔偿案件适用法律若干问题的解释》第十六条规定："同时投保机动车第三者责任强制保险（以下简称'交强险'）和第三者责任商业保险（以下简称'商业三者险'）的机动车发生交通事故造成损害，当事人同时起诉侵权人和保险公司的，人民法院应当按照下列规则确定赔偿责任：（一）先由承保交强险的保险公司在责任限额范围内予以赔偿；（二）不足部分，由承保商业三者险的保险公司根据保险合同予以赔偿；（三）仍有不足的，依照道路交通安全法和侵权责任法的相关规定由侵权人予以赔偿。被侵权人或者其近亲属请求承保交强险的保险公司优先赔偿精神损害的，人民法院应予支持。"

小贴士

如因交通事故损害赔偿须到法院进行诉讼，受害方应将相应的侵权人和保险公司作为被告。在赔偿顺序上应按上述法律规定的程序予以赔偿。

34. 驾驶人违法驾驶，交强险是否赔偿第三人？

法律解读：《最高人民法院关于审理道路交通事故损害赔偿案件适用法律若干问题的解释》第十八条规定："有下列情形之一导致第三人人身损害，当事人请求保险公司在交强险责任限额范围内予以赔偿，人民法院应予支持：（一）驾驶人未取得驾驶资格或者未取得相应驾驶资格的；（二）醉酒、服用国家管制的精神药品或者麻醉药品后驾驶机动车发生交通事故的；（三）驾驶人故意制造交通事故的。保险公司在赔偿范围内向侵权人主张追偿权的，人民法院应予支持。追偿权的诉讼时效期间自保险公司实际赔偿之日起计算。”

小贴士

上述法律规定的设置主要是为了保护受侵害人的利益。保险公司不能以驾驶人违法驾驶而拒绝赔偿第三人，但保险公司可依据法律规定向第三人追偿。商业保险不受上述法律规定的限制，也就是说，侵权人违法驾驶，商业保险可以拒赔，因为商业保险应以保险合同条款进行赔偿。

35. 交强险的人身伤亡保险金能否转让请求权和设定担保?

法律解读：《最高人民法院关于审理道路交通事故损害赔偿案件适用法律若干问题的解释》第二十四条规定：“当事人主张交强险人身伤亡保险金请求权转让或者设定担保的行为无效的，人民法院应予支持。”

小贴士

所谓转让请求权，即车主把本应第三方（受害人）得到的权利转让给他人；所谓设定担保，即将交强险的请求权抵押给债权人。上述行为导致发生交通事故后，受害方得不到保险公司交强险的赔偿。故此，上述行为无法律效力。

36. 在交通事故诉讼中，保险公司是否被列为共同被告?

法律解读：《最高人民法院关于审理道路交通事故损害

赔偿案件适用法律若干问题的解释》第二十五条规定：“人民法院审理道路交通事故损害赔偿案件，应当将承保交强险的保险公司列为共同被告。但该保险公司已经在交强险责任限额范围内予以赔偿且当事人无异议的除外。人民法院审理道路交通事故损害赔偿案件，当事人请求将承保商业三者险的保险公司列为共同被告的，人民法院应予准许。”

小贴士

交通事故损害赔偿案件，在诉状中应按上述法律规定将保险公司列为共同被告。因此，在起诉前，应了解肇事车辆参加保险的情况，以便法院受理后送达法律文书。

37. 在工厂院内发生交通事故，能按照交通事故处理吗？

法律解读：《最高人民法院关于审理道路交通事故损害赔偿案件适用法律若干问题的解释》第二十八条规定：“机动车在道路以外的地方通行时引发的损害赔偿案件，可以参照适用本解释的规定。”

小贴士

参照执行就是法律规定范围之外的地方，也按照道路交通事故的解决原则处理。因为道路交通安全法规定的道路不包括类似工厂院内等范围，因此最高人民法院才作出相关解释。

38. 机动车未投保交强险将受到什么处罚?

法律解读: 国务院《机动车交通事故责任强制保险条例》第三十八条规定:“机动车所有人、管理人未按照规定投保机动车交通事故责任强制保险的，由公安机关交通管理部门扣留机动车，通知机动车所有人、管理人依照规定投保，处依照规定投保最低责任限额应缴纳的保险费的2倍罚款。机动车所有人、管理人依照规定补办机动车交通事故责任强制保险的，应当及时退还机动车。”

小贴士

国务院《机动车交通事故责任强制保险条例》第一条规定:“为了保障机动车道路交通事故受害人依法得到赔偿，促进道路交通安全，根据《中华人民共和国道路交通安全法》、《中华人民共和国保险法》，制定本条例。”

该条例第二条规定:“在中华人民共和国境内道路上行驶的机动车的所有人或者管理人，应当依照《中华人民共和国道路交通安全法》的规定投保机动车交通事故责任强制保险。机动车交通事故责任强制保险的投保、赔偿和监督管理，适用本条例。”

上述条例中“应当”属于法律的强制性规定。既然规定必须缴纳，法律就要设置罚则。因此，机动车未投保交强险，机动车所有人、管理人就要受到处罚。

39. 上道路行驶的机动车未放置保险标志将受到怎样的处罚?

法律解读: 国务院《机动车交通事故责任强制保险条例》

第三十九条规定："上道路行驶的机动车未放置保险标志的，公安机关交通管理部门应当扣留机动车，通知当事人提供保险标志或者补办相应手续，可以处警告或者20元以上200元以下罚款。当事人提供保险标志或者补办相应手续的，应当及时退还机动车。"

小贴士

机动车所有人、管理人应将强制性的标志贴在挡风玻璃的右上角位置。如果不贴就触犯了法律，就要受到法律制裁。

40. 伪造、变造保险标志的处罚是什么？

法律解读：国务院《机动车交通事故责任强制保险条例》第四十条规定："伪造、变造或者使用伪造、变造的保险标志，或者使用其他机动车的保险标志，由公安机关交通管理部门予以收缴，扣留该机动车，处200元以上2000元以下罚款；构成犯罪的，依法追究刑事责任。当事人提供相应的合法证明或者补办相应手续的，应当及时退还机动车。"

小贴士

机动车所有人、管理人未投保交强险，使用伪造或其他的机动车保险标志，其结果将是承受罚款和扣车的处罚。

41. 因盗窃、抢劫或者抢夺的机动车发生交通事故造成损害的如何处理？

法律解读：《侵权责任法》第五十二条规定："盗窃、

抢劫或者抢夺的机动车发生交通事故造成损害的，由盗窃人、抢劫人或者抢夺人承担赔偿责任。保险公司在机动车强制保险责任限额范围内垫付抢救费用的，有权向交通事故责任人追偿。”

新法速递：《民法典》第一千二百一十五条规定：“盗窃、抢劫或者抢夺的机动车发生交通事故造成损害的，由盗窃人、抢劫人或者抢夺人承担赔偿责任。盗窃人、抢劫人或者抢夺人与机动车使用人不是同一人，发生交通事故造成损害，属于该机动车一方责任的，由盗窃人、抢劫人或者抢夺人与机动车使用人承担连带责任，保险人在机动车强制保险责任限额范围内垫付抢救费用的，有权向交通事故责任人追偿。”

小贴士

车辆发生上述情况，如果盗窃、抢劫或者抢夺的机动车的人发生交通事故逃逸或无赔偿能力，为了及时抢救伤员，保险公司应在机动车强制保险责任限额范围内垫付抢救费用。

42. 机动车驾驶人发生交通事故后逃逸，受害人能否得到赔偿？

法律解读：《侵权责任法》第五十三条规定：“机动车驾驶人发生交通事故后逃逸，该机动车参加强制保险的，由保险公司在机动车强制保险责任限额范围内予以赔偿；机动车不明或者该机动车未参加强制保险，需要支付被侵权人人身伤亡的抢救、丧葬等费用的，由道路交通事故社会救助基金垫付。道路交通事故社会救助基金垫付后，其管理机构有权向交通事故责任人追偿。”

新法速递：《民法典》第一千二百一十六条规定："机动车驾驶人发生交通事故后逃逸，该机动车参加强制保险的，由保险公司在机动车强制保险责任限额范围内予以赔偿；机动车不明、该机动车未参加强制保险，或者抢救费用超过机动车强制保险责任限额，需要支付被侵权人人身伤亡的抢救、丧葬等费用的，由道路交通事故社会救助基金垫付。道路交通事故社会救助基金垫付后，其管理机构有权向交通事故责任人追偿。"

小贴士

为了及时抢救伤员，国家设置了社会救助基金垫付制度，但最终的赔偿责任是由逃逸者承担。

43. 上下班途中交通事故肇事方赔偿完，单位是否应按工伤赔偿？

法律解读：这是可以的。虽然受害方获得交通事故引起的相关民事赔偿，但用人单位仍应按规定予以赔偿。国务院《工伤保险条例》第十四条第六项规定，职工在上下班途中，受到非本人主要责任的交通事故或者城市轨道交通、客运轮渡、火车事故伤害的，应当认定为工伤。

小贴士

为什么受害者能够得到双重赔偿？

这是因为民事赔偿和工伤赔偿是不同的法律关系，民事侵权赔偿与工伤事故赔偿两者之间存在区别。工伤保险属于社会保险范畴，工伤事故赔偿适用劳动法律、法规、规章，赔偿项目和标准主要适用《工伤保险条例》以及地方性规章的规定；而道路交通损害赔偿主要是根据《侵权责任法》和《最高人民法院关于审理人身损害赔偿案件若干问题的解释》的规定。

44. 道路交通事故人身损害赔偿项目有哪些？

法律解读 1.《最高人民法院关于审理人身损害赔偿案件若干问题的解释》相关规定

第十七条　受害人遭受人身损害，因就医治疗支出的各项费用以及因误工减少的收入，包括医疗费、误工费、护理费、交通费、住宿费、住院伙食补助费、必要的营养费，赔偿义务人应当予以赔偿。

受害人因伤致残的，其因增加生活上需要所支出的必要费用以及因丧失劳动能力导致的收入损失，包括残疾赔偿金、残疾辅助器具费、被扶养人生活费，以及因康复护理、继续治疗实际发生的必要的康复费、护理费、后续治疗费，赔偿义务人也应当予以赔偿。

受害人死亡的，赔偿义务人除应当根据抢救治疗情况赔偿本条第一款规定的相关费用外，还应当赔偿丧葬费、被扶养人生活费、死亡补偿费以及受害人亲属办理丧葬事宜支出的交通费、住宿费和误工损失等其他合理费用。

第十八条　受害人或者死者近亲属遭受精神损害，赔偿权利人向人民法院请求赔偿精神损害抚慰金的，适用《最高人民法院关于确定民事侵权精神损害赔偿责任若干问题的解释》予以确定。

精神损害抚慰金的请求权，不得让与或者继承。但赔偿义务人已经以书面方式承诺给予金钱赔偿，或者赔偿权利人已经向人民法院起诉的除外。

㊀ **法律解读 2.** 赔偿项目分类汇总

一是未造成伤残的赔偿项目：

医疗费、误工费、护理费、交通费、住宿费、住院伙食补助费、营养费等合理费用。

二是造成伤残的赔偿项目：

残疾赔偿金、残疾辅助器具费、被扶养人生活费、康复费、护理费、后续治疗费、医疗费、误工费、交通费、住宿费、住院伙食补助费、营养费、精神损害抚慰金、鉴定费等合理费用。

三是造成死亡的赔偿项目：

抢救治疗费、死亡赔偿金、丧葬费、被扶养人生活费、精神损害抚慰金、受害人亲属办理丧葬事宜支出的交通费、住宿费和误工损失、存尸费等合理费用。

㊀ **法律解读 3.** 各项费用计算公式及所需要的证据

（1）医疗费的计算公式

医疗费赔偿数额 = 诊疗费 + 医药费 + 住院费 + 后期治疗费 + 其他费用（以医院出具的票据为准）

医疗费所需要提供的证据：医疗机构出具的医药费、住院费等收款凭证及费用清单、诊断证明、出院证明、病历、有资质鉴定机构的鉴定意见（如二次手术费）、鉴定票据等。

（2）误工费的计算公式

误工费赔偿金额 = 误工收入 × 误工时间

误工费需要提供的证据：受害人单位营业执照、考勤表、劳动合同、事发前 3 个月的工资证明、纳税证明、误工证明等，误工时间根据受害人接受治疗的机构出具的证明确定。受害人因伤致残持续误工的，误工时间可以计算至定残日前一天。

（3）护理费的计算公式

①护理费赔偿金额 = 交通事故发生地护工同等级别护理的报酬标准 × 护理天数 × 护理人数

②亲属护理需要提供的证据：护理人员有正式工作的需要单位营业执照、考勤表、劳动合同、事发前3个月的工资证明、误工证明、纳税证明等。

③护理的亲属没有工作单位，按同行业收入标准计算（一般按照居民服务业平均收入标准计算）。

（4）交通费的计算公式

交通费赔偿金额 = 实际发生合理的交通费用

需要提供的证据：乘坐交通工具的正式票据。

（5）住宿费的计算公式

住宿费赔偿金额 = 国家机关一般工作人员出差住宿标准 × 住宿天数

需要提供的证据：住宿费的正式票据。

（6）住院伙食补助费的计算公式

住院伙食补助费赔偿金额 = 国家机关的一般工作人员出差伙食补助标准（元 / 天）× 住院天数

（7）营养费的计算公式

营养费赔偿金额 = 医疗机构酌情建议的数额

需要提供的证据：医疗机构出具的加强营养的意见证明，对于营养费需要多少天可以向有资质的鉴定部门做鉴定。

（8）残疾赔偿金的计算公式

①受害人在60周岁以下的残疾赔偿金 = 受诉法院所在地上

一年度城镇居民人均可支配收入或者农村居民人均纯收入 ×20年 × 伤残等级赔偿系数

②受害人在60~74周岁的残疾赔偿金 = 受诉法院所在地上一年度城镇居民人均可支配收入或者农村居民人均纯收入 ×［20年 –（受害人实际年龄 – 60周岁）］× 伤残等级赔偿系数

③受害人在75周岁以上的残疾赔偿金 = 受诉法院所在地上一年度城镇居民人均可支配收入或者农村居民人均纯收入 ×5年 × 伤残等级赔偿系数

需要提供的证据：身份证、户口簿、亲属关系证明、鉴定部门做出的伤残鉴定意见等。

备注：伤残等级赔偿系数为：一级伤残：100%、二级伤残90%、三级伤残80%、四级伤残70%、五级伤残60%、六级伤残50%、七级伤残40%、八级伤残30%、九级伤残20%、十级伤残10%。

（9）残疾辅助器具费的计算公式

残疾辅助器具赔偿金额 = 普通适用器具的合理费用

需要提供的证据：一般会向有资质的鉴定部门申请鉴定，鉴定出残疾辅助器具费用的价格。

（10）丧葬费的计算公式

丧葬费赔偿金额 = 受诉法院所在地上一年度在职职工月平均工资（元/月）×6个月

（11）被扶养人生活费的计算公式

① 18周岁以下被扶养人的生活费 =［受诉法院所在地上一年度城镇居民人均消费性支出或农村居民人均年生活消费支出 ×（18周岁 – 被扶养人实际年龄）］÷ 对被扶养人承担扶养义务的人数 × 伤残赔偿指数（如果受害人死亡的，不需要乘

伤残指数）

②被扶养人在18~60周岁被扶养人生活费=［受诉法院所在地上一年度城镇居民人均消费性支出或农村居民人均年生活消费支出 ×20年］÷ 对被扶养人承担扶养义务的人数 × 伤残赔偿指数（如果受害人死亡的，不需要乘伤残指数）

③被扶养人在60–74周岁被扶养人生活费={受诉法院所在地上一年度城镇居民人均消费性支出或农村居民人均年生活消费支出 ×［20年 –（死亡人实际年龄 – 60周岁）］}÷ 对被扶养人承担扶养义务的人数 × 伤残赔偿指数（如果受害人死亡的，不需要乘伤残指数）

④被扶养人在75周岁以上被扶养人生活费=［受诉法院所在地上一年度城镇居民人均消费性支出或农村居民人均年生活消费支出 ×5年］÷ 对被扶养人承担扶养义务的人数 × 伤残赔偿指数（如果受害人死亡的，不需要乘伤残指数）

⑤被扶养人有数人时，赔偿义务人承担的年赔偿总额≤上一年度城镇居民人均消费性支出或农村居民人均年生活消费性支出

需要提供的证据：被扶养人的户口信息，被扶养人和受害人的关系，抚养人承担被抚养义务的人数。

（12）死亡赔偿金的计算公式

①受害人在60周岁以下死亡赔偿金=受诉法院所在地上一年度城镇居民人均可支配收入或者农村居民人均纯收入 ×20年

②受害人在60~74周岁死亡赔偿金=受诉法院所在地上一年度城镇居民人均可支配收入或者农村居民人均纯收入 ×［20年 –（受害人实际年龄 –60周岁）］

③受害人在75周岁以上残疾赔偿金=受诉法院所在地上一

年度城镇居民人均可支配收入或者农村居民人均纯收入 ×5 年

需要提供的证据：死亡证明、死者的身份信息。

（13）精神损害抚慰金

依据《最高人民法院关于确定民事侵权精神损害赔偿责任若干问题的解释》第十条的规定，精神损害的赔偿数额根据以下因素确定：

①侵权人的过错程度，法律另有规定的除外；

②侵害的手段、场合、行为方式等具体情节；

③侵权行为所造成的后果；

④侵权人的获利情况；

⑤侵权人承担责任的经济能力；

⑥受诉法院所在地平均生活水平。

（14）鉴定费

需要提供的证据：鉴定单位出具的鉴定费用票据。

（15）需要说明的问题

一是以上计算方法还要结合交通事故认定书，根据该认定书划分的责任大小最终确定，如全部责任、主次责任、同等责任。

二是精神抚慰金的数额在实践中各地不相同，应参考当地法院判例。

二、办案手记：立字为证

此案例以本书作者办理的案件为素材，李成福发生车祸后，于赔偿过程中错误地在肇事方设定好的材料上签字，由此使李成福陷入了一系列麻烦之中。通过诉讼，在代理律师的努力下，法院最终认可了李成福签字的文书没有法律效力，李成福得到了应有的赔偿。

横　祸

李成福是一个农民，他在外地打工忙活了一年，准备回到家中过春节。当年腊月二十一，李成福欢欢喜喜地骑着自行车去赶大集，中午碰到一个工友，他还请工友吃了羊肉馅饺子。不料，在回家的路上，李成福来不及躲闪，突然被一辆汽车撞倒。

这辆机动车的所有人是一家企业的老板，开车的司机当天喝多了酒，撞倒了正在正常行驶的李成福。经过交警勘验现场，这辆车没有合法手续，也没有入车辆保险。

事发当天中午，司机和老板一起喝酒，司机送老板回家的路上，在躲避对面一辆大车时撞倒了正常行驶的李成福。李成福因多处骨折当即被送往医院抢救，后经交警认定，司机负全部责任，李成福无责任。

李成福的妻子小凤到交警队了解情况。后经了解，撞倒李成福的司机名叫张观，是一名社会闲杂人员，早年父母离婚，他跟着母亲生活，父亲也不管他。机动车的车主则是在村里盖民房的小老板南成祥。

李成福在医院动手术，每天都需要钱。

看到李成福家的情况，交警建议小凤以诉讼途径解决问题，并告知小凤交警对于民事纠纷只能居中调解，没有权力强制让司机和车主赔偿李成福的医疗费等损失。

回到医院，小凤把交警说的话原原本本地给李成福复述了一遍，李成福思忖了半晌对小凤说：“你去找老板南成祥，让他拿钱！”

小凤听从丈夫的话，到村里去找南成祥。当她找到南成祥时，他正在工地看着工人们干活。小凤说明来意，南成祥满不在乎地看了小凤一眼说：“这个车我已经卖给司机张观了，他出了事和我没关系。”

说着，南成祥快步走到附近停着的一辆轿车上，找出一份协议递给了小凤，对小凤说：“你看一下，我把车卖给他了，人又不是我撞的！”此时，他看着正在发愣的小凤大声地说：“这是合同，立字为证啊！”

小凤回到医院后，两口子长吁短叹了一夜。到了第二天，小凤忽然想起交警告诉她打官司的话。她眼睛一亮，对李成福说：“咱们问问律师吧。”李成福觉得可行。

小凤通过她表弟找到了我，我在他表弟的房地产公司担任常年法律顾问。得知情况，看过材料后，我告诉小凤，老板南成祥拿出的协议无效，他是车主必须承担责任。我让小凤提前准备好诉讼立案材料。听了我的建议，小凤急躁的心沉了下来，心情也轻松了许多。

圈　套

不料，事情突然横生枝节。一天早上，医生刚查过房，李成福的病房来了一位打扮时尚的中年妇女，进来就对着李成福问："您是李成福大哥吧？大哥，您躺着别动。我是老板南成祥的爱人，我姓白，叫我小白好了。本来早应该看您来，把事解决了，可是司机出了事就跑路了，交警老找我们！"

李成福看着对方，气不打一出来："这事怎么也得找你们，要不怎么着啊，我无缘无故地就成这样了！"

"是啊，是啊，谁不说呢。"小白话锋一转，"大哥，我丈夫到保险公司找了个人，说您这事能走保险。今天我来就是问问你们花了多少钱，我到保险公司报了就得了。"

李成福一听这话，觉得有了指望，就赶紧把当日医院给的欠账单拿出。小白看了看，拿出笔记本把上面的数字抄上了，然后对李成福说："大哥您得签个字，证明您花了多少钱，我和保险公司说这事。"

李成福一听也对，便不假思索地拿起笔就在数字下面签了他的名字。小白走后，李成福对小凤说："咱们别发愁了，有希望了！"

可是过了几天，李成福打电话想问小白保险公司的进展，打了几次都没人接。十几天后，小白接了李成福的电话，语气生硬地说："谁欠你的钱啊？已经给了你了。去医院当时就给你了，你还打收条了呢！"

李成福急了，但小白挂断了电话，再也不接了，后来小白的电话干脆停机了。

李成福夫妇又找到我，我听了情况，觉得事情不妙，签字对李成福不利，我建议李成福尽快起诉。

交　锋

当时的时节正是北方伏天，开庭那天天气阴沉，闷热难耐。李成福满怀心事地坐在了法庭原告席上。此前，我已经将诉讼利害关系与他讲明。

李成福看到南成祥坐在被告席上，司机张观没有到庭。随着主审法官敲响一声法槌，案件进入庭审阶段。

经过法官查明当事人和代理人身份、宣布当事人权利义务等一系列程序上的事项，法庭调查开始。

我当庭宣读了民事起诉状，南成祥请了律师为其答辩。南成祥的代理律师答辩称南成祥已将汽车卖给了张观，不应承担任何责任。而且，南成祥已经支付了李成福的所有费用，且有其签字的收据作为证据。

庭审围绕着李成福要求南成祥和张观赔偿的事实、赔偿的数额以及南成祥是否已经支付了上述费用的焦点展开。

南成祥方律师首先提交了卖车协议，我对此进行质证：认为这份协议违反了我国强制性法律规定应属于无效。其理由是，根据我国法律规定，报废车禁止买卖，因而买卖报废车不受法律保护，是无效的民事行为。

后来，南成祥一方拿出了他们的撒手锏证据——由李成福签字的“收条”。这张“收条”上写道，“今收到医药费等

94,352.32 元。收到人李成福”。

毫无疑问，收条上的签字系李成福亲笔所签，但如何否定这一收条，如何揭穿这一假象，将面临着一场充满智慧的较量。李成福的妻子小凤在旁听席上，此时，她心里也十分紧张。

当法官询问李成福此签字是否系其所写，李成福说不清缘由。我赶紧举手示意想代替李成福陈述事实。得到法庭允许后，我发言说：“当时的情况是，这张收条仅签字是李成福写的，但其他内容均是南成祥的妻子所写。此外，李成福在上面签字时，这张纸上还没有写收条的字样，收条的字是南成祥的妻子在李成福签字后自己加上去的。”

审判长听完后，把目光转向被告席南成祥并向其发问，南成祥让律师代为回答。律师否认了我的说法，坚称李成福知道是收条才签的字。听到这里，旁听席上的小凤坐不住了，她猛地站起身来，指着南成祥大声喊道：“你胡说八道！”

见此情况，法官敲响了法槌，并制止小凤：“旁听人员不得发言！”

为了揭穿南成祥一方的谎言，得到法官允许后我向南成祥提了几个问题：第一个问题是“李成福打收条时，南成祥给的是否是现金？”当时我做好了两手准备，如果对方说收了现金，我会继续发问：给了多少现金？为什么有零头，连零头角分都要吗？这 9 万多元的钱的来源，是在哪个银行支取的？如果对方说没有给钱，我会追问，后来又给过钱没有，既然没有给钱，收条显然已没有意义。

南成祥显然也意识到了这个问题，他把责任都推给了妻子：“这事是我妻子小白办的，我不知道！”

为此，我启动了备用方案。我继续问道：“你妻子还钱的事情不和你说么？收条上为什么有零有整？难道你妻子还账连零头都还了？按照常理，还钱的款额是不会给零头的，如果收条上有零头，那就证明没有给，这恰恰证明我方所陈述的事实正确。而且，药费的数字就是当日医院的药费单据上所列数据，该证据和李成福的陈述相互吻合，李成福的陈述符合情理。”

南成祥听到我步步追问，他支支吾吾，最后气急败坏地拒绝回答我的问题。这说明我发问的目的已经达到了。

法庭调查结束后，开始法庭辩论。我主要针对收条发表了看法，我认为尽管收条上有李成福的签名，但这个签字不是李成福的真实意思表示。李成福真实的签名意思是让南成祥方知道花了多少钱，而并不是实际收到了多少钱。而且，签名时这种纸上还没有收条字样，是被告后来改造的。李成福的这一陈述，结合在法庭调查中的事实，完全相互吻合。虽然南成祥主张已经付款给李成福，但这一事实连南成祥自己都说不清楚，故法院不应依法采信这一收条。

南成祥的律师对此回应称：“书证是证据之王，白纸黑字写的清楚，立字为证是一个真理。李成福不傻不呆，也没人强迫他，怎么就没有法律效力了？”

双方唇枪舌剑，进行了几个回合。这时，小凤又站起来说：“我要说两句！”法官忙制止说，向小凤释明庭后其可以以书面形式向法庭递交材料。

胜　　诉

庭审结束后，陷入了漫长的等待。等到春节过完，出了正月，天气已经暖和了，整个大地像铺上了绿色的地毯。

一个艳阳高照的日子，李成福站在自家的责任田里，他兜里揣着我给他的一审判决书，这份判决判他胜诉，他很激动。但他接到判决的第 10 天，他又接到法院给他寄来对方的上诉状。李成福又找了我为其代理上诉案件。经过二审激烈的对决，二审法院维持了原判决。

到了暮春时节，小麦已出穗了，暖风把麦田吹的起着波浪。这天李成福吃过早饭，来到村外的麦田，一人呆呆地望着远方。回忆起经历的这场官司，李成福心潮起伏，失声痛哭了一场。想起这一年多的遭遇，他耳边响起我叮嘱他的话：“以后千万可别瞎签字啊！”（文中人物均为化名）

三、交通事故篇案例

案例 1. 购车试驾突发病 4S 店索垫付费用

案情简介： 2015 年 5 月 1 日，张雄（化名）来到一家 4S 店买新车。在试车途中张雄突发心脏病，幸好踩住了刹车，未造成其他损失，售车人员及时将张雄送到就近医院抢救，并垫付了 1 万元的抢救费。

经过医院 2 小时的抢救，张雄脱离了生命危险。4S 店及时通知了张雄家属。其家属来医院后，由其家属看护张雄。

当销售人员向张雄家属索要其垫付的 1 万元抢救费时，其家属说不给，说是在试车中受到惊吓，才导致张雄的心脏病突发，是售车人员指导不到位导致的结果。

经过 4S 店工作人员与张雄家属多次协商未果的情况下，4S 店将张雄起诉至法院，请求对方返还垫付的抢救款。

法院经过审理查明了事实。法院认为，张雄在试车当中突发疾病，销售人员及时对张雄采取措施并将其及时送到医院，使张雄及时得到抢救，才得以恢复健康。张雄的突发疾病是其自身原因所导致。故张雄的疾病并不是汽车销售人员有不当行为所导致，两者之间没有法律上的因果关系。法院据此判决张雄给付 4S 店垫付的 1 万元抢救费。

法律解读：《侵权责任法》第六条规定：“行为人因过错侵害他人民事权益，应当承担侵权责任。根据法律规定推定行为人有过错，行为人不能证明自己没有过错的，应当承担侵权责任。”

上述法律规定第一款是一般侵权；第二款是特殊侵权。一般侵权行为，是指行为人基于主观过错实施的，以侵权人有无主观过错为判断标准。而特殊侵权行为，是指由法律直接规定，即便当事人主观上没有过错也要承担民事责任，如高度危险作业侵权、饲养动物侵权等。

新法速递：《民法典》第一千一百六十五条规定：“行为人因过错侵害他人民事权益造成损害的，应当承担侵权责任。根据法律规定推定行为人有过错，其不能证明自己没有过错的，应当承担侵权责任。”

法律点评：本案是一般侵权，应看4S店主观上有无过错。而事实上，是因试车人因病住院，其花费与4S店无关。故此，买车人应返还4S店的垫付款。

案例2. 阻挡货车设障碍　未设标志应赔偿

案情简介：2014年，某市某村因新修了公路，为了防止大货车进村碾压，村委会便派人在村口用水泥垒砌了矮墙，限制大货车进入。

由于是新设置的障碍，本村村民周为民（化名）夜晚骑电动自行车回家，路过此地时，因路黑看不清，撞到矮墙上，造成腿骨折。经鉴定机构鉴定，周为民构成九级伤残。

周为民找村委会要求赔偿，村委会拒绝，周为民为此将村委会起诉至法院。周为民请求法院判令周家庄村委会承担医药费、住院伙食补助费等共计10万元。

周家庄村在庭审过程中辩称，村内修公路是为了防止大货车进入，此举是为全体村民的利益。周为民是本村村民，应知道村里公路设了限制，是他自己不注意造成的损害，因而村委会不应赔偿。

法院经过审理认为，村委会在公路上修建矮墙，没有设置明显标志，导致本案发生。《侵权责任法》第九十一条规定，在公共场所或者道路上挖坑、修缮安装地下设施等，没有设置明显标志和采取安全措施造成他人损害的，施工人应当承担侵权责任。据此，判决村委会赔偿周为民各项损失近10万元。

新法速递：《民法典》第一千二百五十八条第一款规定："在公共场所或者道路上挖掘、修缮安装地下设施等造成他人损害，施工人不能证明已经设置明显标志和采取安全措施的，应当承担侵权责任。"

法律点评：在实践中，此类案例不少，但仍未引起大家注意。有些村委会在村口私自设置障碍，也有的因施工挖了坑但未设置明显标志，如果出了事故，相关所有人或管理人难辞其咎。对此，我们应提高法律意识，同时也是为了通行安全。

案例3. 汽车卖出未过户　交通事故谁担责

案情简介：2015年，张静伟（化名）将一辆轿车出售给朋友林小凤（化名），林小凤将车款付清后将车开走。双方因相互了解，就未办车辆过户手续。

2016年3月，林小凤开车发生交通事故，撞伤了刘豫东（化名）。因肇事车只交了交强险，由于实际损失超出了交强险范围，刘豫东为此和林小凤交涉要求赔偿。但林小凤无赔偿能力。刘豫东便到法院起诉保险公司和林小凤。

根据汽车行驶证显示肇事车车主为张静伟，刘豫东便追加车主为被告。刘豫东的诉讼请求是：要求林小凤和张静伟连带赔偿刘豫东的损失。

张静伟后悔未办理过户手续，但既然当了被告，就要应诉。为此他聘请了律师写了答辩状。张静伟辩称，《侵权责任法》第五十条规定，当事人之间已经以买卖等方式转让并交付机动车但未办理所有权转移登记，发生交通事故后属于该机动车一方责任的，由保险公司在机动车强制保险责任限额范围内予以赔偿。不足部分，由受让人承担赔偿责任。

张静伟称，其已将涉案车出售给本案另一被告林小凤，并且已交付车辆。根据上述法律规定，他不应负赔偿责任。

法院经过审理采纳了张静伟的答辩意见。判决在交强险之内事故责任由保险公司赔偿，不足部分由林小凤承担。

⊖ **新法速递：**《民法典》第一千二百一十条：“当事人之间已经以买卖或其他方式转让并交付机动车但未办理所有权转移登记，发生交通事故造成损害，属于该机动车一方责任的，由受让人承担赔偿责任。

⊖ **法律点评：**目前，二手车买卖活跃，但有很多没有过户。因此，法律对此进行了规定。但是，作者还是奉劝卖车人，卖车后还是办理过户手续为妥。因为，一旦出卖的车辆出事故，受害人就要起诉行驶证上的车主，就会带来麻烦，此外还有预料不到的风险存在。

案例 4. 买卖拼装的汽车　肇事责任谁承担

案情简介：2011 年，张老五（化名）将一辆拼装的无牌无证的翻斗汽车，以 2.5 万元的价格出售给李云（化名）。李云购买此车后在某工地运土。

因为运土要走一小段乡村公路，由于李云开的车因转向出现问题，将一个过路骑自行车的解志强（化名）撞伤。为了治伤，解志强共花去医疗费等计 3 万多元，但未造成伤残。

由于该车无牌无证也没有保险，损失只能由肇事方承担。李云借钱买了这辆车，无力还款。

解志强聘请了律师要到法院起诉，律师对李云的车辆进行了调查，查明这辆车是从张老五手里买的。起诉时将张老五和李云作为共同被告进行了起诉，要求该二人承担连带赔偿责任。

庭审时，张老五辩称其已经把车卖给李云，他非肇事人，因此不应该承担任何责任。

法院经过审理查明了本案事实，《侵权责任法》第五十一条："以买卖等方式转让拼装或者已达到报废标准的机动车，发生交通事故造成损害的，由转让人和受让人承担连带责任。"

法院据此判决由李云和张老五连带赔偿解志强的各项损失。

新法速递：《民法典》第一千二百一十四条："以买卖或者其他方式转让拼装或者已经达到报废标准的机动车，发生交通事故造成损害的，由转让人和受让人承担连带责任。"

法律点评：此案例和上述案例的区别在于，本案例转让的是无牌无证的车辆。由于报废的机动车依法不能使用，这种买卖也不能产生法律效力。买方和卖方均违法，一旦出了事故，双方要承担连带责任。所谓连带责任就是受害人可向连带各方的每个人，均可索要全部赔偿。

案例 5. 借车人酒后借车　出借人明知担责

案情简介：刘志明（化名）和李志文（化名）在同一所学校当老师，因一个同事结婚，二人同去参加婚礼。刘志明开着自己的车拉上了四位同事。在喜宴上，刘志明和李志文都喝了不少酒。未散席时，有个同事有急事要走，刘志明还想再待一会儿，就对李志文说："你开车送他吧。"

李志文觉得路程不算远，便从刘志明手里接过车钥匙，开车送同事。不料，李志文出发倒车时就撞伤了一个在车后正在行走的行人，此人名叫张正（化名）。

张正立刻被送往医院进行治疗，花去医药费 3 万多元。张正找到李志文索要赔偿，李志文不同意。为此，张正将李志文和刘志明起诉至法院。

法院经过审理后认为，刘志明明知李志文饮了酒，仍然将汽车出借给他使用，有一定过错，应承担一部分责任。《侵权责任法》第四十九条规定："因租赁、借用等情形机动车所有人与使用人不是同一人时，发生交通事故后属于该机动车一方责任的，由保险公司在机动车强制保险责任限额范围内予以赔偿。不足部分，由机动车使用人承担赔偿责任；机动车所有人对损害的发生有过错的，承担相应的赔偿责任。"

据此，法院判定保险公司在强制险范围内承担责任。不足部分，李志文承担 70% 的责任，刘志明承担 30% 的责任。

新法速递：《民法典》第一千二百零九条规定："因租赁、借用等情形机动车所有人、管理人与使用人不是同一人时，发生交通事故造成损害，属于该机动车一方责任的，由机动车使用人承担赔偿责任；机动车所有人、管理人对损害的发生有过错的，承担相应的赔偿责任。”

法律点评： 出借车辆是现实中经常发生的事，如果出借人没有过错，出了事故不承担责任；但如果存在过错，就要承担责任。故此，广大读者要引以为戒。

案例 6. 肇事遗弃受害人　以故意杀人定罪

案情简介： 2013 年，村民刘某某贷款购买了一辆大货车跑运输。一天夜间下着小雨，刘某某驾车行至半山区公路下坡时，由于视线不佳，公路上有一人穿着雨衣横穿公路，刘某某驾驶大货车看到路人后猛踩刹车，但为时已晚，行人已倒在车轮下。

刘某某急忙下车查看，行人的腿碾压在车轮下。刘某某此时大脑一片空白，他把伤者装到车上，开车逃离现场。车开出 20 多千米后，刘某某把伤者扔到一个较隐蔽的山沟里，便开车逃走。

过了 5 天，警察找到刘某某了解情况，查清情况后把他带到刑警队。原来，刘某某肇事地点有一个摄像头，清晰的录下了他肇事前后的所作所为。刘某某走后，第二天清晨才有人发现了伤者，立即送往医院抢救。所幸的是，人救活了，但造成了严重的残疾。

经过警方侦查，检察院审查起诉，此案被公诉至法院。法院经审理后认为，《最高人民法院关于审理交通肇事刑事案件具体应用法律若干问题的解释》第六条规定：“行为人在交通肇事后为逃避法律追究，将被害人带离事故现场后隐藏或者遗弃，致使被害人无法得到救助而死亡或者严重残疾的，应当分别依照刑法第二百三十二条、第二百三十四条第二款的规定，以故意杀人罪或者故意伤害罪定罪处罚。”

法院最终以故意杀人罪判处刘某某8年5个月的有期徒刑。如果刘某某当时将伤者送往医院治疗，车辆有保险，刘某某的境遇会大有不同。

法律点评：交通肇事罪本是过失犯罪，但出了交通事故后，为逃避法律追究，将被害人带离事故现场后隐藏或者遗弃，就改变了犯罪性质。如果出了交通事故后积极抢救受伤者，即便是构成犯罪，也会从轻处罚。但有些人总是抱有侥幸心理，难逃法律的严惩。

案例7. 公路堆放建筑料　事故物主须担责

案情简介：某县一条乡镇级公路穿过某村。村民尹小利（化名）的房屋紧挨着公路。2015年春天，尹小利准备翻盖房子，便准备了沙子、砖等建筑材料，堆放在公路上。

有一辆轿车和一个骑三轮的村民张庆福（化名）在此会车时，张庆福为躲避汽车，头部撞到砖上，造成头皮破裂。伤者当天被送往医院治伤，经过治疗花去医药费等共计6万余元。

张庆福找轿车司机张玉民（化名）赔偿，张玉民称对方是撞到砖上，与他无关。张庆福后又找到尹小利，尹小利称：“是你撞到我砖上的，也不是我的砖找的你！”

对于张庆福的赔偿问题，几方互相推诿，张庆福只得到法院起诉，要求某保险公司、张玉民、尹小利赔偿医疗费等各项损失。

法院经审理后认为，《道路交通安全法》第三十二条的规定，因工程建设需要占用、挖掘道路，或者跨越、穿越道路架设、增设管线设施，应当事先征得道路主管部门的同意。影响交通安全的，还应当征得公安机关交通管理部门的同意。施工作业单位应当在经批准的路段和时间内施工作业，并在距离施工作业地点来车方向安全距离处设置明显的安全警示标志，采取防护措施。施工作业完毕，应当迅速清除道路上的障碍物，消除安全隐患，经道路主管部门和公安机关交通管理部门验收合格，符合通行要求后，方可恢复通行。对未中断交通的施工作业道路，公安机关交通管理部门应当加强交通安全监督检查，维护道路交通秩序。

法院据此认定尹小利违反了上述法律规定，应当承担责任。轿车司机张玉民在路窄的情况下速度过快，导致张庆福躲闪不及发生事故应承担责任。法院遂判决尹小利承担40%责任；张玉民承担60%的责任，其费用由其入保险的某保险公司予以支付。

法律点评：在道路两旁居住的人因施工或做生意有时会有占用道路情况出现，这种情况一定要引起重视，因为一旦由此引发的交通事故物主会被牵连担责。

案例8. 回家骑快车撞人　伤者骨折负全责

案情简介：张翠芬（化名）是一家汽车修理厂的女职工。2015年8月，张翠芬骑自行车下班，她急着回家骑得很快，路上要穿过一条胡同，她从南向北骑出胡同时，另一个骑车人张冬花（化名）骑着自行车由西向东来。由于张翠芬骑得快，注意力不集中，出胡同时和张冬花撞到一起。

当时，张冬花腿部被摔伤，身体不能动，张翠芬急忙叫来急救车将张冬花送往医院治疗。经医院诊断，张冬花腿部骨折，花费医药费 3 万多元，定为九级伤残。

由于事发现场被破坏，张冬花没有报警，交警无法作出交通责任认定。张冬花要求张翠芬赔偿损失，张翠芬答应只负担一半的医药费。

张冬花为此向法院起诉张翠芬要求对方赔偿，张冬花向法院申请事发现场旁观人出庭作证。证人证明，张翠芬骑车速度过快，从胡同口出来直冲着张冬花撞去，张冬花撞倒后受伤。

法院经审理后认为，《道路交通安全法》第二条规定："中华人民共和国境内的车辆驾驶人、行人、乘车人以及与道路交通活动有关的单位和个人，都应当遵守本法。"

该法第五十七条规定："驾驶非机动车在道路上行驶应当遵守有关交通安全的规定。非机动车应当在非机动车道内行驶；在没有非机动车道的道路上，应当靠车行道的右侧行驶。"

法院认定张翠芬骑车速度过快，在横穿公路时没有按交通规则行驶，造成张冬花摔伤应当承担全部责任，法院遂判决张翠芬赔偿张冬花的全部损失。

法律点评：目前，有些骑自行车和电动自行车、三轮车的人，不遵守交通规则，且超速行驶，经常发生交通事故。为了自己和他人安全，公众一定要遵守交通规则。

案例 9. 车辆刮电缆出事　殃及行人谁担责

案情简介：2015 年 10 月的一天，周楠（化名）驾驶一辆小货车行驶在公路上。有一段较缓的上坡路，有人在路边正拿着工具干活。他看到一条电缆横在公路上，路面上还有土。但周楠没有在意，仍按原速度行驶。

过了那条电缆后，周楠听到有人大声喊，他急忙停下车查看，看到一人被电缆线挂倒。周楠定睛一看，原来是电缆的线杆出现问题，电缆线落公路上，而这条电缆是被他的汽车底部挂住后将人挂倒的。

事故发生后，伤者燕中立（化名）被人送往医院。交警根据报警勘察了现场，作出了《交通事故认定书》，认定周楠负全责。但周楠不服此认定书，但他未在法定期限内提起复议。

周楠认为，此事故主要原因是电缆落在公路上造成的，主要责任应由电缆管理人某单位负责。由于双方对赔偿问题没有达成一致意见。伤者燕中立将周楠起诉到法院。

周楠进行了答辩，并申请追加电缆管理人某单位为被告，法院予以追加。某单位答辩称，公安机关作出的《交通事故认定书》认定周楠负全责，因而某单位不应为此担责。

法院经过审理查明了本案事实。法院认为，本案事故的发生原因有两个：一是某单位的电缆落地后应及时采取必要措施防止事故发生；二是周楠在路过时没有尽到注意义务，周楠在路面有状况时并未减速。上述两个原因导致了燕中立受伤，《最高人民法院关于审理道路交通事故损害赔偿案件适用法律若干问题的解释》第二十七条规定，公安机关交通管理部门制作的《交通事故认定书》，人民法院应依法审查并确认其相应的证明力，但有相反证据推翻的除外。法院据此认定双方各负50%的责任。

法律点评：本案启示在于：一是凡在道路上施工妨碍通行的，一定要设置防护警示标志；二是法院对公安机关交通事故认定书的责任划分，是可以变更的；三是司机遇有情况时，驾驶车辆要谨慎慢行。

案例 10. 蛛丝马迹露马脚　肇事逃逸难逃责

案情简介：2012 年的一天，周京生（化名）骑摩托车去城中办事。快进城时，周京生被对面突然开来一辆轿车撞倒。

肇事司机没有下车，快速驾驶车辆离开了现场。周京生看清楚了车的颜色，但没有看清楚车号。事发时周围没有人也没有电子监控设备。

周京生的腿受伤了，他拨打了急救电话和报警电话。警察到达现场后得知了情况并勘验了现场。

事故还导致周京生摩托车的倒车镜等设备被撞坏。警察根据肇事现场的遗留物进行分析，肇事轿车的前保险杠和倒车镜被撞坏。

事发第二天，交警沿着公路搜寻了汽车修理厂，发现一辆车的前保险杠和倒车镜已被拆下，车漆有被剐蹭痕迹。

交警询问了修理厂老板查明了车主情况，并对该车辆进行了照相和封存。车主得知情况到交警大队后，拒不承认发生过交通事故。后来，交警对现场留下的车漆和轿车留下的碎片进行了鉴定。

鉴定结论为，现场留下的漆以及碎片与该轿车相吻合。交警根据鉴定结论和周京生的陈述作出了《交通事故认定书》。

此后，交警将本案移交刑警部门，通过司法程序，肇事者被依法追究了刑事责任，周京生也得到了民事赔偿。

法律点评：有的人总是抱着侥幸心理，出了事故想逃避责任。本案发人警醒，引人深思。

四、《道路交通事故处理程序规定》

道路交通事故处理程序规定

目　录

第一章　总　　则

第一条　为了规范道路交通事故处理程序，保障公安机关交通管理部门依法履行职责，保护道路交通事故当事人的合法权益，根据《中华人民共和国道路交通安全法》及其实施条例等有关法律、行政法规，制定本规定。

第二条　处理道路交通事故，应当遵循合法、公正、公开、便民、效率的原则，尊重和保障人权，保护公民的人格尊严。

第三条　道路交通事故分为财产损失事故、伤人事故和死亡事故。

财产损失事故是指造成财产损失，尚未造成人员伤亡的道路交通事故。

伤人事故是指造成人员受伤，尚未造成人员死亡的道路交通事故。

死亡事故是指造成人员死亡的道路交通事故。

第四条　道路交通事故的调查处理应当由公安机关交通管理部门负责。

财产损失事故可以由当事人自行协商处理，但法律法规及本规定另有规定的除外。

第五条　交通警察经过培训并考试合格，可以处理适用简易程序的道路交通事故。

处理伤人事故，应当由具有道路交通事故处理初级以上资格的交通警察主办。

处理死亡事故，应当由具有道路交通事故处理中级以上资格的交通警察主办。

第六条 公安机关交通管理部门处理道路交通事故应当使用全国统一的交通管理信息系统。

鼓励应用先进的科技装备和先进技术处理道路交通事故。

第七条 交通警察处理道路交通事故，应当按照规定使用执法记录设备。

第八条 公安机关交通管理部门应当建立与司法机关、保险机构等有关部门间的数据信息共享机制，提高道路交通事故处理工作信息化水平。

第二章 管 辖

第九条 道路交通事故由事故发生地的县级公安机关交通管理部门管辖。未设立县级公安机关交通管理部门的，由设区的市公安机关交通管理部门管辖。

第十条 道路交通事故发生在两个以上管辖区域的，由事故起始点所在地公安机关交通管理部门管辖。

对管辖权有争议的，由共同的上一级公安机关交通管理部门指定管辖。指定管辖前，最先发现或者最先接到报警的公安机关交通管理部门应当先行处理。

第十一条 上级公安机关交通管理部门在必要的时候，可以处理下级公安机关交通管理部门管辖的道路交通事故，或者指定下级公安机关交通管理部门限时将案件移送其他下级公安机关交通管理部门处理。

案件管辖权发生转移的，处理时限从案件接收之日起计算。

第十二条 中国人民解放军、中国人民武装警察部队人员、车辆发生道路交通事故的，按照本规定处理。依法应当吊销、注销中国人民解放军、中国人民武装警察部队核发的机动车驾驶证以及对现役军人实施行政拘留或者追究刑事责任的，移送中国人民解放军、中国人民武装警察部队有关部门处理。

上道路行驶的拖拉机发生道路交通事故的，按照本规定处理。公安机关交通管理部门对拖拉机驾驶人依法暂扣、吊销、注销驾驶证或者记分处理的，应当将决定书和记分情况通报有关的农业（农业机械）主管部门。吊销、注销驾驶证的，还应当将驾驶证送交有关的农业（农业机械）主管部门。

第三章　报警和受案

第十三条　发生死亡事故、伤人事故的，或者发生财产损失事故且有下列情形之一的，当事人应当保护现场并立即报警：

（一）驾驶人无有效机动车驾驶证或者驾驶的机动车与驾驶证载明的准驾车型不符的；

（二）驾驶人有饮酒、服用国家管制的精神药品或者麻醉药品嫌疑的；

（三）驾驶人有从事校车业务或者旅客运输，严重超过额定乘员载客，或者严重超过规定时速行驶嫌疑的；

（四）机动车无号牌或者使用伪造、变造的号牌的；

（五）当事人不能自行移动车辆的；

（六）一方当事人离开现场的；

（七）有证据证明事故是由一方故意造成的；

驾驶人必须在确保安全的原则下，立即组织车上人员疏散到路外安全地点，避免发生次生事故。驾驶人已因道路交通事故死亡或者受伤无法行动的，车上其他人员应当自行组织疏散。

第十四条　发生财产损失事故且有下列情形之一，车辆可以移动的，当事人应当组织车上人员疏散到路外安全地点，在确保安全的原则下，采取现场拍照或者标划事故车辆现场位置等方式固定证据，将车辆移至不妨碍交通的地点后报警：

（一）机动车无检验合格标志或者无保险标志的；

（二）碰撞建筑物、公共设施或者其他设施的。

第十五条 载运爆炸性、易燃性、毒害性、放射性、腐蚀性、传染病病原体等危险物品车辆发生事故的，当事人应当立即报警，危险物品车辆驾驶人、押运人应当按照危险物品安全管理法律、法规、规章以及有关操作规程的规定，采取相应的应急处置措施。

第十六条 公安机关及其交通管理部门接到报警的，应当受理，制作受案登记表并记录下列内容：

（一）报警方式、时间，报警人姓名、联系方式，电话报警的，还应当记录报警电话；

（二）发生或者发现道路交通事故的时间、地点；

（三）人员伤亡情况；

（四）车辆类型、车辆号牌号码，是否载有危险物品以及危险物品的种类、是否发生泄漏等；

（五）涉嫌交通肇事逃逸的，还应当询问并记录肇事车辆的车型、颜色、特征及其逃逸方向、逃逸驾驶人的体貌特征等有关情况。

报警人不报姓名的，应当记录在案。报警人不愿意公开姓名的，应当为其保密。

第十七条 接到道路交通事故报警后，需要派员到现场处置，或者接到出警指令的，公安机关交通管理部门应当立即派交通警察赶赴现场。

第十八条　发生道路交通事故后当事人未报警，在事故现场撤除后，当事人又报警请求公安机关交通管理部门处理的，公安机关交通管理部门应当按照本规定第十六条规定的记录内容予以记录，并在三日内作出是否接受案件的决定。

经核查道路交通事故事实存在的，公安机关交通管理部门应当受理，制作受案登记表；经核查无法证明道路交通事故事实存在，或者不属于公安机关交通管理部门管辖的，应当书面告知当事人，并说明理由。

第四章　自 行 协 商

第十九条　机动车与机动车、机动车与非机动车发生财产损失事故，当事人应当在确保安全的原则下，采取现场拍照或者标划事故车辆现场。

位置等方式固定证据后，立即撤离现场，将车辆移至不妨碍交通的地点，再协商处理损害赔偿事宜，但有本规定第十三条第一款情形的除外。

非机动车与非机动车或者行人发生财产损失事故，当事人应当先撤离现场，再协商处理损害赔偿事宜。

对应当自行撤离现场而未撤离的，交通警察应当责令当事人撤离现场；造成交通堵塞的，对驾驶人处以200元罚款。

第二十条　发生可以自行协商处理的财产损失事故，当事人可以通过互联网在线自行协商处理；当事人对事实及成因有争议的，可以通过互联网共同申请公安机关交通管理部门在线确定当事人的责任。

当事人报警的，交通警察、警务辅助人员可以指导当事人自行协商处理。当事人要求交通警察到场处理的，应当指派交通警察到现场调查处理。

第二十一条 当事人自行协商达成协议的，制作道路交通事故自行协商协议书，并共同签名。道路交通事故自行协商协议书应当载明事故发生的时间、地点、天气、当事人姓名、驾驶证号或者身份证号、联系方式、机动车种类和号牌号码、保险公司、保险凭证号、事故形态、碰撞部位、当事人的责任等内容。

第二十二条 当事人自行协商达成协议的，可以按照下列方式履行道路交通事故损害赔偿：

（一）当事人自行赔偿；

（二）到投保的保险公司或者道路交通事故保险理赔服务场所办理损害赔偿事宜。

当事人自行协商达成协议后未履行的，可以申请人民调解委员会调解或者向人民法院提起民事诉讼。

第五章 简易程序

第二十三条 公安机关交通管理部门可以适用简易程序处理以下道路交通事故，但有交通肇事、危险驾驶犯罪嫌疑的除外：

（一）财产损失事故；

（二）受伤当事人伤势轻微，各方当事人一致同意适用简易程序处理的伤人事故。

适用简易程序的，可以由一名交通警察处理。

第二十四条 交通警察适用简易程序处理道路交通事故时，应当在固定现场证据后，责令当事人撤离现场，恢复交通。拒不撤离现场的，予以强制撤离。当事人无法及时移动车辆影响通行和交通安全的，交通警察应当将车辆移至不妨碍交通的地点。具有本规定第十三条第一款第一项、第二项情形之一的，按照《中华人民共和国道路交通安全法实施条例》第一百零四条规定处理。

撤离现场后，交通警察应当根据现场固定的证据和当事人、证人陈述等，认定并记录道路交通事故发生的时间、地点、天气、当事人姓名、驾驶证号或者身份证号、联系方式、机动车种类和号牌号码、保险公司、保险凭证号、道路交通事故形态、碰撞部位等，并根据本规定第六十条确定当事人的责任，当场制作道路交通事故认定书。不具备当场制作条件的，交通警察应当在三日内制作道路交通事故认定书。

道路交通事故认定书应当由当事人签名，并现场送达当事人。当事人拒绝签名或者接收的，交通警察应当在道路交通事故认定书上注明情况。

第二十五条 当事人共同请求调解的，交通警察应当当场进行调解，并在道路交通事故认定书上记录调解结果，由当事人签名，送达当事人。

第二十六条 有下列情形之一的，不适用调解，交通警察可以在道路交通事故认定书上载明有关情况后，将道路交通事故认定书送达当事人：

（一）当事人对道路交通事故认定有异议的；

（二）当事人拒绝在道路交通事故认定书上签名的；

（三）当事人不同意调解的。

第六章 调 查

第一节 一般规定

第二十七条 除简易程序外，公安机关交通管理部门对道路交通事故进行调查时，交通警察不得少于二人。

交通警察调查时应当向被调查人员出示《人民警察证》，告知被调查人依法享有的权利和义务，向当事人发送联系卡。联系卡载明交通警察姓名、办公地址、联系方式、监督电话等内容。

第二十八条 交通警察调查道路交通事故时，应当合法、及时、客观、全面地收集证据。

第二十九条 对发生一次死亡三人以上道路交通事故的，公安机关交通管理部门应当开展深度调查；对造成其他严重后果或者存在严重安全问题的道路交通事故，可以开展深度调查。具体程序另行规定。

第二节 现场处置和调查

第三十条 交通警察到达事故现场后，应当立即进行下列工作：

（一）按照事故现场安全防护有关标准和规范的要求划定警戒区域，在安全距离位置放置发光或者反光锥筒和警告标志，确定专人负责现场交通指挥和疏导。因道路交通事故导致交通中断或者现场处置、勘查需要采取封闭道路等交通管制措施的，还应当视情在事故现场来车方向提前组织分流，放置绕行提示标志；

（二）组织抢救受伤人员；

（三）指挥救护、勘查等车辆停放在安全和便于抢救、勘查的位置，开启警灯，夜间还应当开启危险报警闪光灯和示廓灯；

（四）查找道路交通事故当事人和证人，控制肇事嫌疑人；

（五）其他需要立即开展的工作。

第三十一条 道路交通事故造成人员死亡的，应当经急救、医疗人员或者法医确认，并由具备资质的医疗机构出具死亡证明。尸体应当存放在殡葬服务单位或者医疗机构等有停尸条件的场所。

第三十二条 交通警察应当对事故现场开展下列调查工作：

（一）勘查事故现场，查明事故车辆、当事人、道路及其空间关系和事故发生时的天气情况；

（二）固定、提取或者保全现场证据材料；

（三）询问当事人、证人并制作询问笔录；现场不具备制作询问笔录条件的，可以通过录音、录像记录询问过程；

（四）其他调查工作。

第三十三条 交通警察勘查道路交通事故现场，应当按照有关法规和标准的规定，拍摄现场照片，绘制现场图，及时提取、采集与案件有关的痕迹、物证等，制作现场勘查笔录。现场勘查过程中发现当事人涉嫌利用交通工具实施其他犯罪的，应当妥善保护犯罪现场和证据，控制犯罪嫌疑人，并立即报告公安机关主管部门。

发生一次死亡三人以上事故的，应当进行现场摄像，必要时可以聘请具有专门知识的人参加现场勘验、检查。

现场图、现场勘查笔录应当由参加勘查的交通警察、当事人和见证人签名。当事人、见证人拒绝签名或者无法签名以及无见证人的，应当记录在案。

第三十四条 痕迹、物证等证据可能因时间、地点、气象等原因导致改变、毁损、灭失的，交通警察应当及时固定、提取或者保全。

对涉嫌饮酒或者服用国家管制的精神药品、麻醉药品驾驶车辆的人员，公安机关交通管理部门应当按照《道路交通安全违法行为处理程序规定》及时抽血或者提取尿样等检材，送交有检验鉴定资质的机构进行检验。

车辆驾驶人员当场死亡的，应当及时抽血检验。不具备抽血条件的，应当由医疗机构或者鉴定机构出具证明。

第三十五条 交通警察应当核查当事人的身份证件、机动车驾驶证、机动车行驶证、检验合格标志、保险标志等。

对交通肇事嫌疑人可以依法传唤。对在现场发现的交通肇事嫌疑人，经出示《人民警察证》，可以口头传唤，并在询问笔录中注明嫌疑人到案经过、到案时间和离开时间。

第三十六条 勘查事故现场完毕后，交通警察应当清点并登记现场遗留物品，迅速组织清理现场，尽快恢复交通。

现场遗留物品能够当场发还的，应当当场发还并做记录；当场无法确定所有人的，应当登记，并妥善保管，待所有人确定后，及时发还。

第三十七条 因调查需要，公安机关交通管理部门可以向有关单位、个人调取汽车行驶记录仪、卫星定位装置、技术监控设备的记录资料以及其他与事故有关的证据材料。

第三十八条 因调查需要，公安机关交通管理部门可以组织道路交通事故当事人、证人对肇事嫌疑人、嫌疑车辆等进行辨认。

辨认应当在交通警察的主持下进行。主持辨认的交通警察不得少于二人。多名辨认人对同一辨认对象进行辨认时，应当由辨认人个别进行。

辨认时，应当将辨认对象混杂在特征相类似的其他对象中，不得给辨认人任何暗示。辨认肇事嫌疑人时，被辨认的人数不得少于七人；对肇事嫌疑人照片进行辨认的，不得少于十人的照片。辨认嫌疑车辆时，同类车辆不得少于五辆；对肇事嫌疑车辆照片进行辨认时，不得少于十辆的照片。

对尸体等特定辨认对象进行辨认，或者辨认人能够准确描述肇事嫌疑人、嫌疑车辆独有特征的，不受数量的限制。

对肇事嫌疑人的辨认，辨认人不愿意公开进行时，可以在不暴露辨认人的情况下进行，并应当为其保守秘密。

对辨认经过和结果，应当制作辨认笔录，由交通警察、辨认人、见证人签名。必要时，应当对辨认过程进行录音或者录像。

第三十九条　因收集证据的需要，公安机关交通管理部门可以扣留事故车辆，并开具行政强制措施凭证。扣留的车辆应当妥善保管。

公安机关交通管理部门不得扣留事故车辆所载货物。对所载货物在核实重量、体积及货物损失后，通知机动车驾驶人或者货物所有人自行处理。无法通知当事人或者当事人不自行处理的，按照《公安机关办理行政案件程序规定》的有关规定办理。

严禁公安机关交通管理部门指定停车场停放扣留的事故车辆。

第四十条　当事人涉嫌犯罪的，因收集证据的需要，公安机关交通管理部门可以依据《中华人民共和国刑事诉讼法》《公安机关办理刑事案件程序规定》，扣押机动车驾驶证等与事故有关的物品、证件，并按照规定出具扣押法律文书。扣押的物品应当妥善保管。

对扣押的机动车驾驶证等物品、证件，作为证据使用的，应当随案移送，并制作随案移送清单一式两份，一份留存，一份交人民检察院。对于实物不宜移送的，应当将其清单、照片或者其他证明文件随案移送。待人民法院作出生效判决后，按照人民法院的通知，依法作出处理。

第四十一条 经过调查，不属于公安机关交通管理部门管辖的，应当将案件移送有关部门并书面通知当事人，或者告知当事人处理途径。

公安机关交通管理部门在调查过程中，发现当事人涉嫌交通肇事、危险驾驶犯罪的，应当按照《中华人民共和国刑事诉讼法》《公安机关办理刑事案件程序规定》立案侦查。发现当事人有其他违法犯罪嫌疑的，应当及时移送有关部门，移送不影响事故的调查和处理。

第四十二条 投保机动车交通事故责任强制保险的车辆发生道路交通事故，因抢救受伤人员需要保险公司支付抢救费用的，公安机关交通管理部门应当书面通知保险公司。

抢救受伤人员需要道路交通事故社会救助基金垫付费用的，公安机关交通管理部门应当书面通知道路交通事故社会救助基金管理机构。

道路交通事故造成人员死亡需要救助基金垫付丧葬费用的，公安机关交通管理部门应当在送达尸体处理通知书的同时，告知受害人亲属向道路交通事故社会救助基金管理机构提出书面垫付申请。

第三节 交通肇事逃逸查缉

第四十三条 公安机关交通管理部门应当根据管辖区域和道路情况，制定交通肇事逃逸案件查缉预案，并组织专门力量办理交通肇事逃逸案件。

发生交通肇事逃逸案件后，公安机关交通管理部门应当立即启动查缉预案，布置警力堵截，并通过全国机动车缉查布控系统查缉。

第四十四条 案发地公安机关交通管理部门可以通过发协查通报、向社会公告等方式要求协查、举报交通肇事逃逸车辆或者侦破线索。发出协查通报或者向社会公告时，应当提供交通肇事逃逸案件基本事实、交通肇事逃逸车辆情况、特征及逃逸方向等有关情况。

中国人民解放军和中国人民武装警察部队车辆涉嫌交通肇事逃逸的，公安机关交通管理部门应当通报中国人民解放军、中国人民武装警察部队有关部门。

第四十五条 接到协查通报的公安机关交通管理部门，应当立即布置堵截或者排查。发现交通肇事逃逸车辆或者嫌疑车辆的，应当予以扣留，依法传唤交通肇事逃逸人或者与协查通报相符的嫌疑人，并及时将有关情况通知案发地公安机关交通管理部门。案发地公安机关交通管理部门应当立即派交通警察前往办理移交。

第四十六条 公安机关交通管理部门查获交通肇事逃逸车辆或者交通肇事逃逸嫌疑人后，应当按原范围撤销协查通报，并通过全国机动车缉查布控系统撤销布控。

第四十七条 公安机关交通管理部门侦办交通肇事逃逸案件期间，交通肇事逃逸案件的受害人及其家属向公安机关交通管理部门询问案件侦办情况的，除依法不应当公开的内容外，公安机关交通管理部门应当告知并做好记录。

第四十八条 道路交通事故社会救助基金管理机构已经为受害人垫付抢救费用或者丧葬费用的，公安机关交通管理部门应当在交通肇事逃逸案件侦破后及时书面告知道路交通事故社会救助基金管理机构交通肇事逃逸驾驶人的有关情况。

第四节 检验、鉴定

第四十九条 需要进行检验、鉴定的，公安机关交通管理部门应当按照有关规定，自事故现场调查结束之日起三日内委托具备资质的鉴定机构进行检验、鉴定。

尸体检验应当在死亡之日起三日内委托。对交通肇事逃逸车辆的检验、鉴定自查获肇事嫌疑车辆之日起三日内委托。

对现场调查结束之日起三日后需要检验、鉴定的，应当报经上一级公安机关交通管理部门批准。

对精神疾病的鉴定，由具有精神病鉴定资质的鉴定机构进行。

第五十条 检验、鉴定费用由公安机关交通管理部门承担，但法律法规另有规定或者当事人自行委托伤残评定、财产损失评估的除外。

第五十一条 公安机关交通管理部门应当与鉴定机构确定检验、鉴定完成的期限，确定的期限不得超过三十日。超过三十日的，应当报经上一级公安机关交通管理部门批准，但最长不得超过六十日。

第五十二条 尸体检验不得在公众场合进行。为了确定死因需要解剖尸体的，应当征得死者家属同意。死者家属不同意解剖尸体的，经县级以上公安机关或者上一级公安机关交通管理部门负责人批准，可以解剖尸体，并且通知死者家属到场，由其在解剖尸体通知书上签名。

死者家属无正当理由拒不到场或者拒绝签名的，交通警察应当在解剖尸体通知书上注明。对身份不明的尸体，无法通知死者家属的，应当记录在案。

第五十三条 尸体检验报告确定后，应当书面通知死者家属在十日内办理丧葬事宜。无正当理由逾期不办理的应记录在案，并经县级以上公安机关或者上一级公安机关交通管理部门负责人批准，由公安机关或者上一级公安机关交通管理部门处理尸体，逾期存放的费用由死者家属承担。

对于没有家属、家属不明或者因自然灾害等不可抗力导致无法通知或者通知后家属拒绝领回的，经县级以上公安机关或者上一级公安机关交通管理部门负责人批准，可以及时处理。

对身份不明的尸体，由法医提取人身识别检材，并对尸体拍照、采集相关信息后，由公安机关交通管理部门填写身份不明尸体信息登记表，并在设区的市级以上报纸刊登认尸启事。登报后三十日仍无人认领的，经县级以上公安机关或者上一级公安机关交通管理部门负责人批准，可以及时处理。

因宗教习俗等原因对尸体处理期限有特殊需要的，经县级以上公安机关或者上一级公安机关交通管理部门负责人批准，可以紧急处理。

第五十四条 鉴定机构应当在规定的期限内完成检验、鉴定，并出具书面检验报告、鉴定意见，由鉴定人签名，鉴定意见还应当加盖机构印章。检验报告、鉴定意见应当载明以下事项：

（一）委托人；

（二）委托日期和事项；

（三）提交的相关材料；

（四）检验、鉴定的时间；

（五）依据和结论性意见，通过分析得出结论性意见的，应当有分析证明过程。

检验报告、鉴定意见应当附有鉴定机构、鉴定人的资质证明或者其他证明文件。

第五十五条 公安机关交通管理部门应当对检验报告、鉴定意见进行审核，并在收到检验报告、鉴定意见之日起五日内，将检验报告、鉴定意见复印件送达当事人，但有下列情形之一的除外：

（一）检验、鉴定程序违法或者违反相关专业技术要求，可能影响检验报告、鉴定意见公正、客观的；

（二）鉴定机构、鉴定人不具备鉴定资质和条件的；

（三）检验报告、鉴定意见明显依据不足的；

（四）故意作虚假鉴定的；

（五）鉴定人应当回避而没有回避的；

（六）检材虚假或者检材被损坏、不具备鉴定条件的；

（七）其他可能影响检验报告、鉴定意见公正、客观的情形。

检验报告、鉴定意见有前款规定情形之一的，经县级以上公安机关交通管理部门负责人批准，应当在收到检验报告、鉴定意见之日起三日内重新委托检验、鉴定。

第五十六条 当事人对检验报告、鉴定意见有异议，申请重新检验、鉴定的，应当自公安机关交通管理部门送达之日起三日内提出书面申请，经县级以上公安机关交通管理部门负责人批准，原办案单位应当重新委托检验、鉴定。检验报告、鉴定意见不具有本规定第五十五条第一款情形的，经县级以上公安机关交通管理部门负责人批准，由原办案单位作出不准予重新检验、鉴定的决定，并在作出决定之日起三日内书面通知申请人。

同一交通事故的同一检验、鉴定事项，重新检验、鉴定以一次为限。

第五十七条 重新检验、鉴定应当另行委托鉴定机构。

第五十八条 自检验报告、鉴定意见确定之日起五日内，公安机关交通管理部门应当通知当事人领取扣留的事故车辆。

因扣留车辆发生的费用由作出决定的公安机关交通管理部门承担，但公安机关交通管理部门通知当事人领取，当事人逾期未领取产生的停车费用由当事人自行承担。

经通知当事人三十日后不领取的车辆，经公告三个月仍不领取的，对扣留的车辆依法处理。

第七章 认定与复核

第一节 道路交通事故认定

第五十九条 道路交通事故认定应当做到事实清楚、证据确实充分、适用法律正确、责任划分公正、程序合法。

第六十条 公安机关交通管理部门应当根据当事人的行为对发生道路交通事故所起的作用以及过错的严重程度，确定当事人的责任。

（一）因一方当事人的过错导致道路交通事故的，承担全部责任；

（二）因两方或者两方以上当事人的过错发生道路交通事故的，根据其行为对事故发生的作用以及过错的严重程度，分别承担主要责任、同等责任和次要责任；

（三）各方均无导致道路交通事故的过错，属于交通意外事故的，各方均无责任。

一方当事人故意造成道路交通事故的，他方无责任。

第六十一条 当事人有下列情形之一的，承担全部责任：

（一）发生道路交通事故后逃逸的；

（二）故意破坏、伪造现场、毁灭证据的。

为逃避法律责任追究，当事人弃车逃逸以及潜逃藏匿的，如有证据证明其他当事人也有过错，可以适当减轻责任，但同时有证据证明逃逸当事人有第一款第二项情形的，不予减轻。

第六十二条 公安机关交通管理部门应当自现场调查之日起十日内制作道路交通事故认定书。交通肇事逃逸案件在查获交通肇事车辆和驾驶人后十日内制作道路交通事故认定书。对需要进行检验、鉴定的，应当在检验报告、鉴定意见确定之日起五日内制作道路交通事故认定书。

有条件的地方公安机关交通管理部门可以试行在互联网公布道路交通事故认定书，但对涉及的国家秘密、商业秘密或者个人隐私，应当保密。

第六十三条 发生死亡事故以及复杂、疑难的伤人事故后，公安机关交通管理部门应当在制作道路交通事故认定书或者道路交通事故证明前，召集各方当事人到场，公开调查取得的证据。

证人要求保密或者涉及国家秘密、商业秘密以及个人隐私的，按照有关法律法规的规定执行。

当事人不到场的，公安机关交通管理部门应当予以记录。

第六十四条 道路交通事故认定书应当载明以下内容：

（一）道路交通事故当事人、车辆、道路和交通环境等基本情况；

（二）道路交通事故发生经过；

（三）道路交通事故证据及事故形成原因分析；

（四）当事人导致道路交通事故的过错及责任或者意外

原因；

（五）作出道路交通事故认定的公安机关交通管理部门名称和日期。

道路交通事故认定书应当由交通警察签名或者盖章，加盖公安机关交通管理部门道路交通事故处理专用章。

第六十五条 道路交通事故认定书应当在制作后三日内分别送达当事人，并告知申请复核、调解和提起民事诉讼的权利、期限。

当事人收到道路交通事故认定书后，可以查阅、复制、摘录公安机关交通管理部门处理道路交通事故的证据材料，但证人要求保密或者涉及国家秘密、商业秘密以及个人隐私的，按照有关法律法规的规定执行。公安机关交通管理部门对当事人复制的证据材料应当加盖公安机关交通管理部门事故处理专用章。

第六十六条 交通肇事逃逸案件尚未侦破，受害一方当事人要求出具道路交通事故认定书的，公安机关交通管理部门应当在接到当事人书面申请后十日内，根据本规定第六十一条确定各方当事人责任，制作道路交通事故认定书，并送达受害方当事人。道路交通事故认定书应当载明事故发生的时间、地点、受害人情况及调查得到的事实，以及受害方当事人的责任。

交通肇事逃逸案件侦破后，已经按照前款规定制作道路交通事故认定书的，应当按照本规定第六十一条重新确定责任，制作道路交通事故认定书，分别送达当事人。重新制作的道路交通事故认定书除应当载明本规定第六十四条规定的内容外，还应当注明撤销原道路交通事故认定书。

第六十七条 道路交通事故基本事实无法查清、成因无法判定的，公安机关交通管理部门应当出具道路交通事故证明，载明道路交通事故发生的时间、地点、当事人情况及调查得到的事实，分别送达当事人，并告知申请复核、调解和提起民事诉讼的权利、期限。

第六十八条 由于事故当事人、关键证人处于抢救状态或者因其他客观原因导致无法及时取证，现有证据不足以认定案件基本事实的，经上一级公安机关交通管理部门批准，道路交通事故认定的时限可中止计算，并书面告知各方当事人或者其代理人，但中止的时间最长不得超过六十日。

当中止认定的原因消失，或者中止期满受伤人员仍然无法接受调查的，公安机关交通管理部门应当在五日内，根据已经调查取得的证据制作道路交通事故认定书或者出具道路交通事故证明。

第六十九条 伤人事故符合下列条件，各方当事人一致书面申请快速处理的，经县级以上公安机关交通管理部门负责人批准，可以根据已经取得的证据，自当事人申请之日起五日内制作道路交通事故认定书：

（一）当事人不涉嫌交通肇事、危险驾驶犯罪的；

（二）道路交通事故基本事实及成因清楚，当事人无异议的。

第七十条 对尚未查明身份的当事人，公安机关交通管理部门应当在道路交通事故认定书或者道路交通事故证明中予以注明，待身份信息查明以后，制作书面补充说明送达各方当事人。

第二节　复　　核

第七十一条 当事人对道路交通事故认定或者出具道路交

通事故证明有异议的，可以自道路交通事故认定书或者道路交通事故证明送达之日起三日内提出书面复核申请。当事人逾期提交复核申请的，不予受理，并书面通知申请人。

复核申请应当载明复核请求及其理由和主要证据。同一事故的复核以一次为限。

第七十二条 复核申请人通过作出道路交通事故认定的公安机关交通管理部门提出复核申请的，作出道路交通事故认定的公安机关交通管理部门应当自收到复核申请之日起二日内将复核申请连同道路交通事故有关材料移送上一级公安机关交通管理部门。

复核申请人直接向上一级公安机关交通管理部门提出复核申请的，上一级公安机关交通管理部门应当通知作出道路交通事故认定的公安机关交通管理部门自收到通知之日起五日内提交案卷材料。

第七十三条 除当事人逾期提交复核申请的情形外，上一级公安机关交通管理部门收到复核申请之日即为受理之日。

第七十四条 上一级公安机关交通管理部门自受理复核申请之日起三十日内，对下列内容进行审查，并作出复核结论：

（一）道路交通事故认定的事实是否清楚、证据是否确实充分、适用法律是否正确、责任划分是否公正；

（二）道路交通事故调查及认定程序是否合法；

（三）出具道路交通事故证明是否符合规定。

复核原则上采取书面审查的形式，但当事人提出要求或者公安机关交通管理部门认为有必要时，可以召集各方当事人到场，听取各方意见。

办理复核案件的交通警察不得少于二人。

第七十五条 复核审查期间，申请人提出撤销复核申请的，公安机关交通管理部门应当终止复核，并书面通知各方当事人。

受理复核申请后，任何一方当事人就该事故向人民法院提起诉讼并经人民法院受理的，公安机关交通管理部门应当将受理当事人复核申请的有关情况告知相关人民法院。

受理复核申请后，人民检察院对交通肇事犯罪嫌疑人作出批准逮捕决定的，公安机关交通管理部门应当将受理当事人复核申请的有关情况告知相关人民检察院。

第七十六条 上一级公安机关交通管理部门认为原道路交通事故认定事实清楚、证据确实充分、适用法律正确、责任划分公正、程序合法的，应当作出维持原道路交通事故认定的复核结论。

上一级公安机关交通管理部门认为调查及认定程序存在瑕疵，但不影响道路交通事故认定的，在责令原办案单位补正或者作出合理解释后，可以作出维持原道路交通事故认定的复核结论。

上一级公安机关交通管理部门认为原道路交通事故认定有下列情形之一的，应当作出责令原办案单位重新调查、认定的复核结论：

（一）事实不清的；

（二）主要证据不足的；

（三）适用法律错误的；

（四）责任划分不公正的；

（五）调查及认定违反法定程序可能影响道路交通事故认定的。

第七十七条 上一级公安机关交通管理部门审查原道路交

通事故证明后，按下列规定处理：

（一）认为事故成因确属无法查清，应当作出维持原道路交通事故证明的复核结论；

（二）认为事故成因仍需进一步调查的，应当作出责令原办案单位重新调查、认定的复核结论。

第七十八条 上一级公安机关交通管理部门应当在作出复核结论后三日内将复核结论送达各方当事人。公安机关交通管理部门认为必要的，应当召集各方当事人，当场宣布复核结论。

第七十九条 上一级公安机关交通管理部门作出责令重新调查、认定的复核结论后，原办案单位应当在十日内依照本规定重新调查，重新作出道路交通事故认定，撤销原道路交通事故认定书或者原道路交通事故证明。

重新调查需要检验、鉴定的，原办案单位应当在检验报告、鉴定意见确定之日起五日内，重新作出道路交通事故认定。

重新作出道路交通事故认定的，原办案单位应当送达各方当事人，并报上一级公安机关交通管理部门备案。

第八十条 上一级公安机关交通管理部门可以设立道路交通事故复核委员会，由办理复核案件的交通警察会同相关行业代表、社会专家学者等人员共同组成，负责案件复核，并以上一级公安机关交通管理部门的名义作出复核结论。

第八章 处罚执行

第八十一条 公安机关交通管理部门应当按照《道路交通安全违法行为处理程序规定》，对当事人的道路交通安全违法行为依法作出处罚。

第八十二条 对发生道路交通事故构成犯罪，依法应当吊销驾驶人机动车驾驶证的，应当在人民法院作出有罪判决后，由设区的市公安机关交通管理部门依法吊销机动车驾驶证。同时具有逃逸情形的，公安机关交通管理部门应当同时依法作出终生不得重新取得机动车驾驶证的决定。

第八十三条 专业运输单位六个月内两次发生一次死亡三人以上事故，且单位或者车辆驾驶人对事故承担全部责任或者主要责任的，专业运输单位所在地的公安机关交通管理部门应当报经设区的市公安机关交通管理部门批准后，作出责令限期消除安全隐患的决定，禁止未消除安全隐患的机动车上道路行驶，并通报道路交通事故发生地及运输单位所在地的人民政府有关行政管理部门。

第九章 损害赔偿调解

第八十四条 当事人可以采取以下方式解决道路交通事故损害赔偿争议：

（一）申请人民调解委员会调解；

（二）申请公安机关交通管理部门调解；

（三）向人民法院提起民事诉讼。

第八十五条 当事人申请人民调解委员会调解，达成调解协议后，双方当事人认为有必要的，可以根据《中华人民共和国人民调解法》共同向人民法院申请司法确认。

当事人申请人民调解委员会调解，调解未达成协议的，当事人可以直接向人民法院提起民事诉讼，或者自人民调解委员会作出终止调解之日起三日内，一致书面申请公安机关交通管理部门进行调解。

第八十六条 当事人申请公安机关交通管理部门调解的，

应当在收到道路交通事故认定书、道路交通事故证明或者上一级公安机关交通管理部门维持原道路交通事故认定的复核结论之日起十日内一致书面申请。

当事人申请公安机关交通管理部门调解，调解未达成协议的，当事人可以依法向人民法院提起民事诉讼，或者申请人民调解委员会进行调解。

第八十七条 公安机关交通管理部门应当按照合法、公正、自愿、及时的原则进行道路交通事故损害赔偿调解。

道路交通事故损害赔偿调解应当公开进行，但当事人申请不予公开的除外。

第八十八条 公安机关交通管理部门应当与当事人约定调解的时间、地点，并于调解时间三日前通知当事人。口头通知的，应当记入调解记录。

调解参加人因故不能按期参加调解的，应当在预定调解时间一日前通知承办的交通警察，请求变更调解时间。

第八十九条 参加损害赔偿调解的人员包括：

（一）道路交通事故当事人及其代理人；

（二）道路交通事故车辆所有人或者管理人；

（三）承保机动车保险的保险公司人员；

（四）公安机关交通管理部门认为有必要参加的其他人员。

委托代理人应当出具由委托人签名或者盖章的授权委托书。授权委托书应当载明委托事项和权限。

参加损害赔偿调解的人员每方不得超过三人。

第九十条 公安机关交通管理部门受理调解申请后，应当按照下列规定日期开始调解：

（一）造成人员死亡的，从规定的办理丧葬事宜时间结束之日起；

（二）造成人员受伤的，从治疗终结之日起；

（三）因伤致残的，从定残之日起；

（四）造成财产损失的，从确定损失之日起。

公安机关交通管理部门受理调解申请时已超过前款规定的时间，调解自受理调解申请之日起开始。

公安机关交通管理部门应当自调解开始之日起十日内制作道路交通事故损害赔偿调解书或者道路交通事故损害赔偿调解终结书。

第九十一条 交通警察调解道路交通事故损害赔偿，按照下列程序实施：

（一）告知各方当事人权利、义务；

（二）听取各方当事人的请求及理由；

（三）根据道路交通事故认定书认定的事实以及《中华人民共和国道路交通安全法》第七十六条的规定，确定当事人承担的损害赔偿责任；

（四）计算损害赔偿的数额，确定各方当事人承担的比例，人身损害赔偿的标准按照《中华人民共和国侵权责任法》《最高人民法院关于审理人身损害赔偿案件适用法律若干问题的解释》《最高人民法院关于审理道路交通事故损害赔偿案件适用法律若干问题的解释》等有关规定执行，财产损失的修复费用、折价赔偿费用按照实际价值或者评估机构的评估结论计算；

（五）确定赔偿履行方式及期限。

第九十二条 因确定损害赔偿的数额，需要进行伤残评定、财产损失评估的，由各方当事人协商确定有资质的机构进行，但财产损失数额巨大涉嫌刑事犯罪的，由公安机关交通管理部门委托。

当事人委托伤残评定、财产损失评估的费用，由当事人承担。

第九十三条 经调解达成协议的，公安机关交通管理部门应当当场制作道路交通事故损害赔偿调解书，由各方当事人签字，分别送达各方当事人。

调解书应当载明以下内容：

（一）调解依据；

（二）道路交通事故认定书认定的基本事实和损失情况；

（三）损害赔偿的项目和数额；

（四）各方的损害赔偿责任及比例；

（五）赔偿履行方式和期限；

（六）调解日期。

经调解各方当事人未达成协议的，公安机关交通管理部门应当终止调解，制作道路交通事故损害赔偿调解终结书，送达各方当事人。

第九十四条 有下列情形之一的，公安机关交通管理部门应当终止调解，并记录在案：

（一）调解期间有一方当事人向人民法院提起民事诉讼的；

（二）一方当事人无正当理由不参加调解的；

（三）一方当事人调解过程中退出调解的。

第九十五条 有条件的地方公安机关交通管理部门可以联合有关部门，设置道路交通事故保险理赔服务场所。

第十章 涉外道路交通事故处理

第九十六条 外国人在中华人民共和国境内发生道路交通事故的，除按照本规定执行外，还应当按照办理涉外案件的有关法律、法规、规章的规定执行。

公安机关交通管理部门处理外国人发生的道路交通事故，应当告知当事人我国法律、法规、规章规定的当事人在处理道路交通事故中的权利和义务。

第九十七条 外国人发生道路交通事故有下列情形之一的，不准其出境：

（一）涉嫌犯罪的；

（二）有未了结的道路交通事故损害赔偿案件，人民法院决定不准出境的；

（三）法律、行政法规规定不准出境的其他情形。

第九十八条 外国人发生道路交通事故并承担全部责任或者主要责任的，公安机关交通管理部门应当告知道路交通事故损害赔偿权利人可以向人民法院提出采取诉前保全措施的请求。

第九十九条 公安机关交通管理部门在处理道路交通事故过程中，使用中华人民共和国通用的语言文字。对不通晓我国语言文字的，应当为其提供翻译；当事人通晓我国语言文字而不需要他人翻译的，应当出具书面声明。

经公安机关交通管理部门批准，外国人可以自行聘请翻译，翻译费由当事人承担。

第一百条 享有外交特权与豁免的人员发生道路交通事故时，应当主动出示有效身份证件，交通警察认为应当给予暂扣或者吊销机动车驾驶证处罚的，可以扣留其机动车驾驶证。需要对享有外交特权与豁免的人员进行调查的，可以约谈，谈话时仅限于与道路交通事故有关的内容。需要检验、鉴定车辆的，公安机关交通管理部门应当征得其同意，并在检验、鉴定后立即发还。

公安机关交通管理部门应当根据收集的证据，制作道路交通事故认定书送达当事人，当事人拒绝接收的，送达至其所在机构；没有所在机构或者所在机构不明确的，由当事人所属国家的驻华使领馆转交送达。

享有外交特权与豁免的人员应当配合公安机关交通管理部门的调查和检验、鉴定。对于经核查确实享有外交特权与豁免但不同意接受调查或者检验、鉴定的，公安机关交通管理部门应当将有关情况记录在案，损害赔偿事宜通过外交途径解决。

第一百零一条 公安机关交通管理部门处理享有外交特权与豁免的外国人发生人员死亡事故的，应当将其身份、证件及事故经过、损害后果等基本情况记录在案，并将有关情况迅速通报省级人民政府外事部门和该外国人所属国家的驻华使馆或者领馆。

第一百零二条 外国驻华领事机构、国际组织、国际组织驻华代表机构享有特权与豁免的人员发生道路交通事故的，公安机关交通管理部门参照本规定第一百条、第一百零一条规定办理，但《中华人民共和国领事特权与豁免条例》、中国已参加的国际公约以及我国与有关国家或者国际组织缔结的协议有不同规定的除外。

第十一章 执法监督

第一百零三条 公安机关警务督察部门可以依法对公安机关交通管理部门及其交通警察处理道路交通事故工作进行现场督察，查处违纪违法行为。

上级公安机关交通管理部门对下级公安机关交通管理部门处理道路交通事故工作进行监督，发现错误应当及时纠正，造成严重后果的，依纪依法追究有关人员的责任。

第一百零四条 公安机关交通管理部门及其交通警察处理道路交通事故，应当公开办事制度、办事程序，建立警风警纪监督员制度，并自觉接受社会和群众的监督。

任何单位和个人都有权对公安机关交通管理部门及其交通警察不依法严格公正处理道路交通事故、利用职务上的便利收受他人财物或者谋取其他利益、徇私舞弊、滥用职权、玩忽职守以及其他违纪违法行为进行检举、控告。收到检举、控告的机关，应当依据职责及时查处。

第一百零五条 在调查处理道路交通事故时，交通警察或者公安机关检验、鉴定人员有下列情形之一的，应当回避：

（一）是本案的当事人或者是当事人的近亲属的；

（二）本人或者其近亲属与本案有利害关系的；

（三）与本案当事人有其他关系，可能影响案件公正处理的。

交通警察或者公安机关检验、鉴定人员需要回避的，由本级公安机关交通管理部门负责人或者检验、鉴定人员所属的公安机关决定。公安机关交通管理部门负责人需要回避的，由公安机关或者上一级公安机关交通管理部门负责人决定。

对当事人提出的回避申请，公安机关交通管理部门应当在二日内作出决定，并通知申请人。

第一百零六条 人民法院、人民检察院审理、审查道路交通事故案件，需要公安机关交通管理部门提供有关证据的，公安机关交通管理部门应当在接到调卷公函之日起三日内，或者按照其时限要求，将道路交通事故案件调查材料正本移送人民法院或者人民检察院。

第一百零七条 公安机关交通管理部门对查获交通肇事逃逸车辆及人员提供有效线索或者协助的人员、单位，应当给予表彰和奖励。

公安机关交通管理部门及其交通警察接到协查通报不配合协查并造成严重后果的，由公安机关或者上级公安机关交通管理部门追究有关人员和单位主管领导的责任。

第十二章　附　　则

第一百零八条　道路交通事故处理资格等级管理规定由公安部另行制定，资格证书式样全国统一。

第一百零九条　公安机关交通管理部门应当在邻省、市（地）、县交界的国、省、县道上，以及辖区内交通流量集中的路段，设置标有管辖地公安机关交通管理部门名称及道路交通事故报警电话号码的提示牌。

第一百一十条　车辆在道路以外通行时发生的事故，公安机关交通管理部门接到报案的，参照本规定处理。涉嫌犯罪的，及时移送有关部门。

第一百一十一条　执行本规定所需要的法律文书式样，由公安部制定。公安部没有制定式样，执法工作中需要的其他法律文书，省级公安机关可以制定式样。

当事人自行协商处理损害赔偿事宜的，可以自行制作协议书，但应当符合本规定第二十一条关于协议书内容的规定。

第一百一十二条　本规定中下列用语的含义是：

（一）“交通肇事逃逸”，是指发生道路交通事故后，当事人为逃避法律责任，驾驶或者遗弃车辆逃离道路交通事故现场以及潜逃藏匿的行为。

（二）“深度调查”，是指以有效防范道路交通事故为目的，对道路交通事故发生的深层次原因以及道路交通安全相关因素开展延伸调查，分析查找安全隐患及管理漏洞，并提出从源头解决问题的意见和建议的活动。

（三）“检验报告、鉴定意见确定”，是指检验报告、鉴定意见复印件送达当事人之日起三日内，当事人未申请重新检验、鉴定的，以及公安机关交通管理部门批准重新检验、鉴定，鉴定机构出具检验报告、鉴定意见的。

（四）“外国人”，是指不具有中国国籍的人。

（五）本规定所称的“一日”、“二日”、“三日”、“五日”、“十日”，是指工作日，不包括节假日。

（六）本规定所称的“以上”、“以下”均包括本数在内。

（七）“县级以上公安机关交通管理部门”，是指县级以上人民政府公安机关交通管理部门或者相当于同级的公安机关交通管理部门。

（八）“设区的市公安机关交通管理部门”，是指设区的市人民政府公安机关交通管理部门或者相当于同级的公安机关交通管理部门。

（九）“设区的市公安机关”，是指设区的市人民政府公安机关或者相当于同级的公安机关。

第一百一十三条 本规定没有规定的道路交通事故案件办理程序，依照《公安机关办理行政案件程序规定》《公安机关办理刑事案件程序规定》的有关规定执行。

第一百一十四条 本规定自 2018 年 5 月 1 日起施行。2008 年 8 月 17 日发布的《道路交通事故处理程序规定》（公安部令第 104 号）同时废止。

作为一名工作30年的律师，我代理了众多交通事故案件——有的人因交通事故家破人亡，有的人被判刑，有的人因交通事故重伤残疾……

交通事故造成的伤害难以用语言形容。从法律角度分析，出现交通事故的原因无非是过于自信和疏忽大意，其根本原因还是因为当事人未遵守交通法规导致。

高速公路为什么限制在120公里之内？普通公路为什么一般限制在80公里之内？交通法规是在长期实践和科学论证的基础上得出来的结论。有的人有误区，认为喝少量的酒并不影响驾驶，但是经过科学实验，人喝酒之后反映能力随之下降，加上大脑神经兴奋容易冲动，极易发生交通事故。

目前，电动自行车交通事故发生率较高，这是由多方面原因造成的：一方面，很多地方电动车无牌无证，驾驶人上路未经过任何培训，交警难于管理；另一方面，电动自行车在公路上行驶不走专用道路，超速行驶、随意转弯等违规现象频发。

需要特别注意的是，如果出了交通事故，当事人应尽量留下相关证据。有一起案例值得深思：两个人都骑着电动车，撞在一起，一方当事人腿部受伤。当时事故双方当事人在现场通过双方协商，肇事方答应全部赔偿，并先拿了2000元给伤者，但未写协议。结果伤者到医院检查，小腿骨折，要花几万元。肇事方听说后开始反悔，称自己没有责任，完全是伤者自己的责任。伤者找肇事方，但肇事方不予理睬。最后伤者到法院起诉，经过调解双方各承担一半责任。

另外，需要告诫公众的是，机动车发生事故，肇事司机千万不要逃逸否则害人害己，很多因逃逸被判刑的肇事司机事后后悔莫及。

总之，每个人只要上路，就要恪守交通规则。为了我们美好的生活，交通安全是最重要的。

图书在版编目(CIP)数据

从零起步：民事纠纷胜诉攻略／香建永著．--北京：法律出版社，2020
ISBN 978-7-5197-5074-9

Ⅰ．①从… Ⅱ．①香… Ⅲ．①民事纠纷-案例-中国 Ⅳ．①D925.105

中国版本图书馆 CIP 数据核字(2020)第 203462 号

从零起步:民事纠纷胜诉攻略
CONGLING QIBU:
MINSHI JIUFEN SHENGSU GONGLÜE

香建永 著

策划编辑 何照新
责任编辑 何照新
装帧设计 鲁 娟

出版 法律出版社
总发行 中国法律图书有限公司
经销 新华书店
印刷 三河市兴达印务有限公司
责任校对 周合芝 周诗湄
责任印制 张建伟

编辑统筹 法律与生活
开本 A5
印张 15
字数 316 千
版本 2020 年 12 月第 1 版
印次 2020 年 12 月第 1 次印刷

法律出版社/北京市丰台区莲花池西里 7 号(100073)
网址/www. lawpress. com. cn
投稿邮箱/info@ lawpress. com. cn
举报维权邮箱/jbwq@ lawpress. com. cn
销售热线/400-660-8393
咨询电话/010-63939796

中国法律图书有限公司/北京市丰台区莲花池西里 7 号(100073)
全国各地中法图分、子公司销售电话:
统一销售客服/400-660-8393/6393
第一法律书店/010-83938432/8433 西安分公司/029-85330678 重庆分公司/023-67453036
上海分公司/021-62071639/1636 深圳分公司/0755-83072995

书号:ISBN 978-7-5197-5074-9 **定价:**68.00 元
(如有缺页或倒装,中国法律图书有限公司负责退换)